EN BONNE FORME

EN BONNE FORME
révision de grammaire française

SIMONE RENAUD DIETIKER
California State University, San Jose

D. C. Heath and Company
Lexington, Massachusetts   Toronto   London

Published simultaneously in Canada.

Printed in the United States of America.

International Standard Book Number: 0-669-74542-1

Library of Congress Catalog Card Number: 72–12231

Préface

Les classes de 2ème année de Collège ou d'Université sont souvent composées d'étudiants qu'on appelle « les faux débutants »: étudiants formés par des méthodes variées — méthode traditionnelle par la traduction, méthode directe, méthode audio-visuelle ou méthode linguistique — étudiants formés en « High School » ou dans des institutions diverses, élèves qui n'ont pas eu de contact avec la langue pendant cinq, dix, ou même parfois quinze ans, et reprennent leurs études. Ce livre est spécialement conçu pour eux. Il leur permet de réviser certaines notions oubliées et d'acquérir une base solide de grammaire qui leur permettent de s'exprimer dans un français simple mais nuancé, et d'aborder ensuite les classes où la lecture d'ouvrages littéraires demande une connaissance précise de la langue.

La grammaire est expliquée en français, dans un français que je me suis efforcée de garder simple et clair. Cet emploi du français dans les explications me semble préférable à celui de l'anglais parce qu'il place l'étudiant « dans le bain » il le force à adopter une certaine logique, à s'intégrer dès le début à une forme de pensée toute française.

Les règles de grammaire sont décrites mais aussi expliquées, justifiées, chaque fois que c'est possible. Chaque règle est illustrée d'un exemple. De nombreux tableaux résument les sujets délicats, « font le point » en faisant appel à la mémoire visuelle de l'élève. Les puristes m'en voudront peut-être d'avoir adopté parfois une terminologie « franglaise » (objet direct, objet de préposition au lieu du traditionnel « complément d'objet direct ou complément circonstanciel », phrase simple, phrase complexe au lieu de « proposition »); ceci a été fait dans un but pratique. J'ai recherché avant tout l'efficacité. D'autres règles ont été volontairement simplifiées (par exemple la règle d'accord du participe passé des verbes pronominaux); c'est qu'il me paraît plus important d'obtenir de l'étudiant une construction correcte du verbe *vouloir,* par exemple, qu'un accord qui ne s'entend pas. (« *Je veux vous venir* » est une faute plus grave qu' « *Elle s'est maquillée les yeux.* ») J'ai aussi éliminé complètement, ou placé dans l'Appendice « pour mémoire » certaines règles de français d'un niveau plus avancé (*ne pléonastique, would – could*, etc.). En revanche, certains problèmes délicats sont traités de façon détaillée: Quatre chapitres sont consacrés à l'emploi du passé composé et de l'imparfait. Tout au long du livre, j'insiste sur les différences de langue: langue écrite ou langue parlée, langue élégante ou langue familière, langue affectée ou langue vulgaire. C'est qu'il me semble très important que, dès ce niveau, l'étudiant devienne sensible aux nuances du langage et se prépare à choisir une façon de s'exprimer, pour parler et pour écrire, qui corresponde à sa pensée, mais aussi au milieu où il se trouve.

Les textes sont choisis parce qu'ils illustrent le problème grammatical discuté et mettent « en action » les difficultés étudiées dans la leçon. Mais aussi ils ont un intérêt culturel, humain ou humoristique. « La conversation sur le texte » est destinée à éclairer leur sens, à diriger un dialogue à ouvrir l'horizon d'une discussion plus large.

Les exercices sont à faire oralement ou par écrit, selon le choix du professeur. Ils aideront à fixer les formes et les structures acquises. Les exercices de traduction anglais-français sont indispensables parce que l'on ne peut empêcher les étudiants de se référer à leur langue maternelle. Ils ont de caractère « préventif » c'est-à-dire qu'ils cherchent à prévenir les .autes d'un étudiant américain. La composition qui se trouve à la fin de chaque chapitre est orientée soit sur un problème grammatical, soit sur le centre d'intérêt suggéré par le texte. Elle peut être faite oralement ou par écrit.

Enfin j'ai veillé à ce que le livre garde une certaine flexibilité. Bien que certaines leçons soient en séquence, comme les trois premières qui présentent une révision de notions de base, chaque chapitre est suffisamment indépendant des autres pour que le professeur choisisse de les présenter dans l'ordre qui lui plaît.

Je tiens à remercier ceux de mes collègues du « Département de français » de California State University à San José qui ont bien voulu expérimenter dans leurs classes ce livre sous sa forme d'ébauche: M. Gérard Burger, Mrs. Jacqueline Lohr, Dr. Carla Federici, M. Hervé Le Mansec, et qui m'ont apporté d'excellentes suggestions et des critiques constructives, ainsi que Mlle Christiane Loup, qui a, avec patience et rigueur, mené à bien l'édition de ce livre.

Table des matières

EN BONNE FORME

CHAPITRE I

Nature et fonction des mots

Première leçon préliminaire

Vocabulaire grammatical

1. La nature des mots: Un mot peut être:

un nom: **table, livre**

un article: **la** table, **un** livre

un adjectif: qualificatif: un **bon** livre, une auto **rouge** (il indique
une qualité)

démonstratif: **ce** livre, **cette** table (il sert à montrer)

possessif: **mon** livre, **votre** table (il marque la
possession)

interrogatif: **quel** livre? **quelles** tables? (il sert à
interroger)

indéfini: **toute** la ville, les **mêmes** vertus, une **autre**
chose (il indique une idée de quantité, de
qualité ou d'identité)

> Un adjectif modifie toujours un nom.

un pronom: personnel: **je, le, lui**

> **Je** vais au cinéma.

> démonstratif: **celui, celle-ci, ce**

> Je veux **celle-ci.**

> possessif: le **mien,** la **vôtre**

> La voiture bleue, c'est **la vôtre?**

> interrogatif: **qui? de quoi? lequel?**

> **Qui** est là?

> relatif: **qui, que, dont,** avec **lequel**

> La leçon **que** j'étudie est difficile.

> indéfini: **on, chacun**

> **On** dit qu'il va pleuvoir.

> Un pronom prend la place d'un nom.

Les noms, les pronoms, les adjectifs et les articles ont un genre: **masculin** ou **féminin,** quelquefois, rarement, **neutre (ce, on),** et un nombre: **singulier** ou **pluriel.**
La plupart de ces mots s'accordent *(agree)* en genre et en nombre. L'article et l'adjectif s'accordent avec le nom.

> un verbe: **aller, penser** (voir chapitre 3, p. 27)
> une préposition: **à, de, pour**

> > Il va **à** Marseille.

> un adverbe: **bien, très, lentement**

> > Elle parle **lentement.**

> une conjonction: **et, mais, ou** (pour coordonner)

> > Il a un ulcère **mais** il boit de la bière.

> > **quand, si, lorsque, parce que** (pour subordonner)

> > Il étudie **parce qu'**il est ambitieux.

2. Quelques fonctions importantes du **nom** et du **pronom:** Un nom ou un pronom peuvent être:

> un sujet: Un nom peut être sujet d'un verbe d'action ou d'un verbe d'état.

> > Le professeur **parle.** (action)
> > Le professeur **paraît** triste. (état)

> > (il peut être placé après le verbe: **A qui parle le professeur?**)

un pronom aussi peut être sujet:

Il pense.
L'homme **qui** parle à mon père.
Qui souffre?
On parle.

> Le sujet fait l'action ou subit un état.

un objet direct: Quand c'est un nom, il suit le verbe dans les phrases affirmatives sans l'aide d'une préposition.

Le professeur explique **la leçon.**

Un **pronom** objet direct vient avant le verbe.

Le professeur **l'**explique.
La leçon **que** vous expliquez.
Que lisez-vous? Je lis un livre.

> L'objet direct répond à la question **qui?** ou **quoi?** posée directement après le verbe: Le professeur explique **quoi?** La leçon. **La leçon** est l'objet direct.

un objet indirect: Un **nom** objet indirect est précédé de la préposition **à**:

Le professeur parle **à Pierre.**

Un **pronom** objet indirect vient avant le verbe. Il a une forme différente du pronom sujet et du pronom objet direct.

Je **lui** parle.
Le livre **auquel** je pense.

> L'objet indirect répond à la question **à qui?** ou **à quoi?** posée après le verbe: Le professeur parle **à qui?** A Pierre. **Pierre** est l'objet indirect.

Attention: 1° Certains verbes anglais comme *to look for, to wait for, to look at* se traduisent en français avec un objet direct et sans préposition. **Nous attendons le train.** *We wait for the train.* **Je regarde le livre.** *I look at the book.*

   2° Certains verbes anglais comme *to tell somebody something, to show somebody something, to give somebody something* se traduisent en français avec un objet direct pour la chose et un objet indirect pour la personne: **Je donne un livre à Pierre.** *I give Peter a book.*

un objet de préposition: La préposition peut être **de, pour, avec, devant:**

> Il s'occupe **de** ses parents.
> Il s'occupe **d'**eux.

> Il travaille **avec** son ami.
> Il travaille **avec** lui.

La distinction entre **objet direct, objet indirect** et **objet de préposition** est importante, car suivant sa fonction, le pronom change **de place** et **de forme.**

> Je **le** regarde.
> Je **les** regarde.

> Tu le **lui** demandes.
> Tu le **leur** demandes.

> Vous vous occupez **d'eux.**
> Vous vous occupez **de lui.**

3. Préposition ou **Conjonction.** Une préposition est suivie d'un **nom,** d'un **pronom** ou d'un **infinitif:**

> Elle le donne **à Pierre.**
> Elle le dit **à son père.**

> Il a peur **de lui.**
> Elle a besoin **de ça.**

> Il va au lit **pour dormir.**
> On va à la plage **pour s'amuser.**

Une conjonction est un mot simple: **quand, comme, si, que,** ou un mot composé avec **que: parce que, lorsque,** etc. (excepté: est-ce que, ne que). Elle est suivie d'un verbe conjugué à un mode et à un temps précis, avec un sujet.

Ainsi, *before* est traduit par une préposition dans

> *before night*   **avant** la nuit
> *before going out*   **avant de** sortir

mais par une conjonction dans

> *before I go out*   **avant que** je sorte

> Une conjonction est suivie d'un verbe conjugué, jamais d'un nom ou d'un infinitif.

Le Nom

Le genre des noms

1. La terminaison aide à deviner le genre:

masculin	exceptions courantes	féminin	exceptions courantes
–age le garage	la plage la cage la page l'image	**–ade** la parade	
		–able la table	le sable
–ail le travail		**–aille** la pagaille	
–aire le dictionnaire	la grammaire	**–aine** la douzaine	
–al le journal		**–ance** la connaissance	
–ant le restaurant		**–ence** la science	le silence
–eau le tableau	une eau la peau	**–ée** une allée	le lycée le musée
–eur le docteur	la longueur la largeur (mots abstraits sur adjectifs)	**–esse** la promesse	
		–ice la justice	
		–ie la boucherie	le génie, le parapluie un incendie
		–çon la leçon	le soupçon le glaçon
–et le jardinet		**–ette** la cigarette	le squelette
–ier le cahier		**–té** la liberté	
–isme le communisme		**–tion** la conversation	
–ment le gouvernement		**–tude** la certitude	
–oir le miroir		**–oire** une histoire	

2. Le sens aide aussi à deviner le genre:

masculin	féminin
les noms des arbres: (pas les plantes) le peuplier, le pommier	les noms des sciences: la chimie
(exception: le droit)	
les noms de métal et de couleur: l'or, l'argent, le bleu les noms de langue: le français les noms de jours et de saisons: le jeudi, le printemps	

Remarques: 1° Quelques mots ont **un seul genre** et peuvent désigner un **masculin** et un **féminin**: un professeur, un écrivain, un auteur, une personne, une vedette, une victime.

2° Quelques mots ont **deux genres** et changent de sens: **le livre:** *the book;* **la livre:** *the pound;* **le crêpe:** *the crepe;* **la crêpe:** *the pancake;* Consultez le dictionnaire.

3° Le genre de **automne, après-midi** et **interview** est indifférent: **un** mauvais **après-midi; une** belle **après-midi.**

Pluriel des noms

---

1. Le pluriel des noms se forme en ajoutant **s** au singulier:

la leçon   les leçon**s**

Remarque: Les noms terminés en **s, x,** ou **z** ne changent pas: le **pas**, les **pas;** le **nez,** les **nez;** la **voix,** les **voix.**

2. Les noms en —**eau** ou en —**eu** ont un **x:**

un château   des châteaux
un jeu   des jeux

Exception: des pneus.

3. Les noms en —**al** ont leur pluriel en —**aux:**

un cheval   des chevaux

Exceptions: des bals, des festivals.

4. Les noms en —**ail** ont leur pluriel en —**ails:**

un rail   des rails

mais quelques noms en —**ail** ont leur pluriel en —**aux:**

un travail   des travaux
le corail   les coraux

6

5. Sept noms en –**ou** ont leur pluriel en **oux:**

bij**oux**	hib**oux**
caill**oux**	jouj**oux**
ch**oux**	p**oux**
gen**oux**	

les autres ont un –**s:**

un clou   des clou**s**

6. Les noms propres ne prennent pas de **s:**

les Dupont   les Smith

7. Pluriels à retenir:

un monsieur	des **mes**sieurs
madame	**mes**dames
mademoiselle	**mes**demoiselles
un bonhomme	des bons**homme**s
un jeune homme	des jeunes **gens**
un œuf	des œuf**s** *
un bœuf	des bœuf**s** *
un œil	des **yeux** *

*leur prononciation est irrégulière: [φ], [bφ], [jφ].

8. Les noms composés: les **noms** et les **adjectifs** s'accordent en nombre:

les grand**s**-parent**s**

les **verbes** sont invariables:

les **porte**-manteaux
les **couvre**-lits
les **gratte**-ciel

On n'accorde pas les **prépositions,** les **noms** généralement singuliers et les autres **mots invariables:**

les **arcs**-**en**-**ciel**
les **après**-midi

9. Quelques mots sont toujours au pluriel: les vacances, les mathématiques, les gens.

L'adjectif

Pluriel

En général le pluriel des adjectifs se forme comme le pluriel des noms:

gentil	gentils
gros	gros
beau	beaux
hébreu	hébreux (sauf: bleus)
général	généraux (sauf: finals, fatals)

Féminin

1. Pour former le féminin d'un adjectif on ajoute **e**:

vert	verte
bleu	bleue

Quelquefois la dernière consonne redouble:

bon	bonne	gros	grosse
gentil	gentille	gras	grasse

Mais quelquefois la dernière consonne ne redouble pas. Il n'y a pas de règle, seul l'usage dicte si la consonne redouble ou pas.

plein	pleine	petit	petite
gris	grise	brun	brune

Remarque: Certains adjectifs sont semblables au masculin et au féminin: **jeune, rapide, rouge, triste.** La consonne finale s'entend si elle est suivie d'un **e.**

2. Les adjectifs en **–eux** ont leur féminin en **–euse**:

heur**eux**	heur**euse**
respect**ueux**	respect**ueuse**

3. Les adjectifs en **–ier** ont leur féminin en **–ière**: Attention **à l'accent grave.**

prem**ier**	prem**ière**
dern**ier**	dern**ière**

4. Les adjectifs en **–f** ont leur féminin en **–ve**:

neuf	neuve
vif	vive

5. Féminins à retenir:

*beau	belle
*nouveau	nouvelle
*fou	folle
*mou	molle
grec	grecque
public	publique
turc	turque
long	longue
*vieux	vieille
blanc	blanche
frais	fraîche
jaloux	jalouse
doux	douce

*__beau, fou, mou, nouveau, vieux__ ont une deuxième forme au masculin devant une **voyelle** ou un **h** muet: **bel, fol, mol, nouvel, vieil.**

un bel enfant	un vieil ami
un fol espoir	un bel homme

L'accord

L'adjectif s'accorde en genre et en nombre avec le nom qu'il modifie:

> un garçon intelligent   des garçons intelligents
> une fille intelligente   des filles intelligentes
> une mère et une fille intelligentes (la mère et la fille)
> une mère et une fille intelligente (la fille)

Si l'adjectif modifie deux ou plusieurs noms singuliers de genre différent, l'adjectif est toujours au masculin pluriel:

> un père et une fille intelligents (le père et la fille)

Place de l'adjectif

On place avant le nom les adjectifs courts et courants comme:

bon	haut	moindre
beau	jeune	nouveau
dernier	joli	petit
gentil	long	pire
grand	mauvais	vieux
gros	meilleur	vrai

Les autres adjectifs se placent généralement **après le nom.**

> un voyage **extraordinaire**
> une explication **logique**

Dans la langue écrite, ils peuvent être placés avant pour produire un effet spécial.

> Ils ont fait un **excellent** voyage.

Texte

LA LEÇON

Ionesco (1912-   ) est un écrivain d'origine roumaine dont les pièces ont du succès sur toutes les scènes du monde. Cette leçon est une leçon particulière: le professeur a une seule élève.

LE PROFESSEUR
Alors, si vous voulez bien me permettre, mes excuses, je vous dirai qu'il faut se mettre au travail. Nous n'avons guère de temps à perdre.

L'ELEVE
Mais au contraire, Monsieur, je le veux bien. Et même, je vous en prie.

LE PROFESSEUR
Puis-je donc vous demander de vous asseoir . . . là . . . Voulez-vous me

permettre, Mademoiselle, si vous n'y voyez pas d'inconvénients, de m'asseoir en face de vous?

L'ELEVE

Certainement, Monsieur. Je vous en prie.

LE PROFESSEUR

Merci bien, Mademoiselle. *(Ils s'asseoient l'un en face de l'autre, à table, de profil à la salle.)* Voilà. Vous avez vos livres, vos cahiers?

L'ELEVE *(sortant des cahiers et des livres de sa serviette)*

Oui, Monsieur. Bien sûr, j'ai là tout ce qu'il faut.

LE PROFESSEUR

Parfait, Mademoiselle. C'est parfait. Alors, si cela ne vous ennuie pas . . . pouvons-nous commencer?

L'ELEVE

Mais oui, Monsieur, je suis à votre disposition, Monsieur.

. . . .

LE PROFESSEUR

Si vous voulez, bien . . . alors . . . nous . . . nous . . . je . . . je commencerai par faire un examen sommaire de vos connaissances passées et présentes, afin de pouvoir en dégager la voie future . . . Bon. Où en est votre perception de la pluralité?

L'ELEVE

Elle est assez vague . . . confuse.

LE PROFESSEUR

Bon. Nous allons voir ça.

. . . .

Cela ne vous ennuierait pas de me dire . . .

L'ELEVE

Du tout, Monsieur, allez-y.

LE PROFESSEUR

Combien font un et un?

L'ELEVE

Un et un font deux.

LE PROFESSEUR *(émerveillé par le savoir de l'élève.)*

Oh, mais c'est très bien. Vous me paraissez très avancée dans vos études. Vous aurez facilement votre doctorat total, Mademoiselle.

Ionesco
La Leçon
Editions Gallimard

Explication du texte

l'élève: un élève, une élève; l'article indique le genre
Remarquez dans ce texte les nombreuses expressions de politesse:

Si vous voulez bien me permettre.	*If you will permit me.*
mes excuses	*my apologies*
je vous en prie	*I beg you (to do it)*
puis-je vous demander	*may I ask you*
Si vous n'y voyez pas d'inconvénients.	*If you have no objections.*
Si cela ne vous ennuie pas.	*If you don't mind.*
Je suis à votre disposition.	*I am at your service.*

se mettre au travail: commencer à travailler; le **travail**, je **travaille**
ne . . . guère: ne . . . pas beaucoup
perdre son temps: *to waste time*
avoir . . . à + infinitif: *to have . . . to;* J'ai un exercice à faire.
en face de: face à face
de profil à la salle: la salle de spectacle (c'est une pièce de théâtre). Les
  acteurs montrent leur profil à la salle.
faire un examen: examiner: *to examine*
passer un examen: *to take an exam* (*to pass an exam:* réussir à un examen;
  to fail an exam: échouer à un examen)
vos connaissances: toutes les choses que vous connaissez
passé, présent, futur: les trois moments du temps
afin de: pour; *in order to*
dégager: rendre clair
la **voie**: la direction, la route (*voice:* la **voix**)
où en est: *how far*
confus: pas clair (pour les choses); *I am confused:* **Je ne comprends pas
  ou je suis perdu** (pour les personnes); **une personne confuse:** *embarrassed*

Conversation sur le texte

1. Quelle est l'attitude du professeur dans cet extrait?
2. De quoi est fait le comique de ce passage?
3. Discutez les études en France.

Exercices

1. Justifiez, par la terminaison, le genre des noms suivants:

1. travail	6. cahier	11. pluralité
2. serviette	7. professeur	12. connaissance
3. disposition	8. communisme	13. histoire
4. certitude	9. gouvernement	14. boucherie
5. contraire	10. nation	

2. Trouvez au moins un nom avec la même terminaison que chaque mot de l'exercice, plusieurs si vous pouvez.

3. Etudiez les groupes suivants; répétez chaque adjectif avec un nom de l'autre genre:

un silence **total** (*m.*)	une révision **totale** (*f.*)
un examen **sommaire**	une étude **sommaire**

1. la voie future   le _____ **futur** _____
2. la semaine passée   le _____ _____
3. la conscience vague   le _____ _____
4. une perception confuse   un _____ _____
5. un professeur émerveillé   une _____ _____
6. l'élève très avancée   le _____ _____
7. le temps présent   la _____ _____
8. le vieux cahier   la _____ _____
9. un nouveau programme   une _____ _____
10. l'enfant menteur   ___ _____ _____
11. le beau château   ___ _____ _____
12. un long paragraphe   ___ _____ _____
13. le chapeau bleu   ___ _____ _____
14. le premier chapitre   ___ _____ _____
15. le jardin public   ___ _____ _____
16. la littérature grecque   ___ _____ _____

4. Donnez le singulier des groupes suivants:

1. des connaissances passées
2. les journaux provinciaux
3. les études présentes
4. les choix heureux
5. les repas frais
6. les livres confus
7. les voix douces
8. les jeux matinaux

5. Donnez le pluriel des groupes suivants:

1. le professeur heureux
2. l'élève confus
3. le travail forcé
4. l'examen final
5. le beau nez grec
6. le premier pas
7. le vieux rail
8. le genou blanc
9. la nouvelle leçon
10. le joli tableau
11. le caillou bleu
12. le cheval gris

6. Traduisez:

1. *We must get to work.*
2. *Would you mind telling me why?*
3. *May I sit in front of you?*
4. *She has three exercises to write.*
5. *I have everything I need here.*
6. *How much work have you done for your doctorate?*
7. *My knowledge of French is vague.*
8. *She is very advanced in her studies.*

Composition écrite ou orale

Imaginez un dialogue entre un professeur de français et une élève qui prend une leçon particulière ... mais ... le professeur n'est pas du tout émerveillé par le savoir de l'élève. Utilisez certaines expressions du texte.

CHAPITRE 2

Les déterminants

Deuxième leçon préliminaire

L'article

● FORMES

Il y a trois sortes d'articles:

	masculin	féminin	pluriel

L'article défini: le tableau
élidé devant une voyelle ou un h muet:
                               l'oiseau
                               l'homme
contracté avec de: de + le → **du**
                          le livre **du** professeur
contracté avec à: à + le → **au**
                          il parle **au** professeur
		la table
		
		l'orange
		l'heure
			les étudiants
			
			de + les → **des**
			le livre **des** étudiants
			à + les → **aux**
			il parle **aux** étudiants

L'article indéfini: **un** livre		**une** table	**des** étudiants
L'article partitif: **du** pain **de l'**alcool		**de la** tarte **de l'**eau	

● EMPLOI

1. En français, il faut presque toujours avoir un article.

2. Le, la, les, l' traduisent l'anglais *the* et s'emploient même quand en anglais il n'y a pas d'article devant un nom qui a une valeur générale.

> **Les** enfants n'ont pas de patience.　　*Children have no patience.*
> **Les** chiens sont fidèles.　　*Dogs are faithful.*

3. Voici des noms qui ont souvent une valeur générale:

les noms de saisons:	l'été, l'hiver
les noms de couleurs:	le bleu, le noir
les noms d'espèces:	les fleurs, les animaux
les noms de métaux:	l'or, l'argent
les noms de matières:	le bois, le fer
les noms abstraits:	la liberté, la paix, la démocratie

Remarque: Attention aux formes contractées: **La terre des hommes. Je pense aux enfants. La couleur du ciel.**

4. **Un** et **une** traduisent l'anglais *a, an, one.*

J'ai **un** livre. *I have a book.*

5. **Des** est le pluriel de **un** et **une**. Il s'emploie pour exprimer *some* et le pluriel quand en anglais il n'y a pas d'article devant le nom pluriel.

J'ai **des** amis. *I have friends.*

6. **Du, de la, de l'** s'emploient pour exprimer *some* et le singulier, ou l'idée d'une quantité indéfinie quand en anglais il n'y a pas d'article devant le nom singulier.

Je bois **du** vin. *I drink wine.*
Je mange **de la** tarte. *I eat some tart.*
Il a **de l'**énergie. *He has energy.*

Règles à retenir
---

1. **Un, une, des, du, de la, de l'** deviennent simplement **de** après **pas** ou une autre négation:

J'ai **un** livre.
Je n'ai **pas de** livre.

et après **beaucoup, assez, peu,** ou une autre expression de quantité:

J'ai **des** amis.
J'ai **beaucoup d'**amis.

2. Le verbe **aimer** a toujours l'article **le, la, les:**

J'aime **le** chocolat.
Je n'aime pas **la** politique.
J'aime beaucoup **les** vacances.

3. On a **d'** devant **autres:**

J'ai vu **d'autres** pays.

L'adjectif démonstratif

(Il sert à montrer.)

- FORMES

	masculin	féminin
singulier	ce tableau, cet enfant	cette idée
pluriel	ces hommes	ces femmes

- EMPLOIS

1. Ce s'emploie au masculin devant une consonne: ce tableau
                 ou un h aspiré: ce hibou
Cet s'emploie au masculin devant une voyelle: cet enfant
                 ou un h muet: cet homme
Cette s'emploie devant un nom féminin et singulier: cette idée
Ces est la forme unique du pluriel pour le masculin: ces hommes
                 et le féminin: ces femmes

2. On peut ajouter –ci ou –là après le nom, mais seulement quand on veut opposer deux objets distincts:

    Ce livre-ci est moins bon que ce livre-là.

L'adjectif possessif

(Il marque la possession.)

- FORMES

masculin	féminin	pluriel
mon frère	ma sœur	mes frères
ton cousin	ta cousine	tes cousines
son père	sa mère	ses parents
notre oncle	notre tante	nos oncles
votre ami	votre amie	vos tantes
leur fils	leur fille	leurs enfants

- EMPLOI

1. Le possessif s'accorde avec le nom qui **suit**, c'est-à-dire avec l'objet possédé:

    C'est **mon frère.**
    C'est **ma sœur.**

2. Son, sa, ses veulent dire *his* ou *her*.

> Il prête **sa** voiture à **son** fils.
> Elle prête **son** livre à **sa** fille.

3. On a **mon, ton, son** au féminin devant une voyelle: **mon** amie, **ton** amie, **son** amie, ou devant un h muet: **mon** habitude.

La comparaison

La supériorité ou l'infériorité
---

1. Plus . . . que, moins . . . que:

> Il est **plus** grand **que** son frère.
> Elle a **moins** d'argent **que** nous.

2. Meilleur que est le comparatif de l'adjectif **bon** (féminin: meilleure; pluriels: meilleurs et meilleures):

> Le vin est **meilleur** que l'eau.

3. Mieux que est le comparatif de l'adverbe **bien**:

> Il va **mieux que** la semaine dernière.

Remarques: 1° Plus, moins, mieux peuvent être renforcés par **bien** ou beaucoup: **bien plus, beaucoup plus; bien moins, beaucoup moins; bien mieux, beaucoup mieux.**

2° **Meilleur** peut être renforcé seulement par **bien: bien meilleur.**

3° **Plus que** et **moins que** deviennent **plus de** et **moins de** devant un nombre: **plus de mille francs.**

Le superlatif

On se sert d'un superlatif pour exprimer une qualité au plus haut degré.

1. Quand l'adjectif précède le nom, on met **le plus, la plus, les plus** devant l'adjectif:

> **le plus** beau tableau

2. Quand l'adjectif suit le nom, on met **le plus, la plus, les plus** entre le nom et l'adjectif (on a ainsi deux articles définis):

> l'invention **la plus** extraordinaire

3. Quand le superlatif est suivi d'une expression comme *in the world, in the class, in* se traduit par **de:**

> la plus haute montagne **du monde** (de + le → du)

Constructions à retenir
---

1. **Plus** elle est malheureuse, **plus** elle mange.

Plus . . . plus	*the more . . . the more*
Moins . . . moins	*the less . . . the less*
Plus . . . moins	*the more . . . the less*
Moins . . . plus	*the less . . . the more*

2. Elle devient **de plus en plus** belle.

de plus en plus	*more and more*
de moins en moins	*less and less*

La ressemblance
---

1. **Aussi . . . que** *(as much . . . as)* s'emploie avec un adjectif ou un adverbe:

> Elle est **aussi grande que** sa sœur.
> Il court **aussi vite que** son frère.

2. **Autant . . . que** *(as many . . . as)* s'emploie devant un verbe ou avec un nom (avec **de**):

> Il **travaille autant que** vous.
> Elle a **autant d'argent que** moi.

3. A la forme négative, **aussi** peut être réduit à **si** et **autant** à **tant**:

> Elle n'est pas **aussi** jolie **que** sa sœur.
> ou: Elle n'est pas **si** jolie **que** sa sœur.
> Il ne neige pas **autant** qu'hier.
> ou: Il ne neige pas **tant** qu'hier.

Texte

CONCOURS DE BEAUTE

Marcel Aymé (1902–   ) écrit des romans et des pièces humoristiques. Ce passage est extrait des *Contes du chat perché* où il met en scène deux petites filles, Delphine et Marinette, qui vivent dans une ferme et comprennent le langage des animaux.

LE COQ
Je ne voudrais pas te faire de la peine, mais tu as quand même un drôle de cou.

L'OIE
Un drôle de cou? Pourquoi, un drôle de cou?

LE COQ

Cette question! mais parce qu'il est trop long! Regarde le mien!

L'OIE

Eh bien, oui, je vois que tu as le cou beaucoup trop court. Je dirai même que c'est loin d'être joli.

LE COQ

Trop court! Voilà que maintenant c'est moi qui ai le cou trop court! En tout cas, il est plus beau que le tien.

L'OIE

Je ne trouve pas. Du reste, ce n'est pas la peine de discuter. Tu as le cou trop court, et un point c'est tout.

LE COQ (en ricanant)

Tu as raison. Ce n'est pas la peine de discuter. Mais sans parler du cou, je suis mieux que toi. J'ai des plumes bleues, des plumes noires et même des jaunes. Surtout j'ai un très beau panache, tandis que toi, je trouve que tu finis drôlement.

L'OIE

J'ai beau te regarder, je vois un petit tas de plumes ébouriffées qui ne sont guère plaisantes. C'est comme cette crête rouge que tu as sur la tête, tu n'imagines pas, pour quelqu'un d'un peu délicat, combien c'est écœurant.

LE COQ

Vieille imbécile! je suis plus beau que toi! tu entends? plus beau que toi!

L'OIE

Ce n'est pas vrai! Espèce de brimborion! C'est moi la plus belle!

LE COCHON (en s'approchant)

Qu'est-ce qui vous prend? Est-ce que vous avez perdu la tête, tous les deux? Voyons, mais le plus beau, c'est moi!

(Delphine, Marinette et toute la basse-cour éclatent de rire.)

LE COCHON

Je ne vois pas ce qui vous fait rire. En tout cas, pour ce qui est de savoir lequel est le plus beau, vous voilà d'accord!

L'OIE

C'est une plaisanterie.

LE COQ

Mon pauvre cochon, si tu pouvais voir combien tu es laid!

UN PAON (s'approche et, s'adressant aux deux petites)

Depuis le coin de la haie, j'ai assisté à leur querelle et je ne vous cacherai pas que je me suis follement amusé. Ah, oui, follement. . . . Grave question de savoir quel est le plus beau de ces trois personnages. . . . Ah! Laissez-moi

20

rire encore. . . . Mais soyons sérieux. Dites-moi, jeunes filles, ne pensez-vous pas qu'il vaudrait mieux, quand on est si loin de la perfection, ne pas trop parler de sa beauté?

Marcel Aymé
Contes du chat perché
Editions Gallimard

Explication du texte

le **paon**: *peacock*

l'**oie**: *goose*

le **cochon**: *pig*

la **basse-cour**: Le coq, l'oie (avec la poule, le pigeon) sont des animaux qui vivent dans la basse-cour, la cour de la ferme.

faire de la peine à quelqu'un: causer du chagrin; rendre triste

drôle: amusant, qui fait rire; **un drôle de cou**: un cou bizarre

long: le contraire de **court**

le mien, le tien: (pronoms possessifs); **le mien** correspond à «mon cou»; **le tien** correspond à «ton cou»

loin: le contraire de **près**; **c'est loin d'être joli**: ce n'est pas joli du tout

je ne trouve pas: *ici*, je ne crois pas

du reste: *anyway*

ce n'est pas la peine: ce n'est pas nécessaire; **discuter**: *to argue*

ricaner: rire et se moquer en même temps

tu as raison: le contraire de «tu as tort» (se dit seulement des personnes)

je suis mieux que toi: **mieux** est le comparatif de **bien**, adverbe. (Il a ici fonction d'adjectif, est invariable et signifie **beau**.)

le **panache**: les plumes de la queue *(tail)*

un **tas**: *heap, pile*; **un tas de**: beaucoup de

tandis que: *whereas*

ébouriffé: *dishevelled*

plaisant: *ici*, joli

écœurant: dégoûtant (qui donne mal au cœur)

le **brimborion**: *bauble, cheap toy or thing* (cette insulte est archaïque, peu courante)

une **espèce**: une sorte; **espèce de . . .** + un nom d'animal est une insulte courante.

pour ce qui est de: *as far as . . . goes*

éclater de rire: rire soudainement, très fort

être d'accord: *to agree*; **d'accord!** : *O.K.*

lequel: *which one*

une **plaisanterie**: *joke*

laid: le contraire de **beau**

la **haie**: *hedge*

s'approcher de: venir près de

assister à: être présent à; *to witness*

je ne vous cacherai pas: *I won't deny*; **cacher**: *to hide*

il vaudrait mieux: *it would be better*; **il vaut mieux**: *it is better*

Constructions à retenir

1. tu as le cou court: *your neck is short*

> —pas de possessif, l'article défini **le**
> —le verbe **avoir**
> —l'adjectif vient le dernier

Sur ce modèle, donnez la couleur des cheveux de votre voisine, des yeux de votre voisin. Donnez la forme: du nez (long, court); du dos (droit, rond); de la taille (solide, fine); des épaules (étroites, larges) des différentes personnes autour de vous.

2. J'ai beau te regarder, je vois un tas de plumes. *No matter how hard I look at you, . . .*

> —on conjugue le verbe **avoir**
> —on garde **beau** sans l'accorder
> —on a le verbe principal à l'infinitif

Sur le même modèle, faites des phrases avec les groupes suivants:

> Il est malade — il vient à l'école.
> Il pleut — je sortirai.
> Vous pleurez — elle se moque de vous.
> Elle est riche — elle est mal habillée.

3. c'est moi qui ai: *I have* ou *I am the one who has . . .*

> **c'est . . . qui** entoure le pronom (**moi, toi, lui, elle,** etc.)
> le verbe qui suit **qui** se conjugue comme si **moi,** ou **toi,** ou **lui** était le sujet:
>> c'est moi qui ai (j'ai)
>> c'est toi qui as (tu as)
>> c'est lui qui a (il a)
>> c'est nous qui avons (nous avons)
>> c'est vous qui avez (vous avez)

Attention: ce **sont** eux qui ont (ils ont)

Répétez ces formes avec le verbe **être,** le verbe **dire,** le verbe **faire.**

4. quelqu'un d'un peu délicat: quelqu'un de + adjectif au masculin

C'est la même construction pour **quelque chose:** quelque chose de + adjectif au masculin: **quelque chose d'intéressant**

Traduisez rapidement: *somebody important*
something important
somebody nice
somebody intelligent
something beautiful
something useful

Conversation sur le texte:

1. Quelle est la personnalité humaine de chaque animal?

2. Imitez le dialogue entre l'oie et le coq. Faites des remarques sur le physique de votre voisin(e). Mettez-vous en colère.

Exercices

1. Tout en pensant au texte mettez l'article qui convient:
   1. _____ coq a _____ plumes bleues, noires et jaunes et _____ beau panache.
   2. _____ oie n'est pas très intelligente.
   3. _____ cochon est-il _____ plus beau?
   4. Elle a _____ cou trop long.
   5. Tu lui fais _____ peine.
   6. Sur _____ tête, il a _____ crête rouge.
   7. _____ paon se cache derrière _____ haie.
   8. _____ animaux _____ basse-cour sont furieux.
   9. Quel est _____ plus beau _____ trois personnages?
   10. C'est _____ plaisanterie.
   11. _____ oie n'a pas _____ plumes bleues.
   12. Vous avez perdu _____ tête.
   13. _____ hommes sont infidèles.
   14. Aimez-vous _____ bananes?
   15. Il a beaucoup _____ patience.
   16. Vous avez _____ chance.
   17. Nous aimons beaucoup _____ paons.

2. Traduisez l'adjectif possessif en italique:
   1. Il a *my* adresse.
   2. Vous avez *your* cahiers?
   3. Nous avons *our* livre.
   4. Ils regardent *their* maison.
   5. *His* mère est malade. *His* père est triste.

6. *Her* frère ne va pas bien.
7. *His* attitude n'est pas plaisante.
8. *Their* enfants sont intelligents.
9. *My* famille va bien.
10. *Your* professeur vous explique la leçon.
11. *My* amie vient me voir.
12. *Our* amis sont partis.
13. Il mange à *his* heure.

3. Répétez le verbe avec chaque nom. N'oubliez pas de changer l'adjectif démonstratif.

> **Regardez ce** tableau.
> **Regardez cet** homme

1. _____ _____ jardin
2. _____ _____ pomme
3. _____ _____ enfants
4. _____ _____ oiseaux
5. _____ _____ femmes
6. _____ _____ hibou
7. _____ _____ hiboux
8. _____ _____ hommes
9. _____ _____ image
10. _____ _____ images

4. Faites des phrases de comparaison avec **plus, moins, autant, aussi**.

1. Le professeur est _____ poli _____ l'élève.
2. Jacques a _____ courage _____ son frère.
3. Sa femme a _____ charme _____ sa sœur.
4. Notre chien est _____ affectueux _____ notre chat.
5. Nous avons _____ travail _____ vous.
6. Le vin américain est _____ bon _____ le vin français.
7. Il travaille _____ bien _____ sa sœur.
8. Ces pommes sont _____ bonnes _____ ces oranges.

5. Faites des phrases au superlatif avec le vocabulaire suivant:

1. Pierre _____ intelligent _____ la classe.
2. Le paon _____ animal _____ beau _____ la basse-cour.
3. _____ bon* élève _____ le Collège reçoit un prix.
4. C'est le livre _____ intéressant _____ le programme.
5. Elle achète _____ bonnes pommes _____ le marché.
6. Miss America _____ belle fille _____ le monde.
7. C'est elle qui travaille bien*.

*Attention à la forme.

24

6. Traduisez:

1. *He is hurting his friend's feelings.*
2. *It is no use arguing.*
3. *Your neck is too short.*
4. *Her neck is too long.*
5. *No matter how hard he looks at it, all he sees is a very ugly pig.*
6. *The more she talks, the more he laughs.*
7. *I am more beautiful than you.*
8. *I am the most beautiful.*
9. *You are right.*
10. *This is a weird joke.*
11. *I witnessed this argument.*
12. *It is far from being perfect.*
13. *I had a lot of fun.*
14. *It would be better not to talk about beauty.*
15. *Don't you agree?*
16. *This is the most ridiculous quarrel in the world.*

Composition orale ou écrite

Trois jeunes filles organisent un concours de beauté. Racontez leur conversation. (Elles ne sont pas d'accord.) Un jeune homme arrive et décide qui est la plus belle. . . . Utilisez les expressions du texte.

CHAPITRE 3

Le verbe

Troisième leçon préliminaire

Définitions:

1. Le verbe exprime l'**action** ou l'**état** du sujet.

2. Un verbe est toujours conjugué à la **voix active** ou à la **voix passive**.

3. Il appartient à un **groupe**. Il y en a trois.

Les deux premiers groupes sont réguliers et ont des terminaisons régulières mais les verbes du troisième groupe sont irréguliers sauf quelques exceptions.

4. Le verbe est conjugué à un **temps**.

5. Le verbe est conjugué à un **mode**.

6. Quand on conjugue un verbe, on donne ses différentes **personnes**.

La voix

La voix **active**: Le sujet fait l'action:

> Paul frappe son chien.

La voix **passive**: Le sujet subit l'action:

> Le chien est frappé par Paul.

Remarque: Le verbe passif est toujours conjugué avec **être** (voir chapitre 20, p. 191)

Le groupe

Il y a trois groupes de verbes:

1. Le premier groupe se compose des verbes en **–er.** Ce groupe comprend 90 pour cent des verbes français. Ces verbes sont tous réguliers sauf **aller** et **envoyer.**

2. Le deuxième groupe comprend les verbes en **–ir** qui ont **–iss** à certaines formes. Ce groupe est composé de verbes réguliers. On y trouve beaucoup de verbes correspondant à des verbes anglais en *–ish:* **finir, punir;** des verbes comme **choisir, réussir, garantir, atterrir;** et des verbes formés sur des adjectifs comme **chérir, jaunir, grandir, maigrir, grossir, vieillir.**

3. Le troisième groupe est formé par tous les autres verbes:

Un petit groupe de verbes réguliers en **–re,** ceux en **–ondre: répondre, confondre;** ceux en **–endre** (sauf **prendre**)**: entendre, attendre;** et les verbes **perdre, mordre, tordre, battre** et **répandre.**

Les verbes en **–ir** qui n'ont pas de formes en **–iss** et les composés de ces verbes. Les plus importants sont:

conquérir	mentir	sentir
courir	mourir	servir
cueillir	offrir	souffrir
dormir	ouvrir	tenir
fuir	partir	venir

Les verbes dont l'infinitif est en **–oir: voir, devoir.**

Les verbes irréguliers en **–re: boire, prendre.**

Le temps

Un verbe est conjugué au **présent, futur** ou au **passé.** Il n'y a qu'un présent, mais les futurs et les passés peuvent être à une **forme simple:**

j'irai	j'allais	j'allai
(futur)	(imparfait)	(passé simple)

ou à une forme **composée;** le premier mot est toujours un verbe auxiliaire, **être** ou **avoir,** et le deuxième est un **participe passé.**

je suis allé(e)	j'avais vu	il aura fait
(passé composé)	(plus-que-parfait)	(futur antérieur)

Le mode

En français il y a quatre modes:

1. L'**indicatif**, le mode de la certitude

2. Le **subjonctif**, le mode du doute

3. Le **conditionnel**, le mode pour la condition

4. Un mode mineur: l'**impératif** qui s'emploie pour donner un ordre direct.

Il y a aussi deux formes verbales: l'**infinitif** et le **participe**.

Les personnes

Au singulier la 1ère personne est	**je**
la 2ème personne est	**tu** (forme familière)
	vous (forme polie)
la 3ème personne est	**il** (au masculin)
	elle (au féminin)
Au pluriel la 1ère personne est	**nous**
la 2ème personne est	**vous**
la 3ème personne est	**ils** (au masculin)
	elles (au féminin)

Le présent

● FORMES

1. Les verbes du 1er groupe ont au présent les terminaisons suivantes:

—e	je parl**e**
—es	tu parl**es**
—e	il, elle parl**e**
—ons	nous parl**ons**
—ez	vous parl**ez**
—ent	ils, elles parl**ent**

Remarque: Aller est irrégulier: **vais, vas, va, allons, allez, vont.**

Attention aux changements orthographiques du premier groupe.

---

1. Les verbes en **–cer:** **ç** devant **a** et **o:**

    commencer: nous commençons

2. Les verbes en **–ger:** **e** après **g** devant **a** et **o:**

    manger: mangeons

3. Les verbes en **–yer:** **y** devient **i** devant **e muet:**

    nettoyer: je nettoie

Remarque: Les verbes en **–ayer** peuvent conserver l'**y** dans toute leur conjugaison: Je **paye** ou je **paie.**

4. Les verbes qui ont un **e muet** à l'avant-dernière syllabe prennent un **accent grave** quand la syllabe qui suit contient un **e muet.**

acheter	geler	semer
j'achète	il gèle	je sème

5. Le plus grand nombre des verbes en **–eler** et **–eter** redoublent le **l** ou **t** devant le **e muet.** (Il y a des exceptions comme **acheter** et **geler**).

jeter	appeler
je jette	il appelle

6. Les verbes qui ont un **é** à l'avant-dernière syllabe de l'infinitif changent ce **é** en **è** devant une **syllabe muette finale:**

espérer	révéler
j'espère	je révèle

2. Les verbes du deuxième groupe ont les terminaisons suivantes:

–is	je finis
–is	tu finis
–it	il, elle finit
–issons	nous finissons
–issez	vous finissez
–issent	ils, elles finissent

3. Les verbes du troisième groupe ont en général beaucoup de changements orthographiques. Il est donc préférable de vérifier leur orthographe dans l'appendice ou dans un dictionnaire. Les terminaisons du troisième groupe sont généralement:

–s	j'entends	je sors
–s	tu entends	tu sors
–d ou t	il, elle entend	il, elle sort
–ons	nous entendons	nous sortons
–ez	vous entendez	vous sortez
–ent	ils, elles entendent	ils, elles sortent

Remarque: 1° Les verbes irréguliers dont le radical ne se termine pas en t ou d prennent à la troisième personne singulier la terminaison **t**: il croit, il conclut.

2° Trois verbes n'ont pas leur terminaison en —ez pour la forme **vous**: vous êtes, vous dites, vous faites.

Le verbe pronominal

1. L'infinitif est toujours accompagné de **se** (**s'** devant une voyelle).

> **se** regarder   **s'**appeler

2. **se** devient **me** (**m'**), **te** (**t'**), **nous**, **vous**, dans la conjugaison.

> Je vais **me** promener.
> Vous allez **vous** promener.

3. Ordre des pronoms:

forme positive

je me	[ʒəm]	je me regarde
tu te	[tyt]	tu te regardes
il se, elle se		il se regarde
nous nous		nous nous regardons
vous vous		vous vous regardez
ils se, elles se		ils se regardent

forme négative

je ne me	[ʒənmə]	je ne me regarde pas
tu ne te	[tyntə]	tu ne te regardes pas
il ne se, elle ne se	[ilnəs, ɛlnəs]	il ne se regarde pas
nous ne nous	[nunnu]	nous ne nous regardons pas
vous ne vous	[vunvu]	vous ne vous regardez pas
ils ne se, elles ne se	[ilnəs, ɛlnəs]	ils ne se regardent pas

● EMPLOIS

1. **J'écris** exprime l'anglais *I write, I am writing.*

J'écris des romans.	*I write novels.*
J'écris une lettre à Jean.	*I am writing a letter to Jean.*

2. L'emploi du présent avec **depuis** et **il y a**:

> **Depuis quand apprenez-vous le français?**

Situation: Vous avez commencé à apprendre le français en septembre. Cela fait trois mois.

Vous continuez à apprendre le français (et vous allez continuer plusieurs mois).

Question	Réponse
How long have you been studying French?	*I have been studying French for three months.*
Depuis quand + présent	Présent + depuis + durée
Depuis quand apprenez-vous le français?	**J'apprend le français depuis trois mois.**
	ou: Il y a + durée + que + présent
	Il y a trois mois que j'apprends le français.

L'Impératif

Lorsqu'on connaît le présent d'un verbe il est très facile d'obtenir l'impératif.

1. tu écris   **Ecris!**   *Write!*
    vous écrivez   **Ecrivez!**   *Write!*
    nous écrivons   **Ecrivons!**   *Let us write!*

2. tu n'écris pas   **N'écris pas!**   *Don't write!*
    vous n'écrivez pas   **N'écrivez pas!**   *Don't write!*
    nous n'écrivons pas   **N'écrivons pas!**   *Let us not write!*

Remarque: Quand *Let us write* exprime une demande de permission: *Allow us to write,* on n'a pas l'impératif: **Laissez-nous écrire, s'il vous plaît.** *Please let us write.*

3. On supprime le **s** de la 2ème personne du singulier pour les verbes du premier groupe (verbes en -**er**).

    tu regardes   **Regarde!**
    tu écoutes   **Ecoute!**
    tu manges   **Mange!**

Le **s** est rétabli quand le mot qui suit est **y** ou **en**:

    Donne!   mais   **Donnes-en!**
    Va!   mais   **Vas-y!**

4. Pour les **verbes pronominaux** on garde le pronom.

Forme positive: Le pronom est **après** le verbe:

> **Regarde-toi!**
> **Regardons-nous!**
> **Regardez-vous!**

Forme négative: On part de la forme négative au présent de l'indicatif et on supprime le pronom sujet:

> Tu ne te laves pas.   **Ne te lave pas!**

5. Formes irrégulières:

> avoir: **Aie! Ayons! Ayez!**
> être: **Sois! Soyons! Soyez!**
> vouloir: **Veuillez!** (la seule personne employée couramment)
> savoir: **Sache! Sachons! Sachez!**

Texte

CHANSON DES ESCARGOTS QUI VONT A L'ENTERREMENT

Jacques Prévert (1900-   ) est un poète populaire qui écrit aussi des scénarios de films. Ses poèmes sont mis en musique et chantés. Il écrit contre la guerre, les millionnaires sans cœur, la société qui oppresse les ouvriers, les inégalités sociales. Il aime les enfants, les animaux, les amoureux séparés, le soleil et les fleurs. Ce poème est extrait de *Paroles*.

A l'enterrement d'une feuille morte
Deux escargots s'en vont
Ils ont la coquille noire
Du crêpe autour des cornes
Ils s'en vont dans le noir
Un très beau soir d'automne
Hélas quand ils arrivent
C'est déjà le printemps
Les feuilles qui étaient mortes
Sont toutes ressuscitées
Et les deux escargots
Sont très désappointés
Mais voilà le soleil
Le soleil qui leur dit
Prenez prenez la peine
La peine de vous asseoir
Prenez un verre de bière
Si le cœur vous en dit
Prenez si ça vous plaît

L'autocar pour Paris
Il partira ce soir
Vous verrez du pays
Mais ne prenez pas le deuil
C'est moi qui vous le dis
Ça noircit le blanc de l'œil
Et puis ça enlaidit
Les histoires de cercueils
C'est triste et pas joli
Reprenez vos couleurs
Les couleurs de la vie
Alors toutes les bêtes
Les arbres et les plantes
Se mettent à chanter
A chanter à tue-tête
La vraie chanson vivante
La chanson de l'été
Et tout le monde de boire
Tout le monde de trinquer
C'est un très joli soir
Un joli soir d'été
Et les deux escargots
S'en retournent chez eux
Ils s'en vont très émus
Ils s'en vont très heureux
Comme ils ont beaucoup bu
Ils titubent un p'tit peu
Mais là-haut dans le ciel
La lune veille sur eux

Jacques Prévert
Paroles
Editions Gallimard

Explication du texte

un **escargot**: *snail*

une **feuille**: un arbre porte des feuilles. En automne, les feuilles meurent et tombent.

un **enterrement**: Quand quelqu'un est mort on le met en terre, on l'enterre, c'est l'enterrement.

la **coquille**: l'escargot vit dans une coquille (mais à la plage on ramasse des **coquillages**)

le **crêpe**: tissu noir que l'on porte lorsqu'on va à un enterrement *(mourning crepe)*; la **crêpe**, *pancake*

les **cornes** *(f)*: L'escargot a deux cornes sur la tête.

prenez la peine de vous asseoir: *Please do sit down. Take the time to . . .*

si le cœur vous en dit: si cela vous fait plaisir; si vous en avez envie prendre le deuil: *to go into mourning;* être en deuil: *to be in mourning*

prendre un verre de bière: *to have a glass of beer*

noircir: faire devenir noir

enlaidir: faire devenir laid

le cercueil: *coffin*

à tue-tête: *très très fort*

et tout le monde de boire: tout le monde commence à boire (une tournure littéraire)

trinquer: pour trinquer, on tend son verre et on choque le verre d'une autre personne en disant: — A votre santé!

s'en retourner: verbe plus littéraire que rentrer.

ému: plein d'émotion

Ils titubent: Ils ne marchent pas très droit, comme quelqu'un qui a beaucoup bu.

Conversation sur le texte

Les escargots sont comme les hommes, et le soleil exprime la philosophie de J. Prévert.

1. Comment Prévert voit-il les hommes?
2. Quelles sont les choses tristes de la vie?
3. Que faut-il faire pour être heureux?
4. Quelle est votre idée du bonheur?

Exercices

1. C'est le printemps: on emploie **ce** avec être, **ça** avec un autre verbe pour traduire *it.*

> ça vous plaît
> ça noircit

Mettez la forme correcte, ce ou ça:

1. _____ est l'automne.
2. _____ m'amuse.
3. _____ est difficile.
4. _____ ne fait rien.
5. _____ enlaidit.

2. Conjuguez le présent des verbes suivants à la forme **je** et à la forme **nous:**

1. mourir	8. se mettre	15. plaire
2. dire	9. enlaidir	16. partir
3. prendre	10. noircir	17. chanter
4. voir	11. s'asseoir	18. tituber
5. boire	12. avoir	19. veiller
6. aller	13. arriver	
7. s'en aller	14. être	

3. Donnez l'impératif (vous) des verbes ci-dessus.

4. Donnez le masculin de:

1. la reine morte
2. la chatte noire
3. une enfant triste
4. une femme vivante
5. une vraie actrice

5. Donnez le féminin de:

1. un beau chien
2. un boulanger heureux
3. un joli garçon
4. un oncle laid
5. un ami blanc

6. Traduisez:

1. *You are finishing your last exercise?*
2. *No, we are just beginning it.*
3. *Write your address in my notebook* (forme familière et forme polie).
4. *You are not sitting down.*
5. *Do not sit down.*
6. *Be patient* (forme familière et forme polie — une expression avec **être** et une avec **avoir**)!
7. *She is going away.*
8. *Please sit down* (trois formes).
9. *She died.*
10. *We will see the countryside.*
11. *He has drunk a lot.*
12. *Have a glass of beer!*
13. *Here is the sun.*
14. *They are coming back home* (deux formes).
15. *Let's drink to the health of the snails who are alive.*
16. *How long has he been drinking?*
17. *He has been drinking for twenty years.*

Composition orale ou écrite

En utilisant le plus possible d'expressions contenues dans le poème, décrivez deux scènes: une scène très triste, un enterrement, et une scène très gaie, une fête où tout le monde boit un peu trop.

CHAPITRE 4

Le passé composé

Leçon de grammaire

Généralités:
Pour exprimer le passé on a les temps suivants:

l'imparfait	le passé composé
je prenais	j'ai pris
le plus-que-parfait	le passé surcomposé
j'avais pris	j'ai eu pris

Dans la langue écrite et littéraire seulement il y a deux autres temps:

le passé simple	le passé antérieur
je pris	j'eus pris

Chaque temps a une forme et un emploi bien précis.

Le passé composé

● FORMES

Il est formé de deux mots: un auxiliaire au présent + un participe passé.
L'auxiliaire est **avoir** ou **être**.

Il est allé.   **Nous avons demandé.**

présent d'**avoir**	présent d'**être**
j'**ai**	je **suis**
tu **as**	tu **es**
il, elle **a**	il, elle **est**
nous **avons**	nous **sommes**
vous **avez**	vous **êtes**
ils, elles **ont**	ils, elles **sont**

Le participe passé se termine en:

- **–é** pour les verbes du 1er groupe: **aimer**, aim**é**
- **–i** pour les verbes du 2ème groupe: **finir**, fini
- **–u** pour les verbes réguliers en **–re** du 3ème groupe: **vendre**, vendu; **entendre**, entendu.
- **–i, –u, –is, –it** pour les verbes irréguliers du 3ème groupe: **rire**, ri; **lire**, lu; **prendre**, pris; **dire**, dit.

La forme négative

---

1. La négation entoure l'auxiliaire (**avoir** ou **être**):

Je n'ai **pas** aimé.	Je **ne** suis **pas** allé.
Tu n'as **pas** aimé.	Tu n'es **pas** allé.
Il n'a **pas** aimé.	Il n'est **pas** allé.
Nous n'avons **pas** aimé.	Nous **ne** sommes **pas** allés.
Vous n'avez **pas** aimé.	Vous n'êtes **pas** allés.
Ils n'ont **pas** aimé.	Ils **ne** sont **pas** allés.

2. La **forme interrogative** est: Avez-vous aimé? Etes-vous allés?

3. La **forme interrogative-négative**: N'avez-vous pas aimé? N'êtes-vous pas allés?

Choix de l'auxiliaire: Etre ou Avoir

Quelques verbes ont l'auxiliaire **être**. Voici un petit récit qui utilise de façon concrète tous ces verbes:

Pierre **va** vers la maison de son enfance; il **vient** d'une autre ville et **arrive** par le train. Il **passe** par la porte et **entre** dans la maison. Il **monte** au premier étage et là, il **reste** quelques instants à se rappeler: c'est là qu'il **est né**, que ses parents **sont morts**. Il est ému et décide de **partir**. Il **descend** et **tombe** dans l'escalier. Il **sort** de la maison et se dit: «Je n'y **retournerai** pas. Les souvenirs sont trop dangereux.»

La plupart de ces verbes sont des verbes de mouvement. Certains sont toujours **intransitifs**, c'est-à-dire qu'ils n'ont pas d'objet direct.

aller	je suis allé
venir et ses composés:	je suis venu
devenir, revenir, etc.	devenu, revenu, etc.
arriver	je suis arrivé
rester	je suis resté
naître	je suis né
mourir	je suis mort
partir, repartir	je suis parti, reparti
tomber	je suis tombé
retourner	je suis retourné

D'autres sont généralement **transitifs** et conjugués avec **être**, mais ils peuvent aussi avoir une construction transitive directe, c'est-à-dire qu'ils ont un object direct. Dans ce cas ils sont conjugués avec **avoir**:

> Je **suis** sorti.
> J'**ai sorti** mon mouchoir de ma poche.
> *I took my hankerchief out of my pocket.*

Voici les principaux verbes qui ont généralement l'auxiliaire **être** quand ils n'ont pas d'objet direct et qui ont l'auxiliaire **avoir** quand ils ont un objet direct:

	construction fréquente (intransitive)	construction moins fréquente (transitive directe)
sortir	**Je suis sorti.** *I went out.*	**J'ai sorti** mon chien. *I took my dog out.*
passer	**Je suis passé.** *I came by.* *I went through.*	**J'ai passé** trois jours à Paris. *I spent three days in Paris.*
monter	**Je suis monté.** *I went up.*	**J'ai monté** l'escalier. *I went up the stairs.* **J'ai monté** ma valise. *I took my suitcase up.*
descendre	**Je suis descendu.** *I came down.*	**J'ai descendu** l'escalier. *I came down the stairs.* **J'ai descendu** ma valise. *I took my suitcase down.*
retourner	**Je suis retourné.** *I went back again.*	**J'ai retourné** le bifteck. *I turned the steak over.*
rentrer	**Je suis rentré.** *I came back home.*	**J'ai rentré** les chaises. *I took the chairs inside.*

Tous les verbes pronominaux sont conjugués avec **être**: **se regarder**: Je me **suis** regardé. Il **s'est** regardé.

Accord du participe passé

1. Un verbe conjugué avec **avoir** s'accorde comme suit:

Le participe passé s'**accorde** avec l'**objet direct** placé **avant** lui:

Les fleurs **que** j'ai achet**ées.**

Il y a accord avec **que** qui représente fleurs.

L'objet direct placé avant peut être:

que	Les fleurs **que** j'ai achet**ées.**
la, les	Je **les** ai achet**ées.**
quelles	
quelle	**Quelles** fleurs **avez**-vous achet**ées?**
quels	

Il n'y a pas d'accord si l'objet est placé **après**.

J'ai acheté **des fleurs.**

Il n'y a pas d'accord avec **en:**

Des fleurs? J'**en ai** acheté.

2. Dans un verbe conjugué avec **être**, le participe passé s'accorde avec le sujet comme un adjectif.

Elle est partie.
Ils sont venus.

3. Dans un verbe pronominal, l'accord se fait avec le sujet, dans la majorité des cas: (Voir l'appendice p. 267).

Elle s'est regardée.
Ils se sont mariés.

Il n'y a pas d'accord avec les verbes suivants:

Elles se sont téléphoné.
Elles se sont parlé.
Elles se sont souri.
Elles se sont plu (de **plaire**).

Pour les règles détaillées voir l'appendice.

● EMPLOIS

1. On peut trouver quatre grands cas d'emploi du passé composé:

Pour exprimer une action isolée, unique, comme une sorte de point dans le temps.

Hier, j'ai **vu** Jacques à la bibliothèque.

Pour exprimer plusieurs actions successives, toutes courtes et enchaînées:

> Il **s'est levé** à 7h., il a **déjeuné,** il **est sorti,** et il **a pris** l'autobus.

Pour exprimer une action qui a duré, mais qui est terminée:

> Hier, j'**ai eu** mal à la tête tout l'après-midi.
> Il **a habité** trois ans à Paris.

Pour exprimer une action qui s'est répétée plusieurs fois, mais qui est terminée:

> Ils **sont allés** trois fois en Europe.
> J'**ai dîné** souvent dans ce restaurant.

On peut représenter ces actions par un dessin:

1. une action-point   •
2. plusieurs actions-points   • • • •
3. une durée terminée   ⊢———⊣
4. une répétition terminée |• • •|

2. Le passé composé avec **combien de temps:**

> **Combien de temps avez-vous voyagé?**

Situation: Votre voyage est terminé.
On veut savoir combien de temps il a duré.

Question	Réponse
How long did you travel?	*I travelled for three months.*
Combien de temps + passé composé	Passé composé + (pendant) + durée
Combien de temps avez-vous voyagé?	**J'ai voyagé (pendant) trois mois.**

Texte

UN INTERROGATOIRE

Jean Paul Sartre (1905–   ) qui a refusé le prix Nobel, a illustré ses idées politiques et sa philosophie (l'existentialisme) dans des romans et ses pièces de théâtre. *La P. . . . respectueuse* est une critique du racisme aux Etats Unis. (La lettre P. commence le mot «putain» qui veut dire prostituée.) Lizzie vient d'arriver dans une ville du Sud. Un noir a été tué dans le train. Fred vient interroger Lizzie.

FRED

Tu viens du Nord?

LIZZIE

Oui.

FRED

De New-York?

LIZZIE

Qu'est-ce que ça peut te faire?

FRED

Tu as parlé de New-York tout à l'heure.

LIZZIE

Tout le monde peut parler de New-York, ça ne prouve rien.

FRED

Pourquoi n'es-tu pas restée là-bas?

LIZZIE

J'en ai eu marre.

FRED

Des ennuis?

LIZZIE

Bien sûr: Je les attire, il y a des natures comme ça . . .

FRED

C'est toi que le nègre a voulu violer?

LIZZIE

Quoi?

FRED

Tu es arrivée avant-hier par le rapide de six heures?

LIZZIE

Oui

FRED

Alors c'est bien toi.

LIZZIE

Personne n'a voulu me violer *(elle rit avec un peu d'amertume)*. Me violer!
Tu te rends compte?

FRED

C'est toi, Webster me l'a dit, au dancing . . . Ils sont montés à deux dans
ton compartiment. Au bout d'un moment, ils se sont jetés sur toi. Tu as
appelé à l'aide et des blancs sont venus. Un des nègres a tiré son rasoir et
un blanc l'a abattu d'un coup de revolver. L'autre nègre s'est sauvé!

LIZZIE

C'est ce que t'a raconté Webster?

FRED

Oui.

LIZZIE

LIZZIE

D'où le sait-il?

FRED

Toute la ville en parle.

LIZZIE

Toute la ville? C'est bien ma veine. Vous n'avez rien d'autre à faire?

FRED

Est-ce que les choses se sont passées comme je l'ai dit?

LIZZIE

Pas du tout.

Jean-Paul Sartre
La P.... respectueuse
Editions Gallimard

Explication du texte

respectueux, respectueuse: qui a du respect
Qu'est-ce que ça peut te faire?: *What does it matter to you?*
rester: *to stay;* mais *to rest:* se reposer
en avoir marre: expression familière pour **en avoir assez**, être fatigué
    d'une situation
un **nègre:** expression péjorative comme *nigger* en anglais
un **noir:** *black*
violer: *to rape* (le viol)
le rapide: Un train qui va très vite et qui ne s'arrête que dans les grandes
    villes.
personne ne: remarquez le **ne**
amertume *(f.): bitterness; (adj.)* amer, amère
tu te rends compte: se rendre compte: *to realize*
    le **dancing:** (mot franglais) *dancehall*
se jeter sur: *to jump on*
se sauver: partir vite, s'enfuir
la veine: un mot familier et courant pour **la chance, avoir de la chance** ou
    avoir de la veine: *to be lucky*
se passer: *to happen;* **Qu'est-ce qui se passe?** *What is happening?*

Conversation sur le texte

1. Est-ce que cet interrogatoire est très honnête? Pourquoi?

2. Pourquoi Lizzie est-elle sur la défensive?

3. Y a-t-il des traces d'humour, de vulgarité dans les réponses de Lizzie?

4. Relevez les détails de la vie d'une petite ville du Sud.

5. Pensez-vous qu'un écrivain français ait le droit de critiquer le racisme d'un autre pays?

Exercices

1. Répétez les phrases suivantes au passé composé:

1. Il vient du Nord.
2. Nous pouvons rester.
3. Qu'est-ce que tu fais?
4. Tu ne restes pas?
5. Il en a marre.
6. Tu parles de New-York.
7. Elle veut partir.
8. Tu arrives par le rapide.
9. Ils montent dans le train.
10. Elle se jette sur son lit.
11. Nous appelons à l'aide.
12. Il se sauve.
13. Qu'est-ce qu'il raconte?
14. Qu'est-ce qui se passe?
15. Il a de la veine.

2. Identifiez les actions suivantes: Est-ce une action-point, une durée terminée, une répétition terminée?

1. Je suis restée trois ans à New-York.
2. Hier j'ai vu Pierre à la bibliothèque.
3. Il a eu la grippe la semaine dernière.
4. Un blanc a abattu un noir d'un coup de revolver.
5. Il y a eu plusieurs viols dans ce quartier.
6. Un homme s'est jeté sur elle.
7. Tu es arrivée hier par le rapide de six heures.
8. Il a tiré plusieurs coups de revolver.
9. Elle a dormi deux heures dans le train.
10. Ils sont montés dans le compartiment.

3. Mettez les phrases suivantes au passé composé:

1. Quelle veine ils ont.
2. La chance ne la favorise pas.
3. Toute la ville en parle.
4. Des ennuis, j'en ai aussi.

5. La chose ne se passe pas ainsi.
6. Elle arrive par le train de 6 h.
7. Elles se téléphonent tous les jours.
8. Ils se trompent.
9. Nous nous parlons.
10. Lizzie et Fred se plaisent.
11. Elle se regarde.
12. Elles achètent des robes.
13. On lui vole les robes qu'elle achète.

4. Traduisez:

1. *She became very rich.*
2. *We boarded the train.*
3. *They wanted to call for help.*
4. *Nobody came.*
5. *Things did not happen as I said.*
6. *He took his revolver out of his pocket* (la poche).
7. *He passed through London but he spent three days in Paris.*
8. *She died in 1900.*
9. *He was born in France.*
10. *You went down the stairs.*
11. *They stayed in the hotel and she rested.*
12. *He fell off the train* (du . . .).
13. *He had nothing else to do all day.*
14. *How long did you sleep?*
15. *I travelled for six months.*
16. *How long did you stay in New York?*
17. *I stayed in New York for ten months.*
18. *How long did she cry? She cried for two hours.*

Composition orale ou écrite

Racontez une scène de violence, dans la rue, à la télévision, avec beaucoup d'actions successives.

CHAPITRE 5

L'imparfait

Leçon de grammaire

● FORMES

1. On part de la forme **nous** du présent: **nous donnons**
2. On enlève **–ons: donn-**
3. On ajoute les terminaisons:

–ais	je	**donn**ais
–ais	tu	**donn**ais
–ait	il	**donn**ait
–ions	nous	**donn**ions
–iez	vous	**donn**iez
–aient	ils	**donn**aient

Formes à retenir

---

1. L'imparfait des verbes du 2ème groupe est toujours en **–issais**, **–issait**, **–issions**, **–issiez**, **–issaient**.

> nous fini**ssons** → je fini**ssais**

2. Les verbes dont le radical se terminent par un **–i**:

> **étudi**er   **ri**re

donnent, à la première personne du pluriel:

> nous **étudiions**   nous **riions** (avec deux i)

Le verbe croire devient: nous **croyions**

3. Les verbes en –**ger** ont un **e** pour toutes les formes devant le **a** de la terminaison:

je mangeais	je nageais
tu mangeais	tu nageais
il mangeait	il nageait
ils mangeaient	ils nageaient

4. Les verbes en –**cer** ont un **ç** devant le **a**:

je me balançais	j'avançais
tu te balançais	tu avançais
il se balançait	il avançait
ils se balançaient	ils avançaient

● EMPLOIS

L'imparfait s'emploie dans deux grands cas:

1. Pour exprimer une action répétée qui est devenue une **habitude.** C'est le temps utilisé pour raconter des souvenirs d'enfance, des actions qui sont considérées sous leur aspect d'habitudes passées. Pour la traduction, on peut être sûr, si on a en anglais *I would go, I used to go, I was going,* d'avoir en français un imparfait: **j'allais.**

> Quand j'**étais** enfant, ma famille et moi **passions** tous nos étés au bord de la mer.

2. L'imparfait est aussi le temps qui est employé pour la **description** d'un décor, ou d'un personnage, dans un récit:

> Hier il **pleuvait,** le ciel **était** gris et couvert, il y **avait** du vent.
> Ce jeune homme s'**appelait** Pierre; il **était** grand et brun. Il **avait** l'air sûr de lui et **parlait** toujours très fort.

Si on veut représenter ces actions par un dessin on aurait ceci:

1. Habitude · · · · · · · ▶
2. Description ─────▶

Texte

JOURNEES A COMBOURG

René de Chateaubriand (1768–1848) est un des premiers écrivains «romantiques». Il a passé son enfance en Bretagne, à Combourg, dans un château-fort, triste et sévère, que l'on peut encore visiter. Dans les *Mémoires d'Outre-Tombe,* il raconte très en détail son enfance et son adolescence.

Mon père se levait à quatre heures du matin, hiver comme été. . . . On lui apportait un peu de café; il travaillait ensuite dans son cabinet jusqu'à midi. Ma mère et ma sœur déjeunaient chacune dans leur chambre, à huit heures du matin. Je n'avais aucune heure fixe, ni pour me lever, ni pour déjeuner; j'étais censé étudier jusqu'à midi: La plupart du temps, je ne faisais rien. A onze heures et demie, on sonnait le dîner que l'on servait à midi. La grand'salle était à la fois salle à manger et salon: on dînait et l'on soupait à l'une de ses extrémités, du côté de l'est; après le repas on venait se placer à l'autre extrémité, du côté de l'ouest, devant une énorme cheminée.

Le souper fini et les quatre convives revenus de la table à la cheminée, ma mère se jetait, en soupirant, sur un vieux lit de jour de siamoise flambée; on mettait devant elle un guéridon avec une bougie. Je m'asseyais auprès du feu avec Lucille; les domestiques enlevaient le couvert et se retiraient. Mon père commençait alors une promenade, qui ne cessait qu'à l'heure de son coucher. Il était vêtu d'une robe de ratine blanche, ou plutôt d'une espèce de manteau que je n'ai vu qu'à lui. Sa tête, demi-chauve, était couverte d'un grand bonnet blanc qui se tenait tout droit. Lorsqu'en se promenant il s'éloignait du foyer, la vaste salle était si peu éclairée par une seule bougie qu'on ne le voyait plus: on l'entendait seulement encore marcher dans les ténèbres; puis il revenait lentement vers la lumière et émergeait peu à peu de l'obscurité comme un spectre, avec sa robe blanche, son bonnet blanc, sa figure longue et pâle.

Chateaubriand
Les Mémoires d'Outre-Tombe

Explication du texte

la journée: Le **jour** indique la date et la **journée** donne l'idée de la durée, de la longueur du jour et tout ce qui s'y passe (c'est la même différence pour: le **soir**, la **soirée** et le **matin**, la **matinée**).

à quatre heures du matin: *A.M.; P.M.:* de l'après-midi, et, après six heures, du soir.

hiver comme été: en hiver comme en été

le cabinet: *ici,* le cabinet de travail, la pièce où on travaille; on dit aussi le bureau; les **cabinets:** *toilets.*

je n'avais aucune heure fixe: ne . . . aucun: *not . . . one.*

ni pour me lever, ni pour déjeuner: *neither . . . nor.*

j'étais censé étudier: on croyait que j'étudiais; *I was supposed to study.*

la plupart du temps: (tournure unique) ailleurs, «la plupart» est toujours avec un pluriel: **La plupart des étudiants comprennent.** Le verbe est au pluriel.

je ne faisais rien: fai— se prononce /fə/ dans tout l'imparfait.

ne . . . rien: *nothing*

on, l'on: c'est la même chose; **l'on** est plus élégant: *they* (les domestiques)

la grand'salle: grand' est une ancienne forme du féminin (c'est la même chose dans **grand'mère**).

le déjeuner, le dîner, le souper: Ce sont les trois repas qu'on prend à l'époque de Chateaubriand et encore maintenant à la campagne: le déjeuner le matin, le dîner à midi, et le souper le soir. De nos jours on prend: le petit déjeuner le matin, le déjeuner à midi, et le dîner le soir. Le souper est un repas tard dans la nuit, après le spectacle.

on venait se placer: Chateaubriand a écrit: **on se venait placer** (tournure un peu vieillie).

Conversation sur le texte :

1. Est-ce que Chateaubriand a eu une enfance heureuse? Justifiez votre réponse.
2. Quelle atmosphère résulte des occupations de chacun, des horaires, de la disposition des pièces, des soirées?
3. Décrivez la personnalité du père, d'après ce petit texte.

Exercices

1. Répétez les phrases suivantes en mettant le verbe à l'imparfait.

1. Ils parlent français.
2. Elle arrive chez elle.
3. Tu commences ton exercice.
4. Nous voulons travailler.
5. Je ris.
6. Vous pleurez.
7. Elle va à l'école.
8. Ils sont malades.
9. Elles ont de la veine.
10. Je ne fais rien.
11. Qu'est-ce qui se passe?
12. Il réussit tous les jours.
13. J'écoute la radio.
14. Avez-vous faim?

2. Mettez le verbe qui est au passé composé à l'imparfait en répétant «tous les jours» au lieu de «tout à coup».

> Tout à coup il **a vu** Pierre.   **Tous les jours il voyait** Pierre.

1. Tout à coup j'ai entendu du bruit.
2. Tout à coup elle a ri.
3. Tout à coup il a plu (pleuvoir).
4. Tout à coup nous avons eu une idée.
5. Tout à coup il s'est levé.
6. Tout à coup il a fait beau.

3. Mettez les phrases suivantes à l'imparfait, en commençant chaque phrase par: **D'habitude.**

1. Il finit son travail à 6 heures.
2. Nous croyons qu'il va pleuvoir.
3. Vous étudiez vos leçons.
4. Il mange à heures fixes.
5. Elles se placent au premier rang.

6. Je suis censé étudier.
7. Il ne fait rien.
8. Ils ont une heure fixe pour se lever.
9. On vient dans le salon.
10. Il travaille dans son cabinet.
11. Je me lève à six heures.
12. Nous étudions toute la matinée.
13. On croit que je fais quelque chose.
14. Il va à l'école.
15. Elles mangent dans leur chambre.
16. Elle se jette sur son lit.
17. Je m'assieds près du feu.
18. Mon père commence une promenade.
19. Il s'éloigne de la maison.
20. On ne le voit pas après le déjeuner.

4. Traduisez:
1. *My father used to get up at 4 A.M.*
2. *I wouldn't get up at 4 A.M.*
3. *My mother and my sister were supposed to eat breakfast, each one in her own room, but they would sometimes eat together.*
4. *I would not do anything all morning long.*
5. *My father used to work in his study until noon.*
6. *Dinner was served in the dining room.*
7. *On the west side, there was a huge fireplace.*
8. *He was dressed in a white robe.*
9. *He came out of the darkness like a spectre.*
10. *Yesterday, it was very hot, the sky was blue, and the birds were singing loudly in the trees.*
11. *When I was a child, we used to spend our summers by the seashore.*
12. *He had no courage.*

Composition orale

Racontez des souvenirs d'enfance rappelant des actions qui se répétaient. Utilisez les expressions du texte.

Composition écrite

Imaginez une vie différente pour Chateaubriand: un père paresseux, un garçon studieux, une mère et une sœur actives, une atmosphère joyeuse et heureuse dans une maison chaude et accueillante.

CHAPITRE 6

Le passé composé et l'imparfait

Leçon de grammaire

Règles générales:

Au passé, l'anglais a une forme; le français a deux formes:

> *Yesterday I went to the market.* Hier **je suis allé** au marché.
> *Every day I went to the market.* Tous les jours **j'allais** au marché.

● EMPLOIS

On peut distinguer quatre grands cas d'emploi combiné du passé composé et de l'imparfait dans une phrase.

1. Une **description** à l'imparfait peut être combinée avec une action-point, ou plusieurs actions successives au passé composé.

> Hier il **faisait** beau, je **suis allé** à la plage et je me **suis baigné**.

────────────────────────▶

• •

2. Une **durée** à l'imparfait peut être combinée avec une action-point qui l'interrompt au passé composé.

> Hier je **dormais**, le téléphone **a sonné**.

────────────────────────▶ •

3. Une **durée illimitée** à l'imparfait peut être combinée avec une durée limitée au passé composé.

Pendant qu'il **visitait** l'Europe, il **est resté** un mois à Florence.

4. Une **durée illimitée** à l'imparfait peut être combinée avec une répétition limitée au passé composé.

Pendant qu'il **visitait** Paris, il **est allé** trois fois au Louvre.

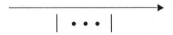

Conseils pratiques:

1. Certains verbes comme **être, avoir, penser, croire, savoir, vouloir, espérer,** sont plus fréquemment employés à l'imparfait qu'au passé composé parce que ce sont des verbes qui expriment des états d'esprit ou des états de fait:

> Hier il **pleuvait** et j'**étais** de mauvaise humeur.
> Je **pensais** que vous ne m'**aimiez** plus.

Mais: Quand on veut exprimer l'idée que cet état de fait ou d'esprit a commencé soudainement, ou quand on considère l'action comme complètement finie, on a le passé composé:

> On parlait de lui et j'**ai été** surpris de ce qu'on disait. (choc)
> Quand je l'ai vu, j'**ai pensé** qu'il était malade. (choc)
> La semaine dernière j'**ai eu** un rhume épouvantable. (c'est fini)

2. Dans le discours indirect au passé, les verbes qui suivent la conjonction **que** sont souvent à l'imparfait, jamais au passé composé. (Voir Chapitre 14 p. 132).

> J'ai compris **qu'il ne savait** pas sa leçon.
> (au présent: Je comprends qu'il ne sait pas.)

Remarque: Si on a des difficultés, on peut se poser des questions:

> Si la question est: *What was going on, what used to be?* On se sert de l'imparfait.

> Si la question est: *What happened, what did he do or say at that very moment?* On se sert du passé composé.

Tableaux récapitulatifs

passé composé	imparfait
1. Action-point	
2. Plusieurs actions-points	
3. Durée limitée	Durée continue (description)
4. Répétition limitée	Habitude

passé composé et imparfait ensemble dans une phrase

1. Durée illimitée (imparfait) et action-point (passé composé)

2. Durée (imparfait) interrompue par l'action-point (passé composé)

3. Durée illimitée (imparfait) et durée limitée (passé composé)

4. Durée illimitée (imparfait) et répétition limitée (passé composé)

L'imparfait et le passé composé avec depuis quand et depuis:

Depuis quand étiez-vous à Paris quand **vous avez rencontré** Pierre?

Situation: Vous étiez à Paris (action qui durait depuis un certain temps) et un jour vous avez rencontré Pierre (action qui interrompt cette durée).

· Question	Réponse
How long had you been in Paris when you met Pierre?	*I had been in Paris three months when I met Pierre.*
Depuis quand + imparfait quand + passé composé	Imparfait + depuis + durée quand + passé composé
	ou
	Il y avait + durée + que + imparfait, quand + passé composé
Depuis quand étiez-vous à Paris quand vous avez rencontré Pierre?	**J'étais à Paris depuis trois mois quand j'ai rencontré Pierre.**
	ou
	Il y avait trois mois que j'étais à Paris quand j'ai rencontré Pierre.

Tableau récapitulatif sur depuis quand et combien de temps

Questions	Réponses
Depuis quand + présent Depuis quand apprenez-vous le français?	**Présent + depuis** J'apprends le français depuis trois mois. **Il y a . . . que + présent** Il y a trois mois que j'apprends le français. **Voilà . . . que + présent** Voilà trois mois que j'apprends le français.

Depuis quand + imparfait . . .
   quand + passé composé
Depuis quand étiez-vous à Paris
   quand vous avez rencontré Pierre?
	Imparfait + depuis + . . .
	   quand + passé composé
	J'étais à Paris depuis trois mois
	   quand j'ai rencontré Pierre.

Combien de temps + passé composé Combien de temps avez-vous voyagé?	**Passé composé + pendant** J'ai voyagé (pendant) trois mois.

Texte

UNE SOIREE A NEW YORK

La vie et la carrière de Simone de Beauvoir (1908–   ) sont parallèles à celles de Jean-Paul Sartre. Dans *Les Mandarins*, Simone de Beauvoir met en scène des intellectuels français (Sartre, Camus) et elle-même (Anne), qui a eu une aventure amoureuse avec un écrivain américain (Nelson Algren ou Lewis). Anne (je) et Lewis sont de retour à New York après un voyage au Mexique. Felton est un ami de Lewis.

New York était torride. Finies les grandes pluies nocturnes. Dès le matin, le ciel brûlait. Lewis a quitté l'hôtel de bonne heure et je suis restée à somnoler sous le ronronnement du ventilateur. J'ai lu, j'ai pris des douches, j'ai écrit quelques lettres. A six heures, j'étais habillée et j'attendais Lewis. Il est arrivé à sept heures et demie, tout animé.

— J'ai retrouvé Felton! m'a-t-il dit. . . . Il nous attend. Il va nous montrer New York.

Dehors, il faisait une grosse chaleur moite. Il faisait encore plus chaud dans la mansarde de Felton. C'était un grand type au visage blême qui riait de plaisir en secouant les mains de Lewis. En fait, il ne nous a pas montré grand'chose de New York. Sa femme s'est amenée, avec deux jeunes gars et des boîtes de bière; ils ont vidé boîte sur boîte en parlant d'un tas de gens dont j'ignorais tout, qui venaient d'être mis en prison, qui allaient en sortir, qui cherchaient une combine, qui en avaient trouvé une; ils ont parlé aussi du trafic de la drogue et du prix que coûtaient les flics d'ici. Lewis s'amusait beaucoup. On a été manger des côtes de porc dans un bistrot de la troisième avenue. Ils ont continué à parler longtemps. Je m'ennuyais ferme et je me sentais plutôt déprimée.

Simone de Beauvoir
Les Mandarins
Editions Gallimard

Explication du texte

finies les grandes pluies: les grandes pluies étaient finies
dès le matin: dès que le matin commençait
quitter: *to leave* + objet direct; se dit aussi **partir** sans objet
somnoler: faire un somme; dormir un peu
rester à + infinitif: *to stay and do something else*
le **ventilateur:** un appareil qui fait circuler l'air
ronronnement: ronronner: (onomatopée) lorsque le chat est content, il ronronne
une **douche:** *shower*
j'attendais Lewis: attendre + objet direct *to wait for*
moite (*f.* ou *m.*): humide
la **mansarde:** une chambre tout en haut d'une maison, sous le toit (de Mansard, célèbre architecte de Versailles)
un **type:** (familier) un homme
blême: pâle
pas grand'chose: pas beaucoup de choses; (pas grand'chose est plus idiomatique)
s'amener: (familier) arriver
ignorer: contraire de **connaître**
un **gars:** (familier) un garçon
qui venaient d'être mis en prison, qui allaient en sortir: Venir de + **infinitif:** venir se conjugue à deux temps, au **présent** (il vient de sortir) et à l'imparfait (il venait de sortir). Aller + **un infinitif:** aller se conjugue à deux temps au **présent** avec la valeur d'un futur (il va sortir) et à l'**imparfait** (il allait sortir).
une **combine:** *deal, scheme*
chercher + objet direct: *to look for*
un **flic:** *cop*
s'amuser: *to have fun;* le contraire: **s'ennuyer:** *to be bored;* **être ennuyé:** *to be sorry;* **ennuyeux:** *boring*
on a été: (familier) on est allé
le **bistrot:** un petit café, restaurant
ferme: énormément (*ici,* adverbe)
se sentir: *to feel* + adjectif; **je sens que:** *I feel that; I have the feeling that....*

Conversation sur le texte

1. Quel temps fait-il à New York? Comment se défend-on contre la chaleur?
2. Pourquoi Anne s'ennuyait-elle?
3. Qu'est-ce qui est typiquement américain dans cette soirée?

Exercices

1. Dans les phrases suivantes mettez le premier verbe au passé composé, le deuxième à l'imparfait.

1. Je (voir) un homme qui (tituber) dans la rue.
2. Il (acheter) le dernier livre qui (rester).
3. Quand Lewis (arriver) elle (dormir).
4. Il (parler) d'un ami qui (venir) de mourir.
5. Vous (sortir) ce matin; il (faire beau).
6. Nous (entendre) ce qu'elle (dire).
7. Je (apprendre) qu'elle (sortir) de prison.
8. Il (faire) tout ce que je (vouloir).
9. Vous (ne pas répondre) comme je l' (espérer).

2. Conjuguez les verbes entre parenthèses dans cette histoire d'un couple à Paris, en hiver.

Paris (être) glacial. Ce jour-là, le ciel (geler). Jacques (quitter) l'hôtel de bonne heure et Barbara (rester) dans leur chambre.

Elle (prendre) des bains chauds et elle (se reposer) près du radiateur. Elle (manger) des chocolats et elle (lire) des magazines. Puis, elle (s'habiller) et à 7 h. elle (être) prête et elle (attendre) Jacques. Jacques (arriver) à 8 h. Il (dire): — « Je (téléphoner) à mon amie la comtesse de X. Elle nous (inviter) à dîner ». Dehors il (faire) vraiment très froid. Ils (prendre) un taxi et ils (partir) pour le château de la comtesse qui (habiter) près de Paris. Dans le château il (faire) encore plus froid, malgré un grand feu qui (brûler) dans la cheminée. La table (être) très bien décorée et le dîner (être) exquis. La comtesse (rire) beaucoup et les invités (sembler) contents. Il y (avoir) beaucoup de champagne et ils (vider) bouteille sur bouteille. Ils (parler) des grands événements littéraires et artistiques de Paris et aussi de tas de gens qui (venir de) rentrer des sports d'hiver ou y (aller). Ils (s'amuser) beaucoup mais ils (avoir) toujours très froid. Il y (avoir) aussi un jeune Américain qui (s'ennuyer) ferme parce qu'il ne (comprendre) pas un mot de français.

3. Traduisez:

1. *I left the house at 10 P.M. His mother came at 11 P.M.*
2. *I stayed at school all day.*
3. *I rested for two hours yesterday afternoon* (pendant).
4. *I was resting when the phone rang.*

5. *I waited for Pierre all morning.*
6. *I was waiting for the bus when I saw him.*
7. *He did not show us much of the town.*
8. *They had just been put in jail.*
9. *They have just been put in jail.*
10. *Are you looking for a good deal?*
11. *I was having fun at the party, when suddenly Lewis said:*
    I am bored. Let's go.
12. *I felt sad when I heard the bad news* (singulier).
13. *I was feeling depressed.*
14. *She was bored all evening.*
15. *How long had you been sleeping when the phone rang?*
16. *How long have you been in the hospital?*
17. *I have been here three weeks.*

Composition orale ou écrite

Faites le récit d'une soirée où vous vous êtes follement amusé, ou d'une soirée où vous vous êtes ennuyé ferme. Combinez l'emploi du passé composé et de l'imparfait.

CHAPITRE 7

Le plus-que-parfait et le passé surcomposé

Leçon de grammaire

Le plus-que-parfait

● FORMES

Le **plus-que-parfait** est le temps composé de l'imparfait. On le forme en prenant l'**imparfait de l'auxiliaire** et en ajoutant le **participe passé**.

auxiliaire: avoir

j'avais	j'avais **donné**
tu avais	tu **avais donné**
il, elle avait	il, elle **avait donné**
nous avions	nous **avions donné**
vous aviez	vous **aviez donné**
ils, elles avaient	ils, elles **avaient donné**

auxiliaire: être

j'étais	j'**étais arrivé** (e)
tu étais	tu **étais arrivé** (e)
il, elle était	il, elle **était arrivé** (e)
nous étions	nous **étions arrivés** (es)
vous étiez	vous **étiez arrivés** (es)
ils, elles étaient	ils, elles **étaient arrivés** (es)

Remarque: Le participe passé ici s'accorde comme au passé composé.

1. Le **plus-que-parfait** exprime un fait qui a eu lieu avant un autre fait passé:

> Il est arrivé à 9h; **il était parti** à 7h.
> Elle m'a rendu l'argent que je lui **avais prêté**.
> I had lent her.*

*Cet emploi correspond à l'anglais *pluperfect*.

2. On a le **plus-que-parfait** après **quand, lorsque, aussitôt que, dès que,** et **après que,** lorsque l'action qui suit une de ces conjonctions est nettement terminée avant que l'autre commence:

> Quand il **avait fini** son travail, il **regardait** la télévision.

Deux conditions doivent être remplies: la 1ère action est bien terminée,
le verbe principal est à imparfait.

Si la 1ère action n'est pas terminée, si les deux actions ont lieu presque en même temps, on a deux imparfaits:

> Quand son réveil **sonnait,** il se **levait.** (immédiatement)

3. Plus-que-parfait avec **si:** voir chapitre 10 p. 90 sur le conditionnel.

Le passé surcomposé

● FORMES

Il est formé à l'aide de **l'auxiliaire au passé composé + le participe passé.**

auxiliaire: avoir

j'ai eu	j'ai eu fini
tu as eu	tu **as eu fini**
il, elle a eu	il, elle **a eu fini**
nous avons eu	nous **avons eu fini**
vous avez eu	vous **avez eu fini**
ils, elles ont eu	ils, elles **ont eu fini**

auxiliaire: être

j'ai été	j'ai été parti (e)
tu as été	tu **as été parti** (e)
il, elle a été	il, elle **a été parti** (e)
nous avons été	nous **avons été partis** (es)
vous avez été	vous **avez été partis** (es)
ils, elles ont été	ils elles **ont été partis** (es)

Remarque: Les verbes pronominaux se conjuguent rarement à ce temps et il vaut mieux les éviter.

● EMPLOIS

1. Le passé surcomposé ne se rencontre qu'avec **quand** (qui veut dire **après que**), **après que, aussitôt que** et **dès que**; jamais ailleurs, jamais seul. Le verbe principal doit être au passé composé.

> Quand il a eu fini, il s'est reposé.
> *When he had finished, he rested.*

Comparez avec:

> Quand il avait fini, il se reposait.
> *When he had finished, he used to rest.* (action habituelle)

Remarque: 1° Cette séquence de temps est très stricte. **Quand il avait fini** et **Quand il a eu fini** se traduisent tous les deux par: *When he had finished.*
2° En français, il faut respecter **la concordance des temps**. Remarquez que le verbe principal est au même temps que l'auxiliaire du verbe qui suit **quand** et **aussitôt que**.

2. Si les deux actions ont lieu en même temps, les deux verbes sont au passé composé:

> Quand il est arrivé, il a commencé à travailler.

Texte

UN CINQ A SEPT

Michel Butor (1926–   ) est un des écrivains du «Nouveau Roman». Dans *la Modification*, un homme (vous) va par le train de Paris à Rome pour retrouver la jeune fille qu'il aime, Cécile, et qu'il espère épouser après son divorce. Pendant ce voyage, il évoque d'autres voyages semblables et des moments de sa vie. A la fin du voyage, ses sentiments pour Cécile sont changés. Dans ce passage, le héros se souvient de sa première visite à l'appartement de la jeune fille.

Un soir enfin — vous étiez allés sur la via Appia, vous y aviez eu fort froid à cause du vent, vous y aviez été surpris par le coucher du soleil près du tombeau de Cecilia Metella; on apercevait la ville et ses remparts dans une brume pourpre poussiéreuse — elle vous a proposé ce que vous attendiez depuis plusieurs mois, de venir prendre le thé dans sa maison, et vous avez franchi le seuil du cinquante-six via Monte della Farina, vous avez monté ces quatre hauts étages, vous avez pénétré dans l'appartement de la famille da Ponte ... vous êtes entré dans sa chambre si fraîchement, si différemment arrangée avec sa bibliothèque de livres français et italiens, ses photographies de Paris, son couvre-lit à rayures de couleurs. ...

Il faisait chaud maintenant; enfoncé dans un des fauteuils, vous avez commencé à boire son thé qui vous réconfortait merveilleusement;

vous vous sentiez tout envahi d'une délicieuse fatigue; vous regardiez les flammes claires et leurs reflets sur les pots de verre et de faïence, dans les yeux tout proches des vôtres de Cécile qui avait enlevé ses souliers et s'était allongée sur le divan, beurrant, appuyée sur un coude, une tranche de pain grillée.

Vous entendiez le bruit du couteau sur la mie durcie, le ronflement dans le foyer; il y avait cette fine odeur de deux fumées à la fois; de nouveau vous aviez toute votre timidité de jeune homme; le baiser vous apparaissait comme une fatalité à laquelle il vous était impossible de vous soustraire; vous vous êtes levé brusquement et elle vous a demandé: «Qu'est-ce qu'il y a?»

. . . Elle a lâché le couteau qu'elle tenait d'une main, le pain qu'elle tenait de l'autre, et vous avez fait ce que font ensemble les amoureux.

Michel Butor
La Modification
Georges Borchardt Inc.

Explication du texte

Un **cinq à sept:** L'heure du thé dure de cinq heures à sept heures. L'expression a une connotation particulière; elle suppose une rencontre entre deux amoureux, comme dans cette histoire.

vous: cette façon de parler (**vous** au lieu de **il** pour le héros) est un procédé du roman moderne. Le lecteur sent qu'il participe plus à l'action.

vous étiez allés: ce **vous** (et les autres jusqu'à poussièreuse) représente un pluriel: Cécile et l'homme.

la **via Appia:** avenue très célèbre de Rome où il y a de belles maisons et aussi des ruines romaines

fort: très

le **tombeau de Cecilia Metella:** un des plus anciens monuments de la Via Appia.

la **brume:** un brouillard léger, *fog, mist*

poussiéreuse *(f.)*: qui a de la poussiére *(dust);* la **brume est poussiéreuse:** une façon élégante de dire *smog*

elle vous a proposé: ce **vous** est un singulier

proposer: inviter à faire; *to propose:* **demander en mariage** (c'est un faux ami)

franchir le seuil: passer le pas de la porte, entrer dans la maison; le **seuil:** *the threshold*

cinquante-six via Monte della Farina: C'est là qu'habite Cécile, avec sa famille, la famille da Ponte.

la **rayure:** *stripe*

envahi: rempli

la **flamme:** le feu fait des flammes

la **faïence:** *earthenware*

beurrer: mettre du beurre sur quelque chose

la **mie:** la partie blanche et tendre du pain; la mie est dure parce que le pain est grillé; le contraire de dur est **mou** (*f.* **molle**)

le **foyer:** le feu brûle dans le foyer (une partie de la cheminée)

le **baiser:** *kiss; to kiss:* **embrasser**

se soustraire à une fatalité: échapper à une chose fatale

Conversation sur le texte

1. Une des techniques du nouveau roman consiste à accumuler des détails qui ne sont pas absolument nécessaires. Pouvez-vous en trouver dans le texte?

2. Il y a une note légèrement comique dans cette scène. Trouvez les détails comiques.

3. Quelle est l'atmosphère de la scène?

Exercices

1. Donnez le passé composé, le plus-que-parfait, et le passé surcomposé des verbes suivants:

    1. vous allez
    2. vous avez froid
    3. elle propose
    4. tu attends
    5. il se sent
    6. elle enlève
    7. elle s'allonge
    8. nous entrons
    9. elles pénètrent
   10. on entend

2. Répétez les phrases en mettant le premier verbe au passé surcomposé, le deuxième au passé composé:

    1. Quand il a fini, il sort.
    2. Aussitôt qu'elle a dîné, elle se couche.
    3. Dès que nous sommes arrivés, on nous apporte un verre d'eau.
    4. Lorsque vous avez compris, vous êtes content.
    5. Quand ses parents sont partis, Pierre invite ses amis.

3. Dans les trois histoires suivantes, mettez les verbes entre parenthèses au temps qui convient: passé composé, imparfait, plus-que-parfait.

La Fontaine et la pomme empoisonnée

La Fontaine (avoir) l'habitude de manger tous les jours une pomme cuite. Un jour, pour la laisser refroidir, il en (mettre) une sur la tablette de la cheminée, et, en attendant, il (aller) chercher un livre dans sa bibliothèque. Un de ses amis (entrer) alors dans la chambre, (apercevoir) le fruit et le (manger). En rentrant, La Fontaine ne (voir) plus la pomme et (deviner) ce qui (arriver). Alors, il (s'écrier): —Ah! Mon Dieu! Qui (manger) la pomme que je (mettre) ici? —Ce n'est pas moi, (répondre) l'autre. —Heureusement, mon ami, —Pourquoi? —Parce que je (mettre) du poison dedans pour empoisonner les rats. —Du poison? (s'exclamer) l'autre, je (être) * perdu! —N'aie pas peur, lui (dire) La Fontaine en riant, c'est une plaisanterie que je (faire) pour savoir qui (manger) ma pomme.

*présent

L'âne et les arbres fruitiers

C' (être) le printemps. Un âne (entrer) un jour dans un verger, et (se mettre) à manger les jeunes branches sur la vigne, les pommiers et les poiriers. Le propriétaire du verger (voir) l'animal et (courir) vers lui. Il le (frapper) de son bâton, le (faire) sortir et (penser) que les fruits (être) perdus cette année-là.

Cependant, l'automne venu, il (être) bien surpris de remarquer que son verger (avoir) des fruits plus beaux que les autres.

Comme il (être) intelligent, il (comprendre) la leçon. Après cette expérience, à chaque printemps il (tailler) lui-même ses arbres qui (devenir) fameux pour les beaux fruits qu'ils (porter).

d'après Legouvé

Promenades au Parc Borély à Marseille

Le jeudi et le dimanche, ma tante Rose, qui (être) la sœur aînée de ma mère, et qui (être) aussi jolie qu'elle, (venir) déjeuner à la maison, et me (conduire) ensuite, au moyen d'un tramway, jusqu'en ces lieux enchantés. . . .

Nous (s'installer) sur un banc, toujours le même, devant un massif de lauriers . . . elle (sortir) un tricot de son sac, et moi je (aller) vaquer aux travaux de mon âge.

Ma principale occupation (être) de lancer du pain aux canards. Ces stupides animaux me (connaître) bien. Dès que je leur (montrer) un croûton, leur flottille (venir) vers moi, à force de palmes, et je (commencer) ma distribution.

Lorsque ma tante ne me (regarder) pas, tout en leur disant . . . des paroles de tendresse, je leur (lancer) des pierres, avec la ferme intention d'en tuer un. . . .

Mais un beau dimanche, je (être) péniblement surpris lorsque nous (trouver) un monsieur assis sur notre banc. Sa figure (être) vieux-rose; il (avoir) une épaisse moustache châtain. Sur ses tempes, quelques fils blancs. Comme de plus, il (lire) le journal, je le (classer) aussitôt parmi les vieillards.

Ma tante (vouloir) m'entraîner vers un autre campement; mais je (protester): C' (être) notre banc et ce monsieur n' (avoir) qu'à partir. Il (être) poli et discret. Sans mot dire, il (glisser) jusqu'au bout du siège, et (tirer) près de lui son chapeau melon, sur lequel (être) posée une paire de gants de cuir, signe incontestable de richesse et d'une bonne éducation.

Ma tante (s'installer) à l'autre bout, (sortir) son tricot et je (courir) . . . vers le bord de l'étang.

Je (choisir) d'abord une très belle pierre . . . merveilleusement tranchante. Par malheur, un garde me (regarder), je la (cacher) donc dans ma poche. Au bout d'un moment le garde (tourner) le dos, et (s'en aller). Je (sortir) aussitôt ma pierre, et j' (avoir) la joie . . . d'atteindre en pleine tête le vieux père canard. . . . Il (s'enfuir) à toutes palmes, en poussant des cris d'indignation. A dix mètres du bord, il (s'arrêter) et (se tourner) de nouveau vers moi et me (lancer) toutes les injures qu'il (savoir).

Le garde n' (être) pas bien loin; je (courir) me réfugier auprès de ma tante. Elle ne (voir) rien, elle ne (entendre) rien, elle ne (tricoter) pas, elle (faire) la conversation avec le monsieur du banc.

—Oh! le charmant petit garcon! (dire)-il. Quel âge as-tu?

—Six ans.

—Il en paraît sept! (dire) le monsieur. Puis il (faire) compliment sur ma bonne mine, et (déclarer) que j' (avoir) vraiment de très beaux yeux.

Ma tante (se hâter) de dire que je n' (être) pas son fils, mais celui de sa sœur, et elle (ajouter) qu'elle n' (être) pas mariée. Sur quoi l'aimable vieillard me (donner) deux sous, pour aller acheter des oublies au marchand qui (être) au bout de l'allée.

On me (laisser) beaucoup plus libre qu'à l'ordinaire. J'en (profiter) pour aller chez les cyclistes. Debout sur un banc, —par prudence— j' (assister) à quelques chutes inexplicables.

Le monsieur (prendre) le tramway avec nous; il (payer) même nos places. . . . Nous le (quitter) au terminus, et il nous (faire) de grandes salutations. . . . En arrivant sur la porte de notre maison, ma tante me (recommander) —à voix basse— de ne parler jamais à personne de cette rencontre. . . . Je (être) charmé de connaître, sinon un secret, du moins son existence. Je (promettre), et je (tenir) parole.

d'après Marcel Pagnol

un **tramway:** *streetcar*
lieux: endroits
un **tricot:** de **tricoter:** *to knit*
vaquer: s'occuper à
un **croûton:** un morceau de pain dur
tranchante: coupante
à toutes palmes: très vite, en poussant l'eau avec ses palmes
les oublies: des espèces de gâteaux

4. Mettez les verbes entre parenthèses au plus-que-parfait ou au passé composé:

1. Ils sont rentrés gelés; ils (avoir froid) pendant leur promenade.
2. Il a bu le thé qu'elle (préparer).
3. Il a aimé la façon dont elle (arranger) sa chambre.
4. Il est enfin entré dans sa maison. Il (rêver) de cela pendant plusieurs mois.
5. Il regardait les yeux de Cécile, qui (enlever) ses souliers, et (s'allonger) sur le divan.
6. Généralement quand il (faire) une promenade, il allait prendre le thé pour se réconforter.
7. Dès qu'il a eu monté les quatre étages, il (se sentir) intimidé.
8. Aussitôt qu'il (franchir) le seuil de la chambre, il a aimé la décoration.
9. Après qu'ils (rentrer) à la maison, ils commençaient à se réchauffer.
10. Elle a laissé tomber le toast qu'elle (beurrer).

5. Traduisez:

1. *She invited me to come to her house for a cup of tea.*
2. *He entered the bedroom where a fire was burning in the fireplace.*
3. *I suddenly felt overcome with fatigue.*
4. *It was warm now in the room.*
5. *Cécile was spreading butter on a piece of toast.*
6. *He got up abruptly.*
7. *"What is the matter?" she asked.*
8. *He hit the donkey that had eaten the apples in his orchard.*
9. *La Fontaine guessed what had happened when he did not see the apple on the mantel.*
10. *The little boy did not like the old man who had sat on the bench.*
11. *His aunt was chatting with the gentleman and did not see what Marcel had done.*
12. *He had picked up a sharp stone, but a guard was looking at him, so he hid it in his pocket.*

Composition orale

En respectant l'emploi des temps, racontez des souvenirs d'enfance. Introduisez au milieu de ces souvenirs un événement précis au passé composé.

Composition écrite

Ecrivez un paragraphe en imitant le style du « nouveau roman » comme il est représenté dans le texte de Butor, pages 65 et 66.

CHAPITRE 8

Le passé simple

Leçon de grammaire

Le passé simple

Dans la langue écrite, et dans un style littéraire, on a un autre temps: le passé simple.

● FORMES

Il est formé sur le radical du verbe. Les terminaisons sont régulières. La 3ème personne du singulier et la 3ème personne du pluriel sont plus employées que les autres.

Verbes du 1er groupe
---

donner

terminaisons: il y a partout **a** sauf **èrent** radical: **donn**

−ai	je **donn**ai
−as	tu **donn**as
−a	*il, elle **donn**a
−âmes	nous **donn**âmes
−âtes	vous **donn**âtes
−èrent	*ils, elles **donn**èrent

*Ce sont les formes à retenir.

Verbes du 2ème groupe

finir

terminaisons: il y a un **i** partout   radical: **fin**

—is	**je **fin**is
—is	**tu **fin**is
—it	**il, elle **fin**it
—îmes	nous **fin**îmes
—îtes	vous **fin**îtes
—irent	ils, elles **fin**irent

**Ces trois personnes ont les mêmes formes que le présent.

Verbes du 3ème groupe

Il y a trois séries de terminaisons:

1ère série: entendre

terminaisons: il y a un **i** partout   radical: **entend**

—is	j'**entend**is
—is	tu **entend**is
—it	il, elle **entend**it
—îmes	nous **entend**îmes
—îtes	vous **entend**îtes
—irent	ils, elles **entend**irent

2ème série: courir

terminaisons: il y a **u** partout   radical: **cour**

—us	je **cour**us
—us	tu **cour**us
—ut	il, elle **cour**ut
—ûmes	nous **cour**ûmes
—ûtes	vous **cour**ûtes
—urent	ils, elles **cour**urent

Remarque: Malheureusement, il n'y a aucune règle pour dire si un verbe aura son passé simple en **i** ou en **u**; il faut l'apprendre par l'usage. **voir**, je **vis**; **prendre**, je **pris**; **lire**, je **lus**; **croire**, je **crus**.

3ème série: Le verbe **venir,** le verbe **tenir** et leurs composés **(revenir, devenir, retenir,** etc.) se conjuguent de la façon suivante, avec **in** partout dans les terminaisons:

je vins	je tins
tu vins	tu tins
il, elle vint	il, elle tint
nous vînmes	nous tînmes
vous vîntes	vous tîntes
ils, elles vinrent	ils, elles tinrent

● EMPLOIS

1. Le passé simple ne s'emploie jamais quand on parle (seuls un conférencier, un professeur un peu pédant, un homme d'état l'emploient dans un cours ou un discours).

2. Le passé simple a les mêmes valeurs que le passé composé en face de l'imparfait et du plus-que-parfait.

3. Différences entre le passé composé et le passé simple dans la langue écrite:

Passé composé	Passé simple
actions récentes	actions historiques
actions personnelles	un récit de caractère littéraire
une lettre	une narration soignée
un dialogue écrit	

Récapitulation de la concordance des temps

Lorsque les deux actions ont lieu l'une après l'autre et lorsque la phrase commence par: **après que, aussitôt que, dès que,** ou **quand** ou **lorsque** avec le sens de **après que** la 2ème action est à un temps simple; la 1ère action est à un temps composé dont l'auxiliaire correspond au temps simple de la 2ème action.

Quand	ils **ont fini** **présent** + participe passé (passé composé)	ils **sortent** présent
Quand	ils **avaient fini** **imparfait** + participe passé (plus-que-parfait)	ils **sortaient** imparfait
Quand	ils **ont eu fini** **passé composé** + participe passé (passé surcomposé)	ils **sont sortis** passé composé

Texte

LA PETITE CHEVRE DE M. SEGUIN

Alphonse Daudet (1840–1897) n'aimait pas l'agitation de la vie de Paris; il est venu habiter dans le Sud de la France, dans un vieux moulin où il a écrit des contes charmants, *Les Lettres de mon moulin*. Ce sont des histoires locales, avec une saveur très particulière, un humour typiquement provençal dont on peut tirer une morale pratique et bon enfant.

M. Seguin n'avait jamais eu de bonheur avec ses chèvres.

Il les perdait toutes de la même façon; un beau matin, elles cassaient leur corde, s'en allaient dans la montagne, et là-haut le loup les mangeait. Ni les caresses de leur maître, ni la peur du loup, rien ne les retenait. C'étaient, paraît-il, des chèvres indépendantes, voulant à tout prix le grand air et la liberté.

Le brave M. Seguin, qui ne comprenait rien au caractère de ses bêtes, était consterné. Il disait: « C'est fini; les chèvres s'ennuient chez moi, je n'en garderai pas une. »

Cependant il ne se découragea pas, et après avoir perdu six chèvres de la même manière, il en acheta une septième; seulement, cette fois, il eut soin de la prendre toute jeune, pour qu'elle s'habitue mieux à demeurer chez lui.

Ah! Qu'elle était jolie la petite chèvre de M. Seguin! Qu'elle était jolie avec ses yeux doux, sa barbiche de sous-officier, ses sabots noirs et luisants, ses cornes zébrées et ses longs poils blancs qui lui faisaient une houppelande! et puis docile, caressante, se laissant traire sans bouger, sans mettre son pied dans l'écuelle. Un amour de petite chèvre. . . .

M. Seguin avait derrière sa maison un clos entouré d'aubépines. C'est là qu'il mit la nouvelle pensionnaire. Il l'attacha à un pieu, au plus bel endroit du pré, en ayant soin de lui laisser beaucoup de corde, et de temps en temps il venait voir si elle était bien. La chèvre se trouvait très heureuse et broutait l'herbe de si bon cœur que M. Seguin était ravi.

« Enfin, pensait le pauvre homme, en voilà une qui ne s'ennuiera pas chez moi! »

M. Seguin se trompait, sa chèvre s'ennuya. . . .

« M. Seguin, je veux aller dans la montagne. . . . »

« Bonté divine! » dit M. Seguin, « Encore une que le loup va me manger. . . . Eh bien, non. . . . je te sauverai malgré toi, coquine! et de peur que tu ne rompes ta corde, je vais t'enfermer dans l'étable, et tu y resteras toujours! » Là-dessus, M. Seguin emporte la chèvre dans une étable toute noire, dont il ferma la porte à double tour. Malheureusement, il avait oublié la fenêtre et à peine eut-il le dos tourné, que la petite s'en alla. . . .

A. Daudet
Les Lettres de mon Moulin

Explication du texte

la **chèvre:** *goat*
M. Seguin: (prononciation /məsjø *səgɛ̃/)

avoir du bonheur: *ici,* avoir de la chance; *to be lucky*

de la même façon: de la même manière

un **beau matin:** *ici,* un certain matin

la **corde:** *rope*

le **loup:** *wolf*

caresser: *to caress, pat*

le **grand air:** *open air; ici,* l'air de la montagne, l'air de la liberté

le **brave M. Seguin:** placé avant un nom, **brave** = **bon;** placé après un nom, **brave** = **courageux**

une **bête:** un animal

consterné: désolé

se **décourager:** perdre son courage

après avoir perdu: après est suivi de l'infinitif passé

avoir soin de: faire attention

pour qu'elle s'habitue: pour que = *in order to,* avec le subjonctif (voir chapitre 11)

demeurer: rester

la **barbiche:** une petite barbe au menton comme en ont les chèvres et comme les sous-officiers de l'armée en portaient à l'époque de A. Daudet.

le **sabot:** *hoof*

luisant: brillant

la **corne:** *horn*

zébré: avec des lignes (comme un zèbre)

les **poils:** la fourrure des animaux; les hommes ont des **cheveux** sur la tête, des **poils** sur le corps

une **houppelande:** un grand manteau, une cape qui descend jusqu'aux pieds

traire: on trait une chèvre, une vache, pour obtenir le lait

une **écuelle:** un plat large et creux

un **amour de:** *adorable, lovable*

un **clos:** un jardin fermé par des murs ou des haies

l'**aubépine:** *hawthorne*

la **pensionnaire:** *boarder;* la **pension:** *boarding house*

un **pieu:** *stick*

le **pré:** un jardin où il y a de l'herbe (la chèvre mange l'herbe)

elle est bien: *she is comfortable*

brouter: *to graze*

se **tromper:** avoir tort

Bonté divine: *Good God!*

va me manger: l'objet direct de manger est **que** (. . la chèvre); **me** = à moi

malgré: *in spite of*

coquine: *bad girl, rascal*

de **peur que:** *for fear that,* avec le subjonctif (voir chapitre 11). Le **ne** est pléonastique; il n'est pas négatif (voir appendice, p. 281).

rompre: casser

là-dessus: *thereupon*

enfermer: *to lock in;* fermer la porte à double tour: *to double lock the door*

à peine . . . que: *as soon as;* **à peine . . . que** signifie **aussitôt que:** Aussitôt qu'il eut le dos tourné, la petite s'en alla. **Que** est déplacé au début du groupe principal, devant le sujet du verbe.

le **dos:** *back*

Conversation sur le texte

1. Le **brave** M. Seguin. Trouvez dans le texte les détails qui justifient cet adjectif.

2. L'action de M. Seguin reflète une attitude très humaine: celle des parents qui ont peur de l'indépendance de leurs enfants. Discutez les dangers et les avantages de la liberté qu'on laisse aux enfants. Quel est l'âge idéal pour laisser les enfants faire ce qu'ils veulent? Quels sont les dangers d'une attitude autoritaire?

Exercices

1. Sur le modèle: « **Ni les caresses de leur maître, ni la peur du loup, rien ne les retenait.** » faites des phrases avec « **ni . . . ni, rien ne** » et le vocabulaire suggéré:

    1. le vent, la pluie, m'empêche de sortir
    2. le pain, les gâteaux, la font grossir
    3. le froid, la chaleur, vous dérange
    4. la solitude, l'inaction, les ennuie

2. Répétez les verbes suivants au passé simple:

1. elle fait	5. il entend	9. elles croient
2. il est	6. ils répondent	10. elle sait
3. ils ont	7. elles aiment	11. elle va
4. elle dit	8. il voit	12. elle demande

3. Répétez les verbes suivants au passé composé:

1. elle lut	4. elles furent	7. il s'assit
2. il regarda	5. je fis	8. elles surent
3. ils allèrent	6. je dis	9. il mangea

4. Ecrivez les exercices du Chapitre 7 (p. 68–69): **La Fontaine et la pomme empoisonnée; L'âne et les arbres fruitiers;** et **Promenades au Parc Borély à Marseille** en employant le passé simple à la place du passé composé.

5. Traduisez

    1. *He loves them all the same way.*
    2. *She was getting bored at M. Seguin's.*
    3. *He was easily getting discouraged.*
    4. *The little garden was surrounded by hawthorne bushes.*
    5. *She was very comfortable.*
    6. *That wolf is going to eat my goat!*

7. *He bought a seventh one.*
8. *M. Seguin tied her with a long rope so that she could eat the best grass in the yard.*
9. *He locked the goat in the stable, but he had forgotten to close the window.*
10. *As soon as he had left the stable, she got away.*

Composition orale ou écrite

Racontez la suite de l'histoire de la chèvre de M. Seguin.

CHAPITRE 9

Le futur et le futur antérieur

Leçon de grammaire

Souvent au lieu du temps futur, on emploie en français l'expression: **aller** + un infinitif ou **devoir** + un infinitif.

> Je **vais sortir** cet après-midi.
> Ils **vont voyager** en Europe l'été prochain.
> Nous **devons sortir** ce soir.

Le futur simple

● FORMES REGULIERES

On part de l'infinitif du verbe et on ajoute le présent d'**avoir**:

donner + **ai**		je	donnerai
donner + **as**		tu	donneras
donner + **a**		il, elle	donnera
donner + (av)**ons**		nous	donnerons
donner + (av)**ez**		vous	donnerez
donner + **ont**		ils, elles	donneront

Attention à la prononciation: on écrit trois syllabes: **do-nne-rai**
on entend deux syllabes: [dɔn re]

Remarque: Pour les verbes du 3ème groupe comme **prendre**, le **e** final tombe: **je prendrai**.

être: je **serai**
aller: j'**irai**
avoir: j'**aurai**
s'asseoir: je m'**assiérai**
courir: je **courrai**
cueillir: je **cueillerai**
envoyer: j'**enverrai**
il faut: il **faudra**

mourir: je **mourrai**
il pleut: il **pleuvra**
pouvoir: je **pourrai**
il vaut: il **vaudra**
venir: je **viendrai**
voir: je **verrai**
vouloir: je **voudrai**

● EMPLOIS

1. On emploie le futur en français après **quand** et **lorsque** si le verbe principal est au futur ou à l'impératif. (Attention, en anglais on a le présent).

> **Quand il arrivera,** nous nous mettrons à table. *(When he arrives)*
> **Quand vous aurez** le temps, téléphonez-moi. *(When you have time)*

2. Après **si** de condition on n'emploie pas le futur, mais le présent:

> **S'il fait** beau nous irons à la plage.

3. Après **si** qui signifie *whether* on a le futur:

> Je me demande **si** elles s'amuseront à ce match.
> Savez-vous **si** vous prendrez des vacances d'hiver?

Le futur antérieur

● FORMES

C'est le temps composé du futur. On prend **l'auxiliaire au futur** et on ajoute **le participe passé.**

1. Verbe avec avoir: donner

j'aurai donné
tu auras donné
il, elle aura donné
nous aurons donné
vous aurez donné
ils, elles auront donné

2. Verbe avec être: arriver

je serai arrivé (e)
tu seras arrivé (e)
il, elle sera arrivé (e)
nous serons arrivés (es)
vous serez arrivés (es)
ils, elles seront arrivés (es)

● EMPLOIS

1. Employé seul, le **futur antérieur** exprime l'idée qu'une action sera terminée dans le futur:

J'**aurai fini** mes exercices à 4 h.

ou il souligne la probabilité d'une action passée:

Il n'est pas encore arrivé? Il **aura manqué** son train.
(Il a probablement manqué son train.)

2. On le trouve, avec les mêmes significations que dans **1,** après **si** qui signifie *whether* (mais jamais après **si** de condition):

Je me demande **si** j'**aurai fini** à cinq heures.
Je pense qu'il **aura manqué** son train.

3. Son emploi le plus fréquent est après les conjonctions: **quand, après que, lorsque, aussitôt que, dès que** pour indiquer qu'une action future sera terminée avant une autre action future:

Quand j'**aurai terminé** mon travail, je sortirai.

Attention, en anglais, dans ce cas, le *future past* n'est pas nécessaire: *When I have finished my work, I shall go out.*

Texte

SI TU VEUX UN AMI

Antoine de Saint-Exupéry (1900–1944) est l'un des pionniers de l'aviation commerciale française. Il a transporté le courrier de France en Afrique du Nord, en Afrique centrale puis en Amérique du Sud. Pendant ses longs vols, à bord des petits avions-jouets de l'époque, il compose les livres qu'il écrit ensuite à terre. (Il a disparu en Méditerranée en 1944). *Le Petit Prince* est un récit charmant, conte de fées pour adultes, où se mêlent les réflexions philosophiques et la poésie. Après avoir quitté sa planète où pousse une rose unique, le Petit Prince arrive sur la terre et il y rencontre le Renard, qui lui décrit sa vie.

Ma vie est monotone. Je chasse les poules, les hommes me chassent. Toutes les poules se ressemblent, et tous les hommes se ressemblent.

Je m'ennuie donc un peu. Mais si tu m'apprivoises, ma vie sera comme ensoleillée. Je connaîtrai un bruit de pas qui sera différent de tous les autres. Les autres pas me font rentrer sous terre; le tien m'appellera hors du terrier, comme une musique. Et puis regarde! Tu vois, là-bas, les champs de blé? Je ne mange pas de pain. Le blé pour moi est inutile. Les champs de blé ne me rappellent rien. Et ça c'est triste. Mais tu as des cheveux couleur d'or. Alors, ce sera merveilleux quand tu m'auras apprivoisé. Le blé, qui est doré, me fera souvenir de toi. Et j'aimerai le bruit du vent dans le blé. . . . Si tu veux un ami, apprivoise-moi. . . .

    —Que faut-il faire? dit le petit prince.

    —Il faut être très patient, répondit le renard. Tu t'assoiras d'abord un peu loin de moi, comme ça, dans l'herbe. Je te regarderai du coin de l'œil et tu ne diras rien. Le langage est source de malentendus. Mais chaque jour, tu pourras t'asseoir un peu plus près. . . .

Saint-Exupéry
Le petit prince
Editions Gallimard

Explication du texte

le **renard**: *fox*

la **poule**: *hen*

chasser: aller à la chasse; poursuivre les animaux pour les tuer

se ressembler: avoir la même apparence; le père et le fils se ressemblent

apprivoiser: *to tame*

ensoleillé: plein de soleil

un **bruit de pas**: le pas: *footstep*

différent de: (remarquez la construction)

le **tien**: ton pas (pronom possessif)

hors de: le contraire de **dans**; adverbe: **dehors, dedans**

le **terrier**: un animal qui vit sous la terre fait un terrier

le **blé**: la céréale qui donne la farine et le pain

le **champ**: le blé pousse dans un champ

inutile: le contraire de **utile**

me rappelle: rappeler une chose à quelqu'un; *to remind somebody of something*

se rappeler quelqu'un: *to remember someone*

se souvenir de quelqu'un: *to remember someone*

tu as des cheveux couleur d'or: tes cheveux ont la couleur de l'or; tes cheveux sont dorés

regarder du coin de l'œil: c'est le contraire de **regarder en face**

un **malentendu**: une chose mal comprise (*ici*, **entendre** = comprendre)

Conversation sur le texte

1. Imaginez la vie d'un Renard, ou d'un animal sauvage.
2. Imaginez la vie d'un animal apprivoisé, ou même d'un animal domestique et familier.

3. Que pensez-vous de la méthode indiquée par le Renard pour apprivoiser un animal?

4. Qu'est-ce qui fait la poésie de ce texte?

5. Quelle est votre idée personnelle de l'amitié?

Exercices

1. **Les champs de blé me rappellent les cheveux du petit prince. La Californie lui rappelle le Maroc.** (Verbe **rappeler**). Faites des phrases de ce type avec le vocabulaire suivant:

    1. le pain Bidou et le pain français
    2. la température de l'océan Pacifique et la température de mon frigidaire
    3. le visage de cet enfant et une peinture de Raphaël
    4. ce tableau psychédélique et un rêve horrible

2. Remarquez la construction:

> Tu as des cheveux couleur d'or.
> Elle a des yeux couleur d'azur.
> Elle veut une robe couleur de lune.
> Ses vêtements sont couleur de poussière.

Trouvez d'autres exemples pour décrire les yeux, les cheveux, les vêtements de votre voisin.

3. Donnez le futur des verbes suivants:

    1. Nous parlons français.
    2. Il fait beau.
    3. Vous allez à Paris.
    4. Tu prends le train.
    5. Ils vendent leur auto.
    6. Elle dit l'avenir.
    7. Je sais tout.
    8. Nous ne pouvons pas venir.
    9. Avez-vous le temps?
   10. Vous vous asseyez.

4. Mettez les phrases suivantes au futur simple.

    1. Je vais à l'école tous les jours.
    2. Tu as beaucoup d'amis.
    3. Les étudiantes ne disent rien en classe.
    4. Elle dort pendant cent ans.
    5. Quand tu veux me voir, tu viens.
    6. Si tu vas à Paris, tu ne vois que des musées?

7. S'il ne se soigne pas, il meurt.
8. Quand ils entendent la cloche, ils courent.
9. Dès que mes rosiers fleurissent, je cueille toutes les roses.
10. Il faut prendre un parapluie lorsqu'il pleut.
11. Vous rencontrez mon frère ce soir?
12. Je m'assieds sur cette chaise.
13. Elle m'appelle ce soir.
14. C'est merveilleux.
15. Ils font leur travail.
16. Il rentre sous terre.
17. Elle ne s'ennuie pas.
18. Tu veux voir Paris.
19. Elle ne peut pas venir.
20. Quand j'entends ton pas, je cours vers toi.
21. Il vaut mieux rester chez vous.
22. Il ne sait pas sa leçon.
23. J'aime le bruit du vent.
24. Nous finissons cet exercice.

5. Mettez les verbes à l'infinitif au futur antérieur.

1. Avant un mois, les ouvriers (finir) ce bâtiment.
2. Lorsque vous (terminer) ce livre, prêtez-le moi.
3. L'oiseau s'est envolé: on (oublier) de fermer sa cage.
4. Si vous ne vous dépêchez pas, le train (partir).
5. Quand il (dormir), il sera moins fatigué.
6. Je me demande si nous (recevoir) notre chèque avant notre départ en vacances.

6. En suivant les deux modèles:

Si tu m'apprivoises, ma vie sera comme ensoleillée.
Quand tu m'auras apprivoisé, ce sera merveilleux.

construisez des phrases avec le vocabulaire suivant (deux phrases pour chaque exemple).

1. réussir à un examen — pouvoir se reposer
2. recevoir ma lettre — envoyer une réponse rapide
3. voir Paris — ne l'oublier jamais
4. travailler jusqu'à minuit — il vaut mieux s'arrêter
5. répéter cette leçon vingt fois — la savoir peut-être

5. Traduisez

1. *When he comes, tell him to give me a phone call.*
2. *I'll go to town as soon as I have finished my work.*
3. *If I am hungry, I'll go out to get something to eat.*
4. *If it should rain, I'll take my umbrella.*
5. *I wonder if it will be nice tomorrow.*
6. *I shall send you an invitation.*
7. *He did not come; he probably did not receive my note.*
8. *Her voice reminds me of sweet music.*

9. *All wheat fields are alike.*
10. *What must I do in order not to be bored?*
11. *It will be wonderful when we are friends.*
12. *Her eyes are the color of the sky.*
13. *Your footstep will be different from all others.*

Composition écrite ou orale

Imaginez que vous allez voir une cartomancienne (une dame qui lit l'avenir dans les cartes) pour connaître votre avenir. Racontez la conversation, qui sera évidemment au futur.

CHAPITRE 10

Le Conditionnel

Leçon de grammaire

● FORMES

Le conditionnel est un mode. Il a deux temps.

1. Le **présent du conditionnel** se forme comme le futur sur l'infinitif, auquel on ajoute les terminaisons de l'imparfait:

donner:

–ais	je	**donner**ais
–ais	tu	**donner**ais
–ait	il	**donner**ait
–ions	nous	**donner**ions
–iez	vous	**donner**iez
–aient	ils	**donner**aient

Remarque: Les verbes qui sont irréguliers au futur sont irréguliers au conditionnel présent.

2. Le **passé du conditionnel** se forme avec l'auxiliaire conjugué au conditionnel présent plus le participe passé:

j'**aurais** donné	je **serais** sorti
tu **aurais** donné	tu **serais** sorti
il **aurait** donné	il **serait** sorti
nous **aurions** donné	nous **serions** sortis
vous **auriez** donné	vous **seriez** sortis
ils **auraient** donné	ils **seraient** sortis

3. Il y a aussi un 2ème passé, littéraire et rare, qu'on rencontre sous ces formes, presque uniquement:

on eût dit   on eût cru

qui signifient: **on aurait dit; on aurait cru.**

● EMPLOIS

1. Le conditionnel présent est le futur du passé:

Je pense qu'il viendra.

Si le verbe principal est au passé, cette phrase devient:

Je pensais qu'il **viendrait.**

2. Le conditionnel passé est le futur antérieur du passé:

Je pense qu'il aura fini.

Si le verbe principal est au passé, cette phrase devient:

Je pensais qu'il **aurait fini.**

Remarque: Le conditionnel présent et le conditionnel passé dans ce cas peuvent être employés avec **si** qui signifie *whether* lorsqu'on a une interrogation indirecte: **Je me demande s'il viendra. Je me demandais s'il viendrait. Je me demande s'il aura fini. Je me demandais s'il aurait fini.**

3. Le conditionnel avec la conjonction **si** *(if)*:
1. **Si** n'est jamais suivi du subjonctif ni du conditionnel. C'est le verbe principal qui se met au conditionnel.
2. **Si** est toujours suivi de l'indicatif et jamais du futur.
3. **Si** est généralement suivi d'un de ces trois temps: **présent, imparfait, plus-que-parfait:**

S'il fait beau, nous irons à la plage.
S'il faisait beau, nous irions à la plage.
S'il avait fait beau, nous serions allés à la plage.

Si + présent — verbe principal au présent ou futur

Le système entier exprime une idée de certitude; une chose a ou aura lieu si une condition est remplie. Le verbe principal peut être au présent ou au futur:

Si tu crois cela, tu as tort.
Si tu es sage, nous sortirons.

Remarque: **Si** peut être accompagné du passé composé qui indique que la condition est remplie antérieurement: **Si tu as fini à quatre heures, nous sortirons.**

Si + imparfait — verbe principal au conditionnel présent

Ce système peut signifier deux choses:

1. L'hypothèse est une action considérée comme possible dans le futur. C'est comme si l'on faisait un rêve, un projet dont la réalisation n'est pas entièrement impossible.

>Si un jour je **devenais** riche, je **ferais** le tour du monde.
>Demain s'il **faisait** beau, nous **pourrions** faire une promenade.

2. L'hypothèse n'est pas réalisée dans le présent. Elle est impossible dans le présent:

>Si aujourd'hui il **faisait** beau, je **sortirais**.
>(mais c'est impossible, parce qu'il pleut).

Si + plus-que-parfait — verbe principal au conditionnel passé

Une condition n'a pas été réalisée dans le passé; c'est l'impossible dans le passé:

>Si hier il **avait fait** beau, nous **serions sortis**.
>(mais c'était impossible, il pleuvait).

verbe avec si	verbe principal	signification
1. Si + présent	présent ou futur	certitude
2. Si + imparfait	conditionnel présent	1. action future possible 2. action présente impossible
3. Si + plus-que-parfait	conditionnel passé	action passée impossible

On peut avoir des combinaisons entre la construction 2 et la construction 3:

>Si tu **avais fini** à 4 h, nous **pourrions** sortir.
>Si j'**avais écouté** vos conseils, je ne **serais** pas malade.

Valeurs stylistiques

1. Dans le style des journaux et de la radio, le conditionnel marque un fait douteux, annonce une nouvelle dont on n'est pas encore sûr:

>Un accident d'avion **aurait eu** lieu. Il **y aurait** 250 morts.

2. Le conditionnel indique aussi un simple souhait, une volonté atténuée: je **voudrais, j'aimerais, pourriez-vous**.
Les enfants qui jouent et imaginent une situation disent: — **Je serais le roi, tu aurais un cheval** . . . etc.

Remarque: 1° Contractez **s'il**. Ne contractez pas **si elle**.

2° *Would,* indique parfois l'imparfait *(used to). Every day, we would walk in the park.* **Tous les jours, nous marchions dans le parc.**

Texte

SI J'AVAIS UN PIANO

Charles Aznavour (1924–   ) est un chanteur qui écrit la plupart de ses chansons, musique et paroles. Il est aussi acteur de cinéma. C'est le Frank Sinatra français. Ses chansons sont souvent amères, et il chante l'amour triste, les regrets. Celle-ci est plutôt humoristique.

Si j'avais de l'argent, j'achèterais un piano
Quand j'aurais un piano je pourrais faire des gammes
Dès qu'on sait fair' des gammes on peut jouer des morceaux
Ainsi salle Gaveau, je donn'rais un programme
A ce programm' viendrait tout un public ardent
Qui devant tant d' talent m'enverrait ses bravos
Et grâce à leurs bravos, je gagnerais d' l'argent
Et avec cet argent j'achèterais un piano

Si j'avais de la chanc', j'rencontrerais l'amour
En rencontrant l'amour, j'prendrais plus d'assurance
Avec cette assurance, qui changerait mes jours
Paraissant bien plus fort, j'inspirerais confiance
Avec désinvolture et beaucoup d'élégance
A bien des jolies femmes je pourrais fair' ma cour
Dès que j'aurais tout ça, c'est que j'aurais d' la chance
Et avec de la chanc', j'rencontrerais l'amour.

Si j'avais de l'argent, j' rencontrerais l'amour
En rencontrant l'amour, j'achèt'rais un piano
Quand j'aurais un piano, je pourrais fair' ma cour
Et pour faire ma cour, j'irais salle Gaveau
Avec désinvolture le public en confiance
Devant tant d'jolies femmes enverrait ses bravos
Comme j'aurais des bravos, j'aurais aussi d' la chance
Et avec cette chance, j'achèterais un piano

Et avec ce piano, qui m'apport'ra d' la chance
Je gagnerais d' l'argent, et j'achèt'rais d' l'amour.

Charles Aznavour
Editions Raoul Breton

Explication du texte

faire des gammes: *play the scales*
jouer des morceaux: on dit un morceau de musique, un morceau de papier, de gâteau, etc.

fair', chanc': l'apostrophe indique un e muet qui n'est pas prononcé
salle Gaveau: une grande salle à Paris où on donne des récitals
avec désinvolture: *without further ado*
faire la cour: *to woo*

Conversation sur le texte

1. Charles Aznavour est un petit homme laid, à la voix cassée, qui a connu longtemps l'insuccès. Il fait un rêve, au conditionnel présent. Comment se voit-il?

2. Qu'est ce qui vous semble important pour qu'un chanteur connaisse le succès?

Exercices

1. Répétez les phrases suivantes: 1. comme si c'était un rêve pour l'avenir (conditionnel présent); 2. comme si c'était une chose impossible dans le passé (conditionnel passé).

    1. Si l'artiste a un piano, il fera des gammes.
    2. Si cet homme rencontre l'amour, il prendra plus d'assurance.
    3. Si le public aime le programme, il enverra ses bravos.
    4. Si nous allons à Paris, nous irons au concert Salle Gaveau.

2. Sur le modèle: **Si tu venais, je serais content.** faites des phrases avec le vocabulaire suggéré:

    1. S'il (faire beau) je (sortir).
    2. S'il (pleuvoir) nous (rester) à la maison.
    3. Si vous (aller) en Europe (visiter)-vous un ou plusieurs pays?
    4. Si tu (être) riche, que (faire)-tu de ton argent?
    5. Si nous (avoir) de l'argent, nous (prendre) de longues vacances.

3. Sur le modèle: **Si j'avais eu de la chance, j'aurais réussi à mon examen.** faites des phrases avec le vocabulaire suggéré:

    1. Si tu (travailler), tu (avoir) une meilleure note.
    2. Si vous (savoir) votre leçon, le professeur (être) content.
    3. Si elle (manquer) l'autobus, elle (arriver) en retard.
    4. Si nous (se dépêcher), nous (ne pas manquer) notre avion.
    5. S'il (faire beau), je (sortir).

4. Sur le modèle: **Je croyais qu'il viendrait.** faites deux phrases, une au futur et une au conditionnel:

> Je crois qu'il **viendra.**
> Je croyais qu'il **viendrait.**

1. Je suis sûr qu'il (mourir) bientôt.
   J'étais sûr . . .
2. Il croit qu'il la (voir) demain.
   Il a cru . . .
3. Nous pensons qu'elle (venir).
   Nous pensions . . .
4. Il est certain qu'il (faut) travailler.
   Il était certain . . .
5. Il me dit qu'il m' (envoyer) des photos.
   Il m'a dit . . .

5. Sur le modèle suivant:

> Elle croit qu'elle **aura fini.**
> Elle croyait qu'elle **aurait fini.**

faites des phrases avec le futur antérieur et le conditionnel passé.

1. Elle pense qu'il (faire) beau.
   Elle pensait. . . .
2. Je suis sûr qu'il (mourir) bientôt.
   J'étais sûr. . . .
3. Je pense qu'elle (arriver) à l'heure.
   Je pensais. . . .
4. Nous pensons qu'elle (réussir).
   Nous pensions. . . .
5. Il est certain qu'il (falloir) travailler.
   Il était certain. . . .
6. Il me dit qu'il (partir) à 8 h.
   Il m'a dit. . . .

6. Traduisez

1. *If I had known, I would not have come.*
2. *If you had money, would you travel?*
3. *If she is in town, tell her to come visit me.*
4. *If it were nice today, we would go for a walk.*
5. *If you had left on time, you would have caught your train.*
6. *If he had been better prepared, he would have passed the exam.*
7. *I didn't know if he would come.*
8. *We wondered whether he would send us a letter.*
9. *He did not know if he would finish his work in time.*
10. *They would prepare their lesson more carefully, if they were more conscientious.*
11. *Yes, he would have studied more last night, if his T.V. had been broken.*

Composition orale

Si j'étais un chef d'état puissant . . .

Composition écrite

Imaginez ce qui serait arrivé si vous étiez né dans un autre pays.

CHAPITRE II

Introduction au subjonctif

Leçon de grammaire

Généralités: Contrairement à l'anglais, le subjonctif est employé très fréquemment en français, même dans la langue simple et familière. Il est obligatoire après certains verbes et même des enfants très jeunes disent:
— Il faut que **je fasse** mes devoirs.
— Je voudrais bien que le père Noël **vienne** tous les jours.
Dans la langue parlée, on n'emploie que deux temps du subjonctif, le **présent** et le **passé.** Dans la langue écrite, très littéraire, on emploie deux autres temps, l'**imparfait** et le **plus-que-parfait** (voir l'appendice p. 268). *270*

Le présent

● FORMES

On part de la 3ème personne du pluriel du présent de l'indicatif:
   Prendre: ils prennent: que je prenne.

Les terminaisons sont toujours:

—e	*que je prenne	
—es	*que tu prennes	
—e	*qu'il prenne	*La prononciation
—ions		est /pʀɛn/
—iez		
—ent	*qu'ils prennent	

Remarque: 1° Pour les verbes du premier groupe, les formes des personnes du singulier et la troisième personne plurielle sont identiques à l'indicatif et au subjonctif.
   2° Pour **nous** et **vous** on prend les formes correspondantes de l'imparfait de l'indicatif: nous **prenions: que** nous **prenions;** vous **preniez:** que vous **preniez.**

● FORMES IRREGULIERES

Aller: que j'**aille**   que nous **allions**   qu'ils **aillent**
Avoir: que j'**aie**   qu'il **ait**   que nous **ayons**   qu'ils **aient**
Etre: que je **sois**   qu'il **soit**   que nous **soyons**   qu'ils **soient**
Faire: que je **fasse**   que nous **fassions**   qu'ils **fassent**
Falloir: (v. impersonnel, indicatif: il faut)   qu'il **faille**
Pouvoir: que je **puisse**   que nous **puissions**   qu'ils **puissent**
Savoir: que je **sache**   que nous **sachions**   qu'ils **sachent**
Valoir: (v. impersonnel, indicatif: il vaut)   qu'il **vaille**
Vouloir: que je **veuille**   que nous **voulions**   qu'ils **veuillent**

Remarque: 1° **Etre** et **avoir** sont les seuls à avoir un **t** à la 3ème personne du singulier: **qu'il ait, qu'il soit.**

2° Les formes **nous** et **vous** sont toujours formées de la même façon: que nous **puissions, que** vous **puissiez;** que nous **voulions,** que vous **vouliez.** (Veuillez est l'impératif.)

3° Il n'y a pas de futur au subjonctif. C'est le présent qui exprime l'idée de présent et de futur.

● EMPLOIS COURANTS DU SUBJONCTIF

L'**indicatif** est le mode des actions réelles, certaines: **Il sort.**
Le **subjonctif** est le mode des actions douteuses, désirées, mais pas réalisées: **Je veux qu'il sorte.**

Le subjonctif après certains verbes suivis de que

On emploie le subjonctif après:

1. Les verbes de **volonté: Je veux que, je désire que, je souhaite que, il faut que:**

> Je **veux que** tu **viennes.**

Remarquez la différence de construction entre le français et l'anglais:
Je veux que tu fasses ton travail. / *want you to do your work.*

2. Les verbes de **sentiment: je suis heureux, content, triste, fâché . . . que** je **préfère que,** j'**aime mieux que,** il **vaut mieux que** *(it is better).*

> Je suis **heureux que** vous ne **soyez** pas en retard.
> C'est **dommage que** vous **soyez** en retard.

3. Les verbes de **doute:** je **doute que,** il **est possible que.**

> Il est **possible que** vous **ayez** raison.

4. Le verbe **attendre que:** j'**attends qu'il vienne.**

Remarque: Avec les verbes d'opinion: je **pense que**, je **crois que** et le verbe **espérer**, il faut employer l'indicatif: Je pense qu'il est malade. J'espère qu'il viendra (futur).

Mais si ces verbes sont à la **forme négative**, ou **interrogative**, on peut avoir le **subjonctif**: Je ne pense pas qu'il vienne. Croyez-vous qu'il soit malade? ou l'indicatif: Je ne pense pas qu'il viendra. Croyez-vous qu'il viendra?

Ici, le **subjonctif** est signe de langue soignée, élégante; l'**indicatif** est plus simple.

indicatif	subjonctif
Opinion Je **crois** Je **dis** qu'il viendra J'**affirme**	**Volonté** Je **désire** Je **veux** qu'il vienne Je **souhaite**
J'**espère** qu'il viendra ⟵ EXCEPTION	
	Sentiment J'ai **peur** Je suis **heureux** qu'il vienne Je suis **triste**
	Doute Je **doute** Je **nie** qu'il vienne
Langue courante Je ne **pense** pas qu'il viendra **Pensez**-vous	**Langue soignée** Je ne **crois** pas qu'il vienne **Pensez**-vous

Remarque: 1° Avec les verbes de **volonté** et de **sentiment** il faut employer **deux** sujets différents: JE suis heureux que VOUS soyez venu: *I am happy that you came.* Si on a le **même sujet**, il faut employer l'**infinitif:** JE suis heureux d'être ici: *I am happy to be here.*

2° Avec l'infinitif, il faut faire attention à la différence de construction: Les verbes de **sentiment** ont un **de** devant l'infinitif: heureux **de** sortir, triste **de** partir, fâché **de** perdre. Les verbes de **volonté** n'ont **rien** devant l'infinitif: je **veux** sortir, il faut aller, je préfère venir.

Liste des verbes courants suivis de l'indicatif

verbes personnels	verbes impersonnels
croire	il est certain
espérer	il est évident
être sûr	il est probable
être certain	il est sûr
penser	il me semble
trouver	il paraît

Liste des verbes courants suivis du subjonctif

verbes personnels:	verbes impersonnels:
aimer mieux	c'est dommage
attendre	il est bon
s'attendre à ce que	il est curieux
avoir honte	il est désirable
avoir peur	il est douteux
commander	il est essentiel
craindre	il est honteux
défendre	il est important
demander	il est impossible
désirer	il est invraisemblable
empêcher	il est juste
s'étonner	il vaut mieux
être content	il est naturel
être désolé	il est nécessaire
être étonné	il est normal
être fâché	il est possible
être heureux	il est souhaitable
être surpris	il est temps
ordonner	il est triste
préférer	il faut
proposer	il semble
regretter	il se peut
souhaiter	
suggérer	
vouloir	

Le subjonctif après certaines conjonctions composées de que

Les principales sont:

jusqu'à ce que	*until*
avant que	*before*
pour que	*in order that*
de peur que	*for fear that*
à moins que	*unless*
sans que	*without*
bien que	*although*
pourvu que	*provided*

Avec certaines conjonctions, il est recommandé d'employer avec le verbe principal un sujet différent du sujet du verbe subordonné. Si la même personne fait les deux actions, la construction au subjonctif est impossible, il faut changer la phrase et employer une préposition avec un infinitif ou un nom:

pour que devient **pour**
de peur que devient **de peur de**
avant que devient **avant de** + infinitif ou **avant** + nom
sans que devient **sans**

Tableau des changements

Sujets différents	Même sujet possible subjonctif	Même sujet impossible préposition + infinitif ou nom
Je travaille jusqu'à ce que **mon ami vienne.**	Je travaille jusqu'à ce que **je sois fatigué.**	
Il travaille bien que **je lui dise** de dormir.	Il travaille bien qu' **il soit** riche.	
Je sortirai pourvu qu' **il fasse** beau.	Je sortirai pourvu que **je n'aie** pas de travail.	
Je me prépare avant que **nous sortions.**		Je me prépare avant **de sortir.** avant **la classe.**
Il travaille pour que sa **famille puisse** vivre.		Il travaille pour **faire** vivre sa famille, pour **l'argent.**
Je prends mon parapluie de peur qu'**il pleuve.**		Je prends mon manteau de peur **d'avoir** froid.
Il est sorti sans qu' **on** le voie.		Il est sorti sans **faire** de bruit. sans **bruit.**

Le passé

● FORMES

Il est toujours régulier. On conjugue l'**auxiliaire** au **subjonctif présent** et on ajoute le **participe passé** et **que**.

Prendre: j'**aie** + pris: **que j'aie pris**
Aller: je **sois** + allé: **que je sois allé**
Se laver: je me **sois** + lavé: **que je me sois lavé**

● EMPLOI

Si l'action subordonnée se passe avant l'action principale on a le **passé du subjonctif**:

Aujourd'hui je suis content qu'il soit venu (hier).

Tableau : subjonctif présent ou subjonctif passé

AVANT HIER	HIER	AUJOURD'HUI	DEMAIN	APRES DEMAIN
	J'étais content qu'il vienne	qu'il vienne	qu'il vienne	qu'il vienne
qu'il soit venu	qu'il soit venu			
		Je suis content qu'il vienne	qu'il vienne	qu'il vienne
qu'il soit venu	qu'il soit venu	qu'il soit venu		
			Je serai content qu'il vienne	qu'il vienne
qu'il soit venu	qu'il soit venu	qu'il soit venu	qu'il soit venu	

Le subjonctif après qui ou que pronoms relatifs

On trouve le subjonctif parfois après un relatif. Il faut que la proposition principale commence par:

1. Le seul, le premier, le plus, le meilleur (une expression qui indique la singularité, la supériorité):

> C'est **le plus** beau livre **que j'aie** jamais lu.

2. Je cherche . . . (quelque chose qui n'existe peut-être pas):

> Je **cherche** une personne **qui sache** parfaitement la grammaire française.

3. Y a-t-il quelqu'un qui . . . ou une **expression négative**:

> Y a-t-il quelqu'un ici qui sache le Russe?
> Je **ne** connais **personne** qui **soit** capable de dire la vérité.

Texte

A LA RECHERCHE D'UN RESTAURANT

Jean Jacques Bernard (1888–   ) écrit des pièces pour le théâtre « de boulevard » (une certaine forme de comédie bourgeoise moderne où il y a très souvent un triangle: le mari, la femme, l'amant). Dans *8 chevaux, 4 cylindres . . . et pas de truites,* Lui et Elle sont dans une auto, sur la route, et cherchent un restaurant.

LUI
. . . Est-ce que tu as trouvé quelque chose?

ELLE

Mon pauvre ami, la première ville où il y ait un hôtel potable est à 80 kms.

LUI

Ce n'est pas possible!

ELLE

Regarde toi-même.

LUI

Tu dois te tromper. Je vais m'arrêter un instant . . . en haut de cette côte. . . .

ELLE

Je doute que tu trouves mieux.

LUI

Ça me paraît invraisemblable.

ELLE

. . . Eh bien, tu ne t'arrêtes pas?

LUI

Nous sommes dans la descente. Je m'arrêterai en bas.

ELLE

J'aime mieux que tu cherches toi-même et que tu prennes tes responsabilités.
. . . Eh bien, nous sommes en bas de la descente.

LUI

Ça tourne, je ne peux pas m'arrêter ici.

ELLE

Qu'est-ce que je donnerais pour un bout de pain!

LUI

Et j'ai mangé tout le chocolat, ma pauvre petite!

ELLE

Un village!

LUI

Eh bien, nous allons déjeuner là.

ELLE

Tu n'y songes pas!

LUI

Tu meurs de faim.

ELLE

Au point où j'en suis, je peux encore attendre.

LUI

Mais je ne veux pas, mais je ne veux pas que tu tombes malade.

ELLE

Tu as faim, toi?

LUI

Oh! à un point! ... Enfin, c'est-à-dire ... Pas tellement ... mais c'est pour toi. ...

ELLE

C'est bien dommage que tu n'aies pas eu cette sollicitude il y a une demi-heure.

LUI

Allons, pas de reproches! Tu vas voir, c'est quelquefois dans les petits villages qu'on trouve les meilleures cuisines. Et au moins on est sûr de manger des choses simples, pas falsifiées. Chailley! Ça s'appelle Chailley. Que dit le guide?

ELLE

Chailley! Non, Chailley n'est pas dans le guide.

LUI

Ça ne fait rien. En tout cas, ce ne sera pas un coup de fusil.

ELLE

J'imagine.

LUI

Voici un hôtel ... Hôtel de la Gare ... C'est charmant. ...

ELLE

La gare, en effet. ...

LUI

Allons, tu n'es pas contente? Pourquoi? Voyons, fais comme moi; il faut prendre les choses par le bon côté.

ELLE

Je fais ce que je peux.

LUI

J'arrête. ... Au fond, il vaut mieux que tu aies un peu d'appréhension, car je suis sûr que tu auras une bonne surprise.

ELLE

Peut-être.

LUI

Mais oui, mais oui. ... Bonjour, Madame. On peut déjeuner? Veux-tu que nous restions ici?

ELLE

Si tu veux.

Jean-Jacques Bernard
8 chevaux, 4 cylindres ... et pas de truites
Editions Albin Michel

Explication du texte

potable: acceptable; mais l'eau potable: *drinking water*
s'arrêter mais **arrêter la voiture**
la côte: la route forme une côte quand elle monte et descend; la **montée;**
   la **descente; en bas; en haut.**
invraisemblable: difficile à croire
ça tourne: la route tourne; il y a un tournant, un virage
qu'est-ce que je donnerais: je donnerais beaucoup d'argent
songer: *ici,* penser
au point où j'en suis: *Considering the degree of starvation I have reached*
   ... It won't make a big difference.
avoir de la sollicitude pour quelqu'un: *to be sollicitous of someone's welfare*
la **cuisine:** la nourriture
ça ne fait rien: *it does not matter*
c'est un coup de fusil: expression qui signifie payer trop cher (on va vous
   tuer en vous donnant l'addition)
prendre les choses par le bon côté: regarder le bon côté des choses

Conversation sur le texte

1. Comment l'auteur a-t-il choisi de présenter le caractère du mari?
2. Comment l'auteur a-t-il choisi de présenter le caractère de la femme?
3. Comparez la recherche d'un restaurant en France, dans un petit village
à la recherche d'un restaurant en Amérique.

Exercices

1. Répétez les phrases suivantes en remplaçant **Je pense** par **Il faut:**
   1. Je pense qu'il trouvera un restaurant.
   2. Je pense que vous serez content.
   3. Je pense qu'elle a une bonne surprise.
   4. Je pense que tu comprends.
   5. Je pense qu'il fait beau.
   6. Je pense qu'elle a fini.
   7. Je pense qu'ils ont oublié.
   8. Je pense que les parents se souviennent.
   9. Je pense qu'il pleuvra.
   10. Je pense que tu iras en France.

2. Donnez le subjonctif des verbes suivants:

subjonctif présent subjonctif passé

1. il dort
2. elles vont
3. nous voulons
4. vous faites
5. il finit
6. il faut
7. vous savez
8. il pleut
9. vous allez
10. ils veulent

1. il vient
2. tu dors
3. elle se regarde
4. nous allons
5. je me souviens
6. tu restes
7. elle a
8. ils sont
9. elles se plaisent
10. il pleut

3. Mettez le verbe entre parenthèses au mode qui convient:

1. Je doute qu'il (venir).
2. Je ne veux pas que vous (être) tristes.
3. C'est dommage qu'ils (perdre) leur chien.
4. Je suis sûr que nous (trouver) un bon restaurant dans le prochain village.
5. Je suis désolé de (ne pas venir) hier.
6. Il vaut mieux que tu (aller) te coucher.
7. J'aime qu'elle (faire) son travail à l'heure.
8. Il est possible qu'il (pouvoir) venir.
9. Je suis certain qu'ils (pouvoir) venir.
10. Il faut que vous (vouloir) réussir.
11. Nous préférons qu'elle (prendre) ses responsabilités.
12. Je veux que vous (sortir) de la pièce.
13. Veux-tu que nous (rester) ici?
14. J'espère qu'ils (ne pas venir) demain.
15. Ils attendent que nous (avoir fini).

4. Changez le verbe subordonné, en ajoutant l'adverbe placé entre parenthèses:

Il est possible qu'il vienne. (hier)
Il est possible qu'ils soient venus hier.

1. Je pense qu'ils sont venus. (demain)
2. C'est dommage qu'ils aient la grippe. (la semaine dernière)
3. Il vaut mieux que tu y ailles. (hier)
4. Je doute qu'ils puissent partir. (la semaine dernière)
5. Je suis désolé qu'ils ne soient pas venus. (demain)
6. J'étais content qu'il vienne. (le jour précédent)

5. Mettez le verbe à la forme qui convient:

1. Je travaille jusqu'à ce que nous (aller) au cinéma.
2. Il se prépare avant que nous (sortir).
3. Vous sortirez pourvu que vous (ne pas avoir) de travail.
4. Il est à l'école bien qu'il (être) malade.
5. Il est parti sans que je le (voir).

6. Je vais t'enfermer de peur que tu (s'en aller).
7. Nous irons vous voir à moins qu'il (pleuvoir).
8. Il travaille pour que ses enfants (pouvoir) s'amuser.

6. Traduisez:

1. *I am happy I can go to this restaurant.*
2. *I hope they will come.*
3. *It is better for you to eat simple food.*
4. *I want you to stop the car.*
5. *It is impossible for me to assume my responsibilities.*
6. *She does not want us to get sick.*
7. *He likes her to starve.*
8. *She is not happy that they are staying here.*
9. *I waited (until) he came.*
10. *Aren't you surprised we arrived?*
11. *It is the best food I ever ate.*
12. *We are sure they will want to see you.*
13. *I doubt we'll find (something) better.*
14. *He eats in bad restaurants, although he is rich.*
15. *We shall leave at noon, provided they are on time.*
16. *He took his umbrella for fear it would rain.*
17. *He called me before he left.*
18. *I do what I can.*

Composition orale ou écrite

Imaginez le dialogue qui suit le texte. Elle et Lui sont au restaurant. La cuisine du restaurant est horrible et c'est un coup de fusil. Employez le plus possible d'expressions qui demandent le subjonctif.

CHAPITRE 12

La négation

Leçon de grammaire

Remarque générale:
La négation en français est toujours en deux parties: **ne** et **un mot** descriptif.

● FORMES

Voici la liste des expressions négatives les plus usuelles:

ne . . . pas, ne . . . point	négation simple
ne . . . personne	négation de quelqu'un
ne . . . rien	négation de quelque chose
ne . . . aucun	
ne . . . nul	négation de un, ou tous les
ne . . . pas un	
ne . . . jamais	négation de quelquefois, toujours
ne . . . ni . . . ni	négation de et . . . et, ou . . . ou
ne . . . plus	négation de encore, toujours
ne . . . guère	négation de beaucoup

● SENS ET EMPLOIS

Ne . . . pas et ne . . . point

Ces négations ont exactement le même sens, mais **ne . . . point** est plus élégant et réservé à la langue écrite.

Place: La négation entoure le verbe conjugué et l'auxiliaire.

> Je **ne** comprends **pas.**

Le participe passé est rejeté après **pas:**

> Je **n'**ai **pas** compris.

La négation entière précède l'infinitif et les pronoms objets:

> . . . de **ne pas comprendre**
> . . . de **ne pas vous** avoir vu

ne sans **pas:** On rencontre **ne** seul avec les verbes suivants: **oser, savoir, cesser, pouvoir** (dans la langue écrite).

> Je ne sais s'il viendra.
> Je n'ose vous le dire.
> Il ne cesse de pleuvoir.
> Nous ne pouvons comprendre.

Ne . . . personne

Personne a différentes fonctions; il peut être **objet:**

> Nous n'inviterons **personne.**

et il peut être **sujet:**

> **Personne** ne viendra.

Place: au passé composé **personne** est rejeté après le participe passé:

> Je n'ai **rencontré personne.**

Personne peut être employé seul, sans **ne**, dans une réponse:

> Qui est venu? **Personne.**

et avec **sans:**

> Il est seul, **sans personne** à aimer.

Quand **personne** est suivi d'un adjectif, il faut employer **de** entre personne et l'adjectif. L'adjectif est au masculin:

> Je n'ai rencontré **personne d'important.**

Attention: Quand **personne** est un nom et signifie un individu, il est alors féminin et l'adjectif qui l'accompagne aussi: **J'ai rencontré une personne très intéressante.**

Ne . . . rien

Rien peut être **objet:**

> Elle ne mange **rien.**

et rien peut être **sujet:**

> **Rien** ne l'intéresse.

Place: ne . . . **rien** entoure le verbe conjugué et l'auxiliaire.

> Je n'entends rien.
> Je n'ai rien entendu.

Si **rien** est accompagné d'un adjectif, il faut employer **de** entre **rien** et l'adjectif, et l'adjectif est au masculin.

> Je n'entends rien de beau.

Au passé on a le choix entre deux constructions:

> Je n'**ai rien vu** d'intéressant.
> Je n'**ai vu rien** d'intéressant.

Rien seul, sans **ne**, se rencontre comme réponse à une question:

> Qu'est ce que vous avez dit? **Rien**.

et avec la préposition **sans**:

> Il est sorti **sans rien** dire.

Ne . . . jamais

> Je **ne** mange **jamais** entre les repas.

Place: La négation **ne** . . . **jamais** entoure le verbe ou l'auxiliaire.

> Ils **n'ont jamais** voyagé.
> Ils **ne** voyagent **jamais**.

On peut commencer la phrase par **jamais**:

> **Jamais** on n'avait vu une telle foule.

(Dans ce cas on n'a pas d'inversion du sujet comme dans la construction correspondante de l'anglais.)

Jamais peut se trouver sans **ne** dans une réponse:

> Etes-vous allé à Paris? **Jamais**.

ou avec la préposition **sans**:

> Il vient dans notre ville **sans jamais** nous rendre visite.

Jamais tout **seul** a le sens positif *(ever)* dans:

> Avez-vous **jamais** vu un si beau tableau?

Ne . . . aucun,   ne . . . nul,   ne . . . pas un

Ne . . . **aucun** (féminin **aucune**) signifie *not one single one*.

Place: **Aucun** reste près du nom.

> Je n'ai vu **aucun** élève.

Il peut être **adjectif** ou **pronom**. Comme pronom, il est accompagné de **en**, sauf quand **aucun** (**aucune**) est sujet.

> Il n'y a **aucun** danger.
> Il n'y **en** a **aucun**.
> **Aucune** de mes amies n'est venue.
> **Aucune** n'est venue.

Aucun, aucune sont souvent remplacés par **pas un, une**.

> **Pas une** de mes amies n'est venue.

Ne . . . nul (féminin **nulle**) est réservé à la langue écrite, un peu pompeuse et didactique. Ici il est pronom:

> **Nul** n'est prophète en son pays.

Là il est adjectif:

> Je n'ai **nulle** envie de le voir.

Ne . . . plus

Ne . . . plus signifie *no more* ou *no longer*.

Place: Ne . . . plus entoure le verbe ou l'auxiliaire.

> Je n'ai **plus** d'argent.
> Il n'a **plus** parlé.

Remarque: **Pas encore** signifie *not yet:* **Ce n'est pas encore l'heure. Ce n'est pas encore ton tour.**

Ne . . . guère

Cette négation signifie **ne . . . pas beaucoup.**

> Il n'a **guère** de courage.

Ne . . . ni . . . ni

Cette négation signifie *neither . . . nor.*

Place: On peut avoir **ni . . . ni** devant les objets directs ou indirects:

> Il **ne** parle **ni** à Pierre **ni** à Paul.
> Il **n'**aime **ni** les pommes **ni** les fraises.

ou bien devant les sujets:

> **Ni** Paul **ni** Pierre **ne** lui parlent.

L'article partitif disparaît après **ni:**

> Il boit **du thé.**
> Il ne boit **ni thé ni café.**

L'article défini reste intact après **ni:**

> Il aime **le thé.**
> Il n'aime **ni le thé ni le café.**

Place des mots négatifs

aux temps simples	aux temps composés	à l'infinitif
je **ne** vois **pas**	je **n'**ai **pas** vu	je suis désolé de **ne pas** voir
je **ne** voyais **rien**	je **n'**avais **rien** vu	de **ne rien** voir
je **ne** verrai **jamais**	je **n'**aurai **jamais** vu	de **ne jamais** voir
je **ne** vois **plus**	je **n'**ai **plus** vu	de **ne plus** voir
je **ne** voyais **personne**	je **n'**avais vu **personne**	de **ne** voir **personne**
je **ne** verrai **aucun**	je **n'**ai vu **aucun**	de **ne** voir **aucun**
je **ne** vois **rien** de . . .	je **n'**ai vu **rien** de . . .	de **ne** voir **rien** de . . .

Combinaisons possibles entre personne, rien, jamais, aucun, plus:

rien personne	Ne dites **rien à personne.**
jamais personne	Il ne voit **jamais personne.**
jamais rien	Il ne mange **jamais rien.**
plus rien	Je ne dis **plus rien.**
plus personne	Je ne verrai **plus personne.**
jamais aucun	Il n'a **jamais aucun** ami.
jamais plus	Je ne vous verrai **jamais plus.**
(plus jamais)	(Je ne vous verrai **plus jamais**)
jamais plus rien	Elle ne dira **jamais plus rien.**
jamais plus personne	Je ne verrai **jamais plus personne.**
jamais plus aucun	Je ne verrai **jamais plus aucun** ami.
jamais plus rien personne	Je ne dirai **jamais plus rien à personne.**

La réduction de l'article avec la négation.

Il ne faut pas oublier que l'article se transforme au contact de la négation:

Je n'ai **pas d'**argent. (J'ai **de l'**argent.)
Il n'a **plus d'**amis. (Il a **des** amis.)
Vous n'avez **guère de** courage. (Vous avez **du** courage.)
Elle ne boit **jamais de** bière. (Elle boit **de la** bière.)

Expressions de restriction

Ne . . . que: *only*

Ce n'est pas une négation. C'est une expression de restriction:

> Je **ne bois que** de l'eau.
> Je **n'ai lu que** trois pages.

only se traduit **ne . . . que** dans ces cas seulement:

1. S'il modifie un nom **objet direct:**
   > Je **n'aime que** le lait.
2. S'il modifie un **objet indirect:**
   > Il **ne parle qu'à** Pierre.
3. S'il modifie un **objet de préposition:**
   > Il **ne dort qu'avec un somnifère.**
4. S'il modifie un **infinitif objet:**
   > Je **ne vous demande que de lire** cela.
5. S'il modifie un **groupe** avec une **conjonction:**
   > Elle **ne chante que si on** la supplie.

Remarque: Dans tous ces cas, on pourrait aussi avoir **seulement: Il parle seulement à Pierre. J'aime seulement le lait.**

Seul, seule, seulement: *only*

1. Si *only* modifie un nom sujet: *(Only Pierre came.)* on a **seul**, adjectif, qui s'accorde:
   > **Seul Pierre** est venu.
   > **Seule Marie** a compris.
2. Si le verbe n'est pas exprimé dans une réponse, on a **seulement:**
   > Qui est venu? —**Seulement** Pierre.
3. Si *only* modifie un verbe avec la conjonction **que**, on a **seulement:**
   > Je veux **seulement que** tu fasses tes devoirs.
   > Je veux **seulement que** ces étudiants lisent cela.

Remarque: L'expression **ne faire que** veut dire *to do nothing but:* **Il ne fait que dormir.**

Texte

LE TOMBEAU DE MONSIEUR-MONSIEUR

Jean Tardieu (1903—   ) est un poète qui s'interroge sur les rapports entre la réalité et le rêve, et les aspects de la conscience. Dans le recueil *Monsieur-Monsieur*, il suppose que la conscience humaine a deux voix, comme deux personnes qui se parlent et qui agissent dans des directions opposées.

Dans un silence épais
Monsieur et Monsieur parlent:
c'est comme si Personne
avec Rien dialoguait.

L'un dit: Quand vient la mort
pour chacun d'entre nous
c'est comme si personne
n'avait jamais été.
Aussitôt disparu
qui vous dit que je fus?

—Monsieur, répond Monsieur,
plus loin que vous j'irai:
aujourd'hui ou jamais
je ne sais si j'étais.
Le temps marche si vite
qu'au moment où je parle
(indicatif-présent)
je ne suis déjà plus
ce que j'étais avant.
Si je parle au passé
ce n'est pas même assez;
il faudrait, je le sens
l'indicatif-néant.

—C'est vrai, reprend Monsieur,
sur ce mode inconnu
je conterai ma vie,
notre vie à tous deux:
A nous les souvenirs!
nous ne sommes pas nés,
nous n'avons pas grandi
nous n'avons pas rêvé
nous n'avons pas dormi
nous n'avons pas mangé
nous n'avons pas aimé.
Nous ne sommes personne
et rien n'est arrivé.

Jean Tardieu
Monsieur-Monsieur
Editions Gallimard

Explication du texte

Le **tombeau**: *ici,* composition poétique en l'honneur de quelqu'un
épais: épaisse *(f.)*: le contraire est **mince**
Personne, Rien: Ces mots seuls, sans **ne,** sont *ici,* des noms propres. Ils prennent une majuscule.
dialoguer: (verbe rare) avoir un dialogue, une conversation
L'un: généralement on a **L'un dit . . . l'autre répond**; *ici,* l'autre n'est pas exprimé (on a: répond Monsieur)
chacun: chacune *(f.):* l'adjectif est **chaque** (invariable); (voir appendice, p. 280)
au moment où: (remarquez la construction) *when*
le **néant**: *nothingness;* l'**indicatif-néant**: un mode imaginaire, inventé par Jean Tardieu
conterai: de conter (forme ancienne et rare pour **raconter**)

Conversation sur le texte

1. Que reste-t-il de nous après la mort?
2. L'écrivain ne croit pas à l'immortalité de l'âme. Y croyez-vous?

Exercices

1. Ecrivez les phrases suivantes en employant la négation indiquée.

1. Ils se parlent.   (ne pas)
2. Il écrit.   (ne personne)
3. Vous savez.   (ne rien)
4. Elles se téléphonent.   (ne plus)
5. Vous êtes malade.   (ne jamais)
6. Il a du talent.   (ne aucun)
7. Nous irons en Italie et en Espagne.   (ne ni ni)
8. Il viendra.   (personne ne)
9. Il arrive.   (rien ne)
10. Vous riez.   (jamais ne)
11. Un homme est immortel.   (aucun ne)
12. Un étudiant comprend la leçon.   (pas un ne)
13. Jacques et Marie vont en France.   (ni ni ne)

2. Mettez les phrases suivantes au passé composé:

1. Ils ne comprennent pas.
2. Nous ne voyons personne.
3. Il n'y a rien.
4. Vous ne voyagez jamais.
5. Ils ne s'écrivent plus.
6. Elle ne travaille guère.
7. Vous ne voyez rien d'intéressant.

8. Je ne trouve aucun emploi.
9. Personne ne comprend.
10. Rien n'arrive.

3. Donnez le contraire des phrases suivantes:

1. Quelqu'un a sonné.
2. Quelque chose te plaît.
3. Il est toujours fatigué.
4. Elle a grandi.
5. Nous avons beaucoup de temps.
6. Vous avez encore du travail.
7. Tous les étudiants comprennent.

4. Ecrivez les phrases suivantes en ajoutant les groupes entre parenthèses.

1. Il dira.   (rien personne)
2. Elle boit.   (jamais rien)
3. Tu comprends.   (plus rien)
4. Ils se verront.   (jamais plus)
5. Tu fais.   (jamais plus rien)
6. Elle écrit.   (jamais plus personne)

5. Dans les phrases suivantes, introduisez l'élément restrictif **ne . . . que**, **seulement**, ou **seul** *only.*

1. Elle boit de l'eau.
2. Jeanne a compris.
3. Nous parlons français.
4. Elle danse quand la musique est lente.
5. Ils se promènent le soir.
6. J'espère que vous irez un peu mieux.
7. Des amis peuvent écrire une telle chose.
8. Qui a répondu à votre annonce? Jacques.

6. Traduisez:

1. *I have not seen you.*
2. *He does not stop crying.*
3. *She does not love anybody.*
4. *I didn't meet anybody interesting at the party.*
5. *He eats without ever saying anything.*
6. *I didn't buy anything expensive.*
7. *Never have I met such a pretty girl.* (une si . . .)
8. *He doesn't have a single friend. No one likes him.*
9. *They eat neither potatoes nor bread.*
10. *He does nothing but sleep.*

Composition écrite ou orale

Imaginez un dialogue entre deux amis: l'un est très optimiste et positif; l'autre est pessimiste et négatif.

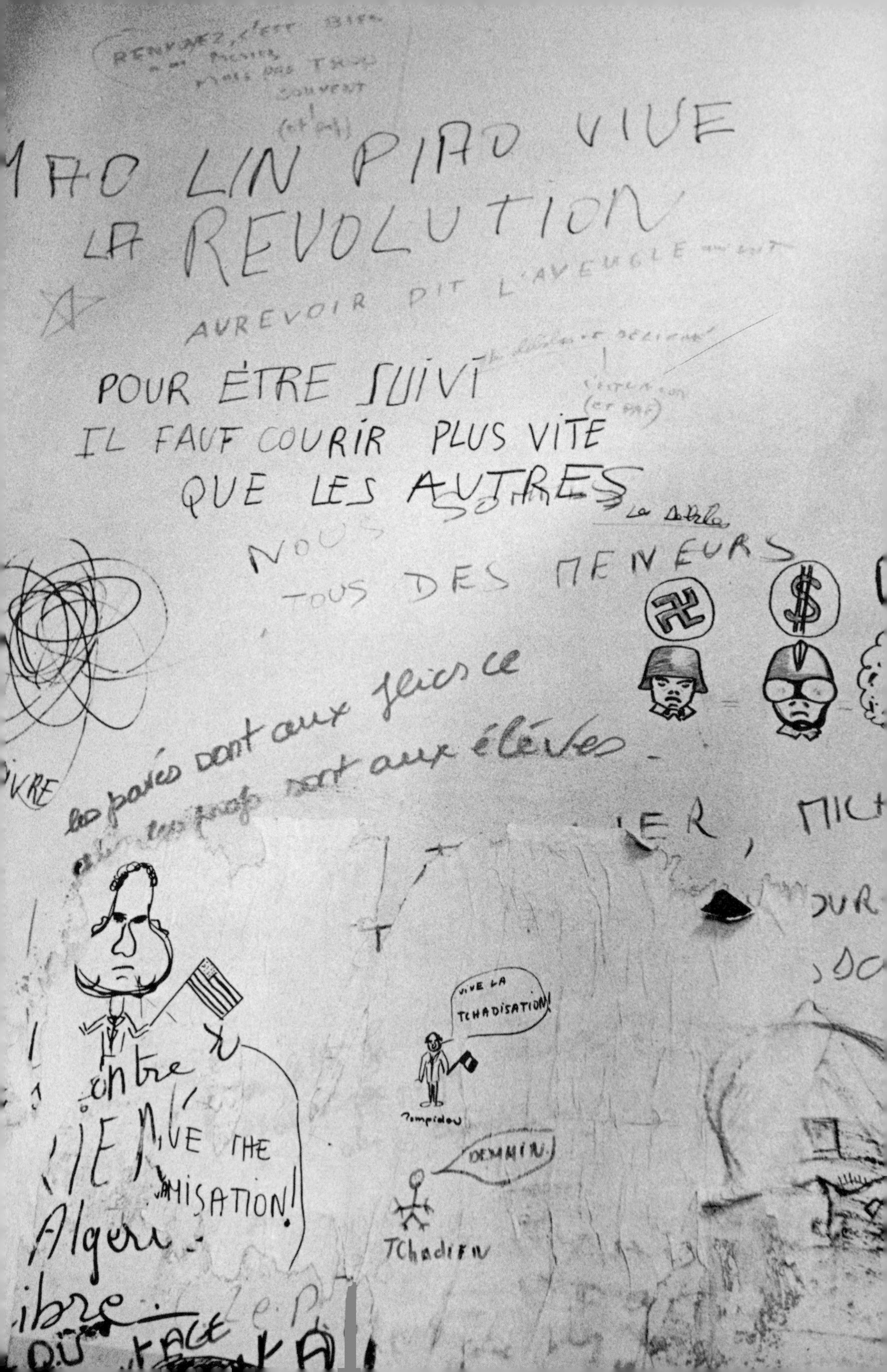
MAO LIN PIAO VIVE LA REVOLUTION
AUREVOIR DIT L'AVEUGLE
POUR ÊTRE SUIVI IL FAUT COURIR PLUS VITE QUE LES AUTRES
NOUS SOMMES TOUS DES MENEURS
VIVE LA TCHADISATION!
Pompidou
DEMAIN.
Tchadien
Algerie libre

CHAPITRE 13

L'interrogation

Leçon de grammaire

Généralités: Une question peut porter sur le verbe, ou bien un autre mot dans la phrase—sujet, objet direct, circonstance de l'action.

1. **Vient**-elle?	La question concerne l'**action** de venir.
2. **Qui** est venu?	La question concerne le **sujet.**
3. **Que** dit-elle?	La question concerne l'**objet** de dire.
4. **Où** allez-vous?	La question concerne l'**endroit** où on va.

L'interrogation porte sur le verbe.

1. On peut toujours faire suivre une phrase déclarative d'un point d'interrogation et, en parlant, changer l'intonation de la phrase; elle devient alors interrogative.

Il a bien travaillé.   Il a bien travaillé?

Vous venez?   Vous comprenez?

Remarque: 1° Si, en anglais, on reprend souvent une question de ce genre par: *didn't he, aren't you, do you, don't you?* en français on a une seule traduction pour toutes ces formes: **n'est-ce-pas?**

2° Après une question négative, la réponse *yes* en français est: **Si;** *Why, yes:* **Mais si:** N'as-tu pas encore fini ton travail? **Mais si.**

2. On place **est-ce que** devant la phrase déclarative et on la termine par un point d'interrogation. C'est la forme la plus courante dans la conversation:

Vous avez compris. **Est-ce que** vous avez compris?

3. L'**inversion** est une autre forme interrogative. Elle consiste à placer **le verbe avant le pronom sujet.** C'est une construction de plus en plus rare.

> **Etes-vous** content?

Quand le verbe est composé, le pronom se place après l'auxiliaire:

> **Avez-vous vu** Pierre?

La négation entoure le groupe verbe + pronom ou auxiliaire + pronom:

> N'êtes-vous **pas** . . . ?
> N'avez-vous **pas** vu . . . ?

A la première personne du singulier, la forme interrogative du verbe n'est possible qu'avec: **ai-je, suis-je, dois-je, puis-je;** avec les autres verbes, il faut employer **est-ce que.**

Si le sujet est un nom ou un pronom autre que personnel (démonstratif, indéfini), on emploie l'**inversion double:** on garde le nom sujet avant le verbe, et on reprend ce sujet après le verbe par un pronom personnel qui s'accorde:

> Marie **vient-elle?**
> Vos amis **sont-ils** arrivés?
> Quelqu'un **a-t-il** téléphoné?

Mots interrogatifs

L'interrogation porte sur le **sujet** ou l'**objet,** ou une **circonstance du verbe:** On emploie dans ce cas des mots interrogatifs. Ces mots peuvent être des **pronoms, adjectifs** ou des **adverbes.**

Pronoms interrogatifs

Ces pronoms sont différents si on a des **personnes** ou des **choses,** s'ils sont **sujet, objet direct** ou **objet d'une préposition.**

On a des formes courtes: **qui, que, quoi**
Et des formes longues: **qui est-ce qui, qu'est-ce que**

● FORMES COURTES

	personnes	choses
sujet	qui	— —
objet direct	qui	que
objet d'une préposition	à de qui avec	à de quoi avec

Personnes: Quand on pose une question au sujet d'une personne, on a le pronom interrogatif **qui** dans tous les cas:

Qui a téléphoné?	**Sujet** [**Pierre** a téléphoné.]
Qui avez-vous vu?	**Objet direct** [J'ai vu **Pierre**.]
De qui parlez-vous?	**Objet d'une préposition** [Je parle de **Pierre**.]

Traduction de *whose* quand on exprime la parenté:

Whose brother is he?   **De qui** est-il le frère?

Traduction de *whose* quand on exprime la possession:

Whose book is this?   **A qui** est ce livre?

Réponse: Il est **à moi.**

Choses: Quand on pose une question au sujet de choses, les formes des pronoms interrogatifs sont différentes. (Il n'y a pas de forme courte pour une chose sujet.)

Que faites-vous?	Objet direct [Je fais **un gâteau**.]
Avec quoi écrivez-vous?	Objet de préposition [J'écris **avec un stylo**.]

L'objet de la préposition **de** n'est pas un pronom spécial; on dit:

De quoi parlez-vous?   Je parle **de la guerre**.

On emploie **de quoi** lorsque la préposition **de** fait partie du verbe, est sa construction normale, ou signifie *about* ou *of.*

De quoi avez-vous besoin? (avoir besoin de)
De quoi vous servez-vous? (se servir de)

Mais si le nom est précédé de l'article partitif **du, de la** ou de l'article indéfini **des,** l'objet partitif est traité comme un objet direct:

Je prends **du** café. (prendre)
Que prenez-vous?

Pour la traduction il faut:

1. D'abord **isoler le verbe** et reconnaître sa construction.
2. Si on a une **préposition**, la placer **en tête de la phrase**.
3. **Trouver** dans le tableau **le pronom qui convient**.

What are you talking about?   *To talk about:* **parler de**
De . . .   ? est une chose   ? est objet de préposition
De quoi parlez-vous?

Whom are you thinking of?   *To think of:* **penser à**
A . . .   ? est une personne   ? est objet de préposition
A qui pensez-vous?

What does she look at?   *To look at:* **regarder + objet direct**
Pas de préposition.   ? est une chose   ? est objet direct
Que regarde-t-elle?

Avec les formes courtes des pronoms interrogatifs, on a la forme inversée du verbe: **Qui avez-vous vu?**

Mais on peut avoir: **Qui est-ce que vous avez vu?** avec **est-ce que** et la forme déclarative verbe.

Le pronom est en réalité le même, mais on appelle souvent **qui est-ce que** forme longue et **qui** forme courte.

● FORMES LONGUES

	personnes	choses
sujet	qui est-ce qui	qu'est-ce qui*
objet direct	qui est-ce que	qu'est-ce que*
objet de préposition	à qui est-ce que de qui est-ce que	à quoi est-ce que de quoi est-ce que

*qu'est: **que** élidé devant **est**.

A qui parlez-vous?   A qui est-ce que vous parlez?
Que faites-vous?   Qu'est-ce que vous faites?
A quoi pensez-vous?   A quoi est-ce que vous pensez?

Le pronom sujet pour les choses n'a que la forme longue **qu'est-ce qui?** Pour les personnes il existe une forme renforcée de **qui**: **Qui est-ce qui parle?** (Remarquez les deux **qui**.)

Remarque: Avec **qui, qui est-ce qui**, et **qu'est-ce qui**, le verbe est singulier.

Résumé: *Les pronoms interrogatifs*

	personnes	choses
sujet	*who* **Qui** vient? **Qui est-ce qui** vient?	*what* **Qu'est-ce qui** tombe?
objet direct	*whom* **Qui** voyez-vous? **Qui est-ce que** vous voyez?	*what* **Que** voyez-vous? **Qu'est-ce que** vous voyez?
objet de préposition	*with whom* **Avec qui** parlez-vous? **Avec qui est-ce que** vous parlez?	*with what* **Avec quoi** voyez-vous? **Avec quoi est-ce que** vous voyez?

Pronoms de choix: Lequel, laquelle

Quand on a un choix—*which one, which ones*—on emploie les pronoms **lequel, laquelle, lesquels, lesquelles**. Avec **à** et **de** ils se contractent en **auquel, duquel, auxquels, auxquelles, desquels, desquelles**:

De ces livres, **lequel** préférez-vous?
Auquel pensez-vous? (penser **à**)
Duquel parlez-vous? (parler **de**)

Adjectif interrogatif: Quel

Which . . . ? **Quel, quelle, quels, quelles.** Cet adjectif est bien entendu toujours accompagné d'un nom avec lequel il s'accorde en genre et en nombre. Quand il y a une préposition, elle précède le groupe:

> **Quelles** fleurs préférez-vous?
> A **quel** étudiant parlez-vous?

L'adjectif interrogatif et le nom sont parfois séparés par le verbe **être:**

> **Quels sont** les étudiants qui ont oublié leur livre?

La difficulté pour beaucoup d'étudiants est d'analyser correctement *which* ou *what* en anglais.

Dans: *What is going on? What* est pronom: **Qu'est-ce qui . . .**
      What time is it? What est adjectif: **Quelle . . .**
      What is the difference? What est adjectif: **Quelle . . .**

Le mot *what* quand on s'interroge sur la définition d'une chose inconnue, d'un mot qu'on ne comprend pas, se traduit: **Qu'est-ce que c'est que . . .**

> **Qu'est-ce que c'est que** l'Existentialisme?

Adverbes interrogatifs

Les adverbes interrogatifs sont: **où, quand, comment, pourquoi, combien.**

On dit:
Où allez-vous	**Pourquoi** pleure-t-elle?
Où vous allez?	**Pourquoi** elle pleure?
Où est-ce que vous allez?	**Pourquoi** est-ce qu'elle pleure?

Texte

HAMM ECRIT UNE HISTOIRE

Le théâtre de Samuel Beckett (1906–   ) est, comme celui de Ionesco, un théâtre de l'absurde. Beckett écrit ses pièces en anglais et en français. Elles sont jouées sur toutes les scènes du monde et *En attendant Godot* a eu un succès international. Dans *Fin de partie* deux hommes, Hamm et Clov, sont en scène. Hamm est dans un fauteuil à roulettes. Il ne peut pas bouger. Clov est une espèce de serviteur.

(Clov se remet à ramasser les objets par terre.)

HAMM *(exaspéré)*
Mais qu'est-ce que tu fabriques?

CLOV *(se redressant, doucement)*

J'essaie de fabriquer un peu d'ordre.

HAMM

Laisse tomber.

(Clov laisse tomber les objets qu'il vient de ramasser.)

CLOV

Après tout, là ou ailleurs.

(Il va vers la porte.)

HAMM   *(agacé)*

Qu'est-ce qu'ils ont, tes pieds?

CLOV

Mes pieds?

HAMM

On dirait un régiment de dragons.

CLOV

J'ai dû mettre mes brodequins.

HAMM

Tes babouches te faisaient mal?

(Un temps.)

CLOV

Je te quitte.

HAMM

Non!

CLOV

A quoi est-ce que je sers?

HAMM

A me donner la réplique. *(Un temps.)* J'ai avancé mon histoire. *(Un temps.)*
Je l'ai bien avancée. *(Un temps.)* Demande-moi où j'en suis.

CLOV

Oh, à propos, ton histoire?

HAMM   *(très surpris)*

Quelle histoire?

CLOV

Celle que tu te racontes depuis toujours.

HAMM

Ah, tu veux dire mon roman?

CLOV

Voilà.

(Un temps.)

HAMM *(avec colère)*

Mais pousse plus loin, bon sang, pousse plus loin!

CLOV

Tu l'as bien avancée, j'espère.

HAMM *(modeste)*

Oh, pas de beaucoup, pas de beaucoup. *(Il soupire)* Il y a des jours comme ça, on n'est pas en verve. *(Un temps.)* Il faut attendre que ça vienne. *(Un temps.)* Jamais forcer, jamais forcer, c'est fatal. *(Un temps.)* Je l'ai néanmoins avancée un peu. *(Un temps.)* Lorsqu'on a du métier, n'est-ce pas? *(Un temps. Avec force.)* Je dis que je l'ai néanmoins avancée un peu.

CLOV *(admiratif)*

Ça alors! Tu as quand même pu l'avancer!

HAMM *(modeste)*

Oh, tu sais, pas de beaucoup, pas de beaucoup, mais tout de même, mieux que rien.

CLOV

Mieux que rien! Ça alors, tu m'épates.

HAMM

Je vais te raconter. Il vient à plat ventre.

CLOV

Qui ça?

HAMM

Comment?

CLOV

Qui, il?

HAMM

Mais voyons! Encore un.

CLOV

Ah, celui-là! Je n'étais pas sûr.

HAMM

A plat ventre pleurer du pain pour son petit. On lui offre une place de jardinier. Avant d'a . . . *(Clov rit.)* Qu'est-ce qu'il y a là de si drôle?

CLOV

Une place de jardinier!

HAMM

C'est ça qui te fait rire?

CLOV

Ça doit être ça.

HAMM

Ce ne serait pas plutôt le pain?

CLOV

Ou le petit.

(Un temps.)

HAMM

Tout cela est plaisant en effet. Veux-tu que nous pouffions un bon coup ensemble?

CLOV *(ayant réfléchi)*

Je ne pourrais plus pouffer aujourd'hui.

HAMM *(ayant réfléchi)*

Moi non plus. *(Un temps.)* Alors je continue. Avant d'accepter avec gratitude, il demande s'il peut avoir son petit avec lui.

CLOV

Quel âge?

HAMM

Oh, tout petit.

CLOV

Il aurait grimpé aux arbres.

HAMM

Tous les petits travaux.

CLOV

Et puis il aurait grandi.

HAMM

Probablement.

(Un temps.)

CLOV

Mais pousse plus loin, bon sang, pousse plus loin!

HAMM

C'est tout, je me suis arrêté là.

(Un temps.)

CLOV

Tu vois la suite?

HAMM

A peu près.

CLOV

Ce n'est pas bientôt la fin?

HAMM

J'en ai peur.

CLOV

Bah, tu en feras une autre.

HAMM

Je ne sais pas. *(Un temps.)* Je me sens un peu vidé. *(Un temps.)* L'effort créateur prolongé.

Samuel Beckett
Fin de Partie
Editions de Minuit

Explication du texte

ramasser: *to pick up*
qu'est-ce que tu fabriques? question qui remplace fréquemment: qu'est-ce que tu fais?
les **brodequins**: de gros souliers comme en portent les soldats
les **babouches**: chaussures confortables
à quoi est-ce que je sers? *what good am I?*
à quoi est-ce que ça sert? *what is that for?*
la **réplique**: *cue*
où j'en suis: à quel point de mon histoire je suis arrivé; *how far I have gone*
bon sang: *damn it!*
être en verve: être en forme pour la création artistique
néanmoins: *nevertheless*
avoir du métier: *to know how*
épater: étonner (familier)
à plat ventre: *crawling on his belly*
pleurer du pain: pleurer pour avoir du pain
une place: un travail; **chercher une place**: chercher un travail
pouffer: éclater de rire, rire très fort, brusquement
grimper: monter
vidé: de vide; contraire de **plein**

Conversation sur le texte

1. Hamm est l'écrivain qui a besoin d'un auditeur, de quelqu'un qui « lui donne la réplique. » Est-ce que Clov remplit bien son rôle?
2. *(Un temps)* indique les silences. Quelle valeur ont les silences?
3. Montrez que Hamm est à la fois modeste et très content de lui.
4. Riez-vous en même temps que Clov? Qu'est-ce qui est comique dans cette scène? Où est l'absurde?

Exercices

1. Posez les questions qui correspondent à ces réponses.

   1. C'est le boulanger qui fait le pain.
   2. Pierre a téléphoné.
   3. Il cherche un appartement.
   4. Elle a besoin de ce livre.
   5. On entend un camion.
   6. Je dis qu'il fait beau.
   7. Je veux le chapeau rouge.
   8. Elles parlent du jardinier.
   9. Nous écoutons les nouvelles.
   10. Je pense à mon travail.

2. Mettez le pronom ou l'adjectif qui convient.

   1. _____ vous attendez? Ma femme.
   2. _____ vous cherchez? Mon stylo.
   3. _____ parle-t-il? A Pierre.
   4. _____ est-ce qu'il se sert pour écrire? D'un stylo.
   5. _____ elle attend? Le train.
   6. _____ est-ce que les étudiants écoutent? Le professeur.
   7. _____ est-elle sortie? Avec Jacques.
   8. _____ parlez-vous? Du beau temps.
   9. _____ s'est passé? Rien.
   10. _____ pensez-vous? A l'avenir.
   11. _____ voulez-vous voir? Le docteur.
   12. _____ vend des livres? Le libraire.
   13. _____ il a dit? Rien.
   14. _____ vous pensez? A mon frère.
   15. De tous vos professeurs, _____ préférez-vous? M. Dupont.
   16. Nous parlons de la leçon. De _____? De la deuxième.
   17. Ces questions sont difficiles. _____? Les dernières.
   18. _____ est la meilleure réponse?
   19. _____ de vos amis écrivez-vous? A celui qui est en Europe.
   20. _____ sont les paroles de cette chanson?
   21. _____ avez-vous besoin? D'argent.
   22. _____ vous intéresse? Les mathématiques.
   23. _____ un diplodocus? C'est un animal préhistorique.
   24. _____ d'entre vous n'ont pas compris? Pierre et moi.
   25. _____ école allez-vous? A l'école du Louvre.

3. Traduisez. Employez le plus souvent possible la forme avec **est-ce que**.

   1. *What did you decide?*
   2. *What interests you?*
   3. *Whom have you seen?*
   4. *What is your favorite song?*
   5. *Which books do you need?*

128

6. *Which ones do you use?*
7. *What are you thinking about?*
8. *Whom are you talking about?*
9. *Whom are you thinking about?*
10. *What are you waiting for?*
11. *What are you looking for?*
12. *What is bothering you?*
13. *Which house do you live in?*
14. *Which one? The blue one.* (maison)
15. *What are the words of this song?*
16. *What is l'esperanto?*
17. *Who invented it?*
18. *What is the matter with your feet?*
19. *They are hurting you?*
20. *What is so funny (about it)?*
21. *You are in great form today.*
22. *What are you doing?*
23. *He is looking for a job.*
24. *What is that for?*
25. *He comes crawling on his belly.*

Composition écrite ou orale

Préparez un dialogue avec beaucoup de questions: un interrogatoire après un accident de la circulation ou un interrogatoire de la police après un meurtre.

CHAPITRE 14

Le discours indirect

Leçon de grammaire

Voici un exemple de discours direct:

> Lui: — Est-ce que tu as faim?
> Elle: — Je meurs de faim. Arrête la voiture au prochain restaurant.

Ces phrases, au discours indirect, deviennent:

> Il lui demande si elle a faim.
> Elle lui répond qu'elle meurt de faim. Elle lui demande d'arrêter la voiture au prochain restaurant.

Mettre un dialogue au discours indirect consiste à faire commencer chaque phrase par: **Il demande, elle répond, il suggère, elle reprend en disant que, il ajoute, elle dit,** etc. Il y a, quand on passe d'un dialogue direct à un discours indirect, certains changements.

L'interrogation dans le discours indirect

1. L'ordre des mots est celui de la phrase déclarative. Il n'y a plus d'inversion.

> — Quand vient-il?
> Elle demande quand **il vient.**

2. Quand la question porte sur le verbe, on a **si:**

> — Viennent-ils?
> Elle demande **s'ils** viennent.
> — Est-ce que vos amis viennent?
> Je vous demande **si** vos amis viennent.

3. Le pronom interrogatif. Pour les **personnes,** on a toujours **qui:**

> — **Qui est-ce qui** parle?
> Il demande **qui** parle.
> — **Qui** avez-vous vu?
> Je vous demande **qui** vous avez vu.
> — Avec **qui** sort-il?
> Je demande avec **qui** il sort.

Remarque: **Qui** ne s'élide jamais.

Pour les **choses.** Pour le **sujet** et l'**objet,** on prend les deux derniers mots de la forme longue, qu'est-**ce qui,** qu'est-**ce que:**

> — Qu'est-**ce qui** se passe?
> Je ne sais pas **ce qui** se passe.
> — Qu'est-**ce que** vous faites?
> Je ne sais pas **ce que** vous faites.

Pour l'**objet de la préposition,** on garde la forme courte: **A quoi, de quoi, avec quoi:**

> — Avec **quoi** écrivez-vous?
> Je vous demande **avec quoi** vous écrivez.

Les temps des verbes

Si le discours indirect est au présent, il n'y a pas de problème, les temps restent les mêmes qu'au style direct.

Attention: Quelques verbes demandent le subjonctif: **suggérer, proposer que . . . Elle propose qu'ils aillent dîner à ce restaurant.**

Pour passer du discours direct au discours indirect au passé, les temps changent ainsi:

Discours direct	Discours indirect
L'**imparfait** reste	imparfait
— Il faisait beau.	Il a dit qu'il faisait beau.
Le **présent** devient	imparfait
— Il fait beau.	Il a dit qu'il faisait beau.
Le **passé composé** devient	plus-que-parfait
— Il a fait beau.	Elle a dit qu'il avait fait beau.

132

Le **futur** devient	**conditionnel présent**
— Il fera beau.	Elle a dit qu'il ferait beau.
Le **futur antérieur** devient	**conditionnel passé**
— Il aura fini à deux heures.	Elle a dit qu'il aurait fini à deux heures.
L'**impératif** (forme **tu** ou **vous**) devient	infinitif
— Arrête la voiture.	Elle lui a demandé d'arrêter la voiture.
L'**impératif** (forme **nous**) devient	**subjonctif présent**
— Allons au cinéma.	Elle a demandé qu'ils aillent au cinéma.
Le **subjonctif** reste	**subjonctif**
— Je veux que tu viennes.	Elle a dit qu'elle voulait qu'il vienne.

Les adverbes

---

hier	devient	la veille, le jour avant
demain	devient	le lendemain, le jour suivant
aujourd'hui	devient	ce jour-là
ce matin	devient	ce matin-là
ce soir	devient	ce soir-là

— Il fait beau **aujourd'hui.**
Il a dit qu'il faisait beau **ce jour-là.**
— **Allons-y demain.**
Elle a proposé qu'ils y aillent **le lendemain.**
— **Hier** il a plu.
Il a dit qu'il avait plu **la veille.**

Texte

UN JEUNE HOMME SANS AMBITION

L'Etranger, par Albert Camus (1913–1960), prix Nobel, est un des classiques de notre époque. Albert Camus est né en Algérie. *La Peste, L'Hôte,* et *L'Etranger,* prennent place dans ce pays qui a connu beaucoup de problèmes à cause du colonialisme. Dans ce passage, Camus présente un jeune homme qui travaille dans un bureau et qui a une petite amie, Marie. Mais rien ne l'intéresse vraiment.

... Le patron m'a fait appeler et sur le moment j'ai été ennuyé parce que j'ai pensé qu'il allait me dire de moins téléphoner et de mieux travailler. Ce n'était pas cela du tout. Il m'a déclaré qu'il allait me parler d'un projet encore très vague. Il voulait seulement avoir mon avis sur la question. Il avait l'intention d'installer un bureau à Paris qui traiterait ses affaires sur place, et directement, avec les grandes compagnies et il voulait savoir si j'étais disposé à y aller. Cela me permettrait de vivre à Paris et aussi de voyager une partie de l'année. « Vous êtes jeune, et il me semble que c'est une vie qui doit vous plaire. » J'ai dit que oui mais que dans le fond cela m'était égal. Il m'a demandé alors si je n'étais pas intéressé par un changement de vie. J'ai répondu qu'on ne changeait jamais de vie, qu'en tous cas toutes se valaient et que la mienne ici ne me déplaisait pas du tout. Il a eu l'air mécontent, m'a dit que je répondais toujours à côté, que je n'avais pas d'ambition et que cela était désastreux dans les affaires. . . .

Le soir, Marie est venue me chercher et m'a demandé si je voulais me marier avec elle. J'ai dit que cela m'était égal et que nous pourrions le faire si elle le voulait. Elle a voulu savoir alors si je l'aimais. J'ai répondu comme je l'avais déjà fait une fois, que cela ne signifiait rien mais que sans doute je ne l'aimais pas. « Pourquoi m'épouser alors? » a-t-elle dit. Je lui ai expliqué que cela n'avait aucune importance et que si elle le désirait, nous pouvions nous marier. D'ailleurs, c'était elle qui le demandait et moi je me contentais de dire oui. Elle a observé alors que le mariage était une chose grave. J'ai répondu: « Non. » Elle s'est tue un moment et elle m'a regardé en silence. . . . Comme je me taisais, n'ayant rien à ajouter, elle m'a pris le bras en souriant et elle a déclaré qu'elle voulait se marier avec moi. J'ai répondu que nous le ferions dès qu'elle le voudrait. Je lui ai alors parlé de la proposition du patron et Marie m'a dit qu'elle aimerait connaître Paris. Je lui ai appris que j'y avais vécu dans un temps et elle m'a demandé comment c'était. Je lui ai dit: « C'est sale. Il y a des pigeons et des cours noires. Les gens ont la peau blanche. »

Albert Camus
L'Etranger
Appleton-Century-Crofts

Explication du texte

le patron: *boss*
mon avis: mon opinion
un bureau: office
être disposé à: être préparé à ou avoir l'intention de
il me semble: je crois
dans le fond: *after all, all things considered*
cela m'est égal: *I don't care* ou *I don't mind*
changer de: **changer de** vie, de vêtements, etc.; mais **changer ses dollars** à la banque: *to exchange*

valoir: *to be worth;* toutes se valaient: *they were all worth the same*
la mienne ici ne me déplaisait pas: j'aime assez ma vie ici
avoir l'air: sembler
répondre à côté: ne pas répondre directement à la question
se marier avec: on dit se marier avec quelqu'un ou épouser quelqu'un
cela n'a pas d'importance: *it doesn't matter*
je me contente de dire: je dis simplement
elle s'est tue: je me taisais: verbe se taire: rester silencieux

Conversation sur le texte

1. Est-ce que ce jeune homme prend son travail au sérieux? Que fait-il pendant les heures de bureau?
2. Est-ce qu'il aime Marie? Veut-il se marier? Quelle phrase revient souvent dans ses réponses?
3. Comment ce jeune homme qui vit dans un pays méditerranéen voit-il Paris? Pourquoi?

Exercices

1. Faites des phrases au discours indirect avec les groupes de mots suivants:

> Il me demande: — Avez-vous froid?
> **Il me demande si j'ai froid.**

1. Je me demande: — Viendra-t-il?
2. Il ne sait pas: — Qu'est-ce que vous dites?
3. Il dit: — J'ai faim.
4. Le passant demande: — Avez-vous du feu?
5. Le professeur déclare: — Il y aura un examen demain.
6. Les élèves répondent: — Nous sommes fatigués.
7. Marie demande: — Comment est Paris?
8. Je réponds: — C'est sale.
9. J'ignore. — Sont-ils arrivés?
10. Il suggère: — Allons au restaurant.

2. Mettez les mêmes phrases au passé. (**Il m'a demandé si j'avais froid.**)

3. Avec le texte « Un jeune homme sans ambition » faites deux dialogues au discours direct:

> un dialogue entre le jeune homme et le patron
> un dialogue entre le jeune homme et Marie

4. Mettez au discours indirect les quatre phrases du texte qui sont au style direct.

5. Ecrivez le dialogue suivant au discours indirect, en commençant vos phrases par:

1. Il demande . . .		Elle répond . . .
Il dit . . .		Elle dit . . .
2. Il a demandé . . .		Elle a répondu . . .
Il a dit . . .		Elle a dit . . .

Lui: — Est-ce que tu as faim?
Elle: — Oui, je meurs de faim.
Lui: — Veux-tu que nous nous arrêtions dans un restaurant?
Elle: — Je veux bien.
Lui: — Qu'est-ce que tu préfères, un bistrot ou un grand restaurant?
Elle: — Cela m'est égal, pourvu que ce soit bon.
Lui: — Aide-moi quand même à choisir.
Elle: — La première chose à faire c'est de compter notre argent.
Lui: — Moi, j'ai à peine 5 francs. Ce n'est pas beaucoup.
Elle: — Moi, je suis plus économe et j'ai 9 francs.
Lui: — Alors on peut tout juste aller au bistrot.

6. Traduisez:

1. *His boss told him to make fewer phone calls and to do more work in the office.*
2. *He asked me if I was prepared to change my life.*
3. *I answered that I didn't dislike mine here.*
4. *He did not seem too happy and said that I was lacking ambition.*
5. *Marie asked her fiance if he loved her. He answered yes.*
6. *She asked him then if he intended to marry her.*
7. *He hastily said that they would get married as soon as she wanted.*
8. *Then she said she wanted to know if they could live in Paris and travel.*
9. *He answered that Paris was dirty, with lots of pigeons and black yards.*
10. *She said she would not mind.*

Composition orale ou écrite

Préparez une conversation au discours indirect entre un monsieur et une dame qui ne sont pas d'accord sur un problème important comme: l'éducation à donner à leurs enfants, le déménagement *(moving)* de la famille dans une autre ville, une nouvelle situation pour le mari ou pour la femme, etc . . .

CHAPITRE 15

L'article

Leçon de grammaire

L'article défini

● FORMES

	masculin	féminin	pluriel
l'article défini	le (l')	la (l')	les
contracté	du au	de la à la	des aux

● EMPLOIS

1. On emploie l'article défini quand en anglais on a *the:*

the men   **les** hommes
the night   **la** nuit
the day   **le** jour

2. On emploie aussi l'article défini quand en anglais on n'a pas d'article, et qu'on veut désigner:

la totalité d'un **groupe:** *men:* **les** hommes, l'humanité
une **espèce:** *insects:* **les** insectes
un **nom abstrait:** *ambition:* l'ambition

voir chapitre 2, p. 15

1. On a l'article défini avec **avoir et une partie du corps.**

> **avoir les** yeux bleus, **les** cheveux blonds
> **avoir** chaud, froid **aux** pieds
> **avoir** mal **à la** tête

Ainsi qu'avec le **verbe pronominal** et **une partie du corps.**

> se laver **les** mains
> se casser **la** jambe

(voir chapitre 17, p. 163)

2. On a **le, la, les** devant un nom de personne précédé de sa profession ou de sa qualité:

> **le** président Nixon, **le** docteur Martin, **la** petite Marie

3. devant un nom géographique:

> **La** France　　　　**La** Seine　　　　　**La** Vallée de la Mort
> **Le** Japon　　　　 **Le** Mont Blanc　　 **Les** Etats- Unis

4. et la date: **le** deux octobre:

> Je travaille **le mardi.**　　　*on Tuesdays*
> mais: Il viendra **mardi.**　　 *on Tuesday*

5. Attention à certaines difficultés:

> 10 sous **la** livre　　　 *10¢ a pound*
> 2 dollars de **l'heure**　 *$2 an hour*
> 70 miles à **l'heure**　　*70 miles an hour*
> 3 fois par jour　　　　 *3 times a day*

L'article indéfini

● FORMES

masculin	féminin	pluriel
un	une	des

● EMPLOI

1. un, une = *a, an, one*

> C'est **un** bon film.
> Il a **une** petite maison.

2. des: en anglais souvent il n'y a rien. Quand les objets peuvent être comptés (1 2 3 4), mais que leur nombre est indéterminé, on a **des:**

> Il a **des** livres intéressants.
> Vous avez **des** enfants?

L'article partitif: du, de la, de l'

● EMPLOI

Il s'emploie devant des noms qui ne peuvent pas être comptés mais qui peuvent être mesurés, fractionnés; ou quand on coupe un morceau de quelque chose, quand on prend une partie de quelque chose:

> Je bois **du** vin.
> Elle prend **de la** tarte.

Il peut toujours être remplacé par **une certaine quantité de quelque chose.** En anglais, il n'est exprimé par aucun mot, ou bien il est traduit par *some +* un nom singulier:

> Il a **de l'**énergie. *He has energy, or he has some energy.*

Voici **une** tarte.

Je mange **de la** tarte.

Pierre a mangé **la** tarte.

Voici **des** tartes.
Chacun mange **une** tarte.

Remarque: Il ne faut pas confondre:
1° **Du** (de + le = *of the*) article défini contracté: Le livre DU professeur et du *(some)* article partitif: Je mange DU pain.
2° **Des** (de + les = *of the*) article défini contracté: Les livres DES élèves et des *(some)* article indéfini, pluriel de **un** ou **une**: Je mange DES pommes.

Transformations de l'article en de

L'article défini, contracté ou non, ne change jamais.

L'article indéfini **un, une, des**, l'article partitif **du, de la, de l'** peuvent dans certains cas subir une transformation et être remplacés par **de**.

1. Cas des **phrases négatives:**

> J'ai **un** stylo.
> Je n'ai pas **de** stylo.   *I have no pen.*
>
> Je veux **du** pain.
> Je ne veux plus **de** pain.   *I do not want any more bread.*
>
> Il mange **des** escargots.
> Il ne mange jamais **d'**escargots.   *He never eats snails.*

Exceptions: On garde l'article complet avec les expressions **ce n'est pas** et **ce ne sont pas**: Ce n'est pas du lait, c'est de la crème. Ce ne sont pas des hommes! et quand **un** signifie **un seul** *(one single one)*. Je n'ai plus un sou!

2. Cas d'une **expression de quantité.**

Cette expression peut être un adverbe:

> Je mange **beaucoup de** pain
>   **trop de**
>   **assez de**
>   **peu de**
>   **un peu de**
>   **tant de**
>   **autant de**
>   **plus de**
>   **moins de**
>   **tellement de**

Elle peut être faite avec un nom:

> J'achète une **bouteille de** vin
>   un **kilo de** pain
>   une **tasse de** lait
>   un **verre d'**eau
>   une **boîte de** bonbons
>   un **litre d'**essence
>   une **douzaine d'**œufs

142

Elle peut être un adjectif:

> plein de
> rempli de
> décoré de
> couvert de
> garni de
> entouré de

Exception: On ne transforme pas l'article après **la plupart des**: La plupart des Français mangent trop.

Remarques: 1° **La plupart des** est toujours employé avec le verbe au pluriel sauf: l'expression **la plupart du temps**.
Pour traduire *most* au singulier, avec un verbe singulier il faut dire **la plus grande partie**; La plus grande partie des Français mange trop.
   2° **Encore du, encore de la, encore des** = *some more.* Voulez-vous du café?
   3° **Bien du, bien des, bien de la** = beaucoup. Il a bien de la chance.

3. Cas de **des** devant un adjectif pluriel précédant le nom.
Règle classique: **des** devient **de** lorsque l'adjectif précède un nom pluriel. On dit:

des pommes rouges	mais	**de belles** pommes
des robes à la mode	mais	**de jolies** robes

Il est recommandé de suivre cette règle dans la langue soignée, écrite ou parlée. Pourtant on entend, on lit, on dit **des belles pommes, des jolies robes** et c'est parfaitement admis et correct. Quand l'adjectif est long et commence par une voyelle, l'emploi de **d'** est obligatoire:

> Il prend d'excellentes photos. (**des** est impossible ici)

Remarque: Il ne faut jamais changer **des** en **de** devant des noms composés: **des grands-parents, des gratte-ciel;** ou devant des noms où l'adjectif perd sa valeur d'adjectif pour faire partie du nom: **des petits pois.**

4. Cas des verbes qui sont suivis de la préposition **de**. Beaucoup de verbes sont construits avec la préposition **de**:

> se servir de
> avoir besoin de
> manquer de
> avoir envie de

Comparons les constructions entre deux verbes de même sens:

employer (avec objet direct)   se servir de (avec de)

Si le nom qui suit a **un article partitif**, l'article partitif disparaît au contact de **de**.

$$
\begin{array}{l}
\text{de + du} \\
\text{de + de la}
\end{array} = \textbf{de}
$$

Pour faire un gâteau, on emploie **du** sucre   on se sert **de** sucre
                                de la farine   **de** farine

Si le nom qui suit a **un article indéfini pluriel (des)**, l'article indéfini pluriel disparaît au contact de **de**

$$\text{de + des} = \textbf{de}$$

on emploie **des** œufs   on se sert **d'**œufs

Si le nom qui suit a **un article indéfini singulier (un, une)**, l'article indéfini singulier se garde

$$\text{de + un} = \textbf{d'un}$$

on emploie **un** mixeur   on se sert **d'un** mixeur

Si le nom a un **article défini le, la, les**, l'article défini se contracte avec **de**:

$$
\begin{array}{l}
\text{de + la} = \textbf{de la} \\
\text{de + les} = \textbf{des} \\
\text{de + le} = \textbf{du}
\end{array}
$$

on emploie **la** recette de grand'mère   on se sert **de la** recette
            les ustensiles habituels   **des** ustensiles
            le four de la cuisinière   **du** four

5. Cas du verbe **aimer**. Aimer, qui exprime un goût général, est suivi de l'article défini:

> J'aime **le** vin, je n'aime pas **le** lait.
> J'aime beaucoup **les** escargots.

Remarque: 1° *Would you like* se dit: **voulez-vous? vous voulez? tu veux?** et se construit avec l'article partitif, défini ou indéfini, selon ce qu'on veut dire: **Voulez-vous du sucre? Tu veux un verre de vin? Vous voulez le journal de ce matin?**

  2° **Préférer** a deux constructions 1. avec l'article défini, comme **aimer**: Je préfère le lait au citron (en général). 2. avec l'article partitif comme **vouloir**: Je préfère du citron.

144

6. Cas de **l'absence d'article.** L'article est absent dans des phrases du type suivant:

Proverbes ou dictons:

Noblesse oblige.
Pierre qui roule n'amasse pas mousse.

Devant un titre, une adresse, une inscription:

Grammaire française   Rue Paradis   Maison à vendre

Dans une énumération, pour la vivacité de l'expression

Vieillards, hommes, femmes, enfants, tous voulaient le voir.

Devant un nom attribut de profession, religion, nationalité:

Il est professeur, catholique, russe.

mais avec **c'est**, il faut l'article: (voir chapitre 19, p. 184)

C'est **un** bon professeur.

Avec certaines prépositions: **en, de:**

en France, **de** Californie

avec, sans, si le nom qui suit est abstrait ou indéterminé:

avec courage   **sans** chapeau

Texte

UN BON REPAS ANGLAIS

(Notice bibliographique p. 9)

Scène I. Intérieur bourgeois anglais, avec des fauteuils anglais. M. Smith, anglais, dans son fauteuil et ses pantoufles anglais, fume sa pipe anglaise et lit un journal anglais, près d'un feu anglais. A côté de lui, dans un autre fauteuil anglais, Mme. Smith, anglaise, raccommode des chaussettes anglaises. Un long moment de silence anglais. La pendule anglaise frappe dix-sept coups anglais.

MME SMITH
Tiens, il est neuf heures. Nous avons mangé de la soupe, du poisson, des pommes de terre au lard, de la salade anglaise. Les enfants ont bu de l'eau anglaise. Nous avons bien mangé, ce soir. C'est parce que nous habitons dans les environs de Londres et que notre nom est Smith.

(M. SMITH, *continuant sa lecture, fait claquer sa langue.*)

MME SMITH
Les pommes de terre sont très bonnes avec le lard, l'huile de la salade n'était pas rance. L'huile de l'épicier du coin est de bien meilleure qualité que l'huile de l'épicier d'en face, elle est même meilleure que l'huile de l'épicier du bas de la côte. Mais je ne veux pas dire que leur huile à eux soit mauvaise.

(M. SMITH, *continuant sa lecture, fait claquer sa langue.*)

MME SMITH

Pourtant, c'est toujours l'huile de l'épicier du coin qui est la meilleure.

(M. SMITH, *continuant sa lecture, fait claquer sa langue.*)

MME SMITH

Mary a bien cuit les pommes de terre, cette fois-ci. La dernière fois, elle ne les avait pas bien fait cuire. Je ne les aime que lorsqu'elles sont bien cuites.

(M. SMITH, *continuant sa lecture, fait claquer sa langue.*)

MME SMITH

Le poisson était frais. Je m'en suis léché les babines. J'en ai pris deux fois. Non, trois fois. Ça me fait aller aux cabinets. Toi aussi tu en as pris trois fois. Cependant la troisième fois, tu en as pris moins que les deux premières fois, tandis que moi, j'en ai pris beaucoup plus. Comment ça se fait? D'habitude, c'est toi qui mange le plus. Ce n'est pas l'appétit qui te manque.

(M. SMITH, *continuant sa lecture, fait claquer sa langue.*)

MME SMITH

Cependant la soupe était peut-être trop salée. Elle avait plus de sel que toi. Ah! Ah! Ah! Elle avait aussi trop de poireaux et pas assez d'oignons. Je regrette de n'avoir pas conseillé à Mary d'y ajouter un peu d'anis étoilé. La prochaine fois, je saurai m'y prendre.

Eugène Ionesco
La cantatrice chauve
Editions Gallimard

Explication du texte

la **cantatrice**: on dit aussi une chanteuse; le mot cantatrice n'a pas de masculin (un chanteur)
une **personne chauve** n'a pas de cheveux
un **Anglais** habite en Angleterre
un **fauteuil**: une chaise très confortable
des **pantoufles**: les chaussures que l'on porte à la maison, quand il fait froid
raccommoder: veut dire réparer un vêtement, *ici*, une **chaussette**: *sock*
la **lecture**: du verbe lire; *the lecture* = **la conférence**
l'**épicier** vend du sucre, du sel, de l'huile etc. Il y a un épicier au coin de la rue où habitent les Smith. Il y en a un autre en face de leur maison, et encore un au bas de la côte près de leur maison.
au coin de: *at the corner*
en face de: *across the street*
au bas de la côte: *at the foot of the slope*
de bonne qualité: c'est le contraire de **de mauvaise qualité**
meilleure: comparatif de **bonne**
cette fois-ci: *this time*
la dernière fois: *last time*

la prochaine fois: *next time*
une fois, deux fois, trois fois,: *once, twice, three times*
les deux premières fois: *the first two times*
une autre fois: *another time*
l'autre fois: *the other time*
cuit: on dit aussi **faire cuire**
se lécher les babines: *to lick one's chops*
aller aux cabinets: *to go to the bathroom*
comment ça se fait: *how is that?*
manquer à: *to miss;* L'appétit ne vous manque pas. *(You don't lack appetite.)* Vous me manquez. *(I miss you.)*
avoir du sel: sens propre: être salé; sens figuré: avoir de l'esprit: *to be witty*
poireaux: *leeks*
anis étoilé: arbuste du Tonkin dont les graines aromatiques servent d'épice
savoir s'y prendre: *to know how to tackle the problem*

Conversation sur le texte

1. Que pensez-vous du menu de ce repas?
2. Est-ce que les remarques de Mme Smith sont intéressantes? Trouvez une remarque qui est vulgaire, une remarque qui veut être drôle.
3. Comment interprétez-vous le jeu de scène de M. Smith?
4. Développez ce thème: « Les gens parlent pour ne rien dire. »
5. Comprenez-vous le titre, « La cantatrice chauve » ?

Exercices

1. Répétez les phrases suivantes avec le verbe suggéré. Employez dans la deuxième phrase l'article indéfini ou partitif:

J'aime **les** pommes.   J'ai acheté **des** pommes.

1. Les oranges sont chères. J'ai acheté _____ oranges.
2. Aimez-vous le sucre? Voulez-vous _____ sucre?
3. Il aime l'argent. Il a besoin _____ argent.
4. Nous aimons les escargots. Nous mangeons _____ escargots.
5. Elle préfère le lait. Prenez-vous _____ lait?

2. Mettez les phrases suivantes à la forme négative. Changez l'article si c'est nécessaire.

1. Elle a des amis.
2. Le renard mange du pain.
3. Il a le temps.
4. Nous buvons de l'eau.
5. Vous lisez le journal.

3. Répétez les phrases avec l'expression de quantité. Changez l'article si c'est nécessaire.

1. Elle a de la chance.
   Elle a beaucoup _____
2. Mary avait mis des poireaux dans la soupe.
   Mary avait mis trop _____
3. Nous aimons les escargots.
   Nous aimons beaucoup _____
4. Sa plaisanterie a du sel.
   Sa plaisanterie a plus _____
5. Je vais ajouter de l'eau.
   Je vais ajouter un peu _____

4. Mettez l'article qui convient.

1. En France _____ filles et _____ garcons vont à _____ écoles différentes.
2. _____ enfants ne vont pas à l'école _____ mercredi.
3. _____ chats sont _____ animaux familiers.
4. Aimez-vous _____ épinards?
5. Croyez-vous qu'il a fumé _____ marijeanne *(f.)*?
6. Il ne mange jamais _____ pain, il préfère _____ biscottes.
7. Il n'a plus _____ ami. (un seul)
8. Je ne savais pas qu'elle aurait tant _____ peine.
9. Le président est mort. On lui a fait _____ grandioses funérailles.
10. Oui, c'étaient même _____ funérailles nationales.
11. La plupart _____ chats chassent _____ oiseaux.
12. L'arbre de Noël est décoré _____ boules de couleurs et _____ lumières.
13. Elle se sert _____ stylo que je lui ai acheté.
14. J'aime beaucoup _____ lait.
15. Vous manquez _____ patience.
16. Elle avait _____ cheveux blonds et _____ grande bouche.
17. Le loup se lèche _____ babines.
18. J'ai vu _____ belles pommes ce matin au marché.
19. Voulez-vous _____ sucre dans votre café?
20. Le village est rempli _____ oiseaux.
21. Vous avez bien _____ chance.
22. Je ne veux pas _____ pain.
23. Il a _____ autres choses à faire.
24. Voulez-vous encore _____ café?
25. Avez-vous besoin _____ argent que je vous ai prêté l'autre jour?

2. Traduisez:

1. *What will you have: tea, coffee, a glass of milk?*
2. *The French people used to call General de Gaulle « big Charles ».*
3. *He went out without a raincoat.*
4. *But he never wears a hat.*
5. *She likes only black cats.*
6. *You need a good lesson.*

7. *Mont-Blanc is the highest mountain in Europe.*
8. *Most Americans drink coffee five times a day.*
9. *On Sundays, she visits many of her friends.* (aller voir)
10. *I saw beautiful apples at ten cents a pound.*
11. *I don't want any more meat.*
12. *She broke her leg* (en) *skiing.*
13. *When I have cold feet, I put on my socks.*
14. *On Tuesday, I will buy a bottle of oil at the grocer's.*
15. *Their fish is of much better quality.*
16. *She uses rancid oil to cook the fish.*
17. *His story is witty.*
18. *How is that?*
19. *I need a pound of potatoes.*
20. *Next time, don't put so much salt in the soup.*

Composition orale ou écrite

1. Vous êtes allé au marché; racontez ce que vous y avez vu et acheté.
2. Racontez votre dernier grand repas et décrivez chaque plat.

CHAPITRE 16

Les pronoms personnels

Leçon de grammaire

Remarques préliminaires:

1. Le pronom personnel remplace un nom:

> Je vois **le professeur.**   Je **le** vois.

2. Pour employer le pronom personnel correct, il faut identifier la fonction du nom remplacé:

> **Sujet:**   Pierre travaille.   **Il** travaille.
> **Objet direct:**   Nous regardons **le film.**   Nous **le** regardons.
> **Objet indirect:** Nous parlons à **l'étudiant.**   Nous **lui** parlons.
> **Objet de préposition:**
>   de: Nous nous servons de **ce livre.**   Nous nous **en** servons.
>   chez, avec, pour:
>   Elle habite chez **ses parents.**   Elle habite chez **eux.**

3. Le nom que le pronom personnel remplace peut représenter une **personne** ou une **chose**

● FORMES

sujet	objet direct	objet indirect	objet de préposition pronoms disjoints ou toniques
je	me, m'	me, m'	moi
tu	te, t'	te, t'	toi
il	le, l'	lui	lui
elle	la, l'	lui	elle
nous	nous	nous	nous
vous	vous	vous	vous
ils	les	leur	eux
elles	les	leur	elles
	Objet de de en y		

1. Le pronom **sujet** est: je, tu, il, elle, nous, vous, ils, elles.

2. Le pronom **objet direct** est: me (m'), te (t'), le (l'), la (l'), nous, vous, les, les:

Je vois **le tableau**.	Je **le** vois.
Il chante **la chanson**.	Il **la** chante.
Elle apprend **ses leçons**.	Elle **les** apprend.
Tu as **ton livre**.	Tu **l'**as.

Remarque: 1° *Here he is* se dit **Le voici**. *There they are* se dit **Les voilà**.

2° Attention aux verbes qui ont une construction différente en anglais et en français. Les verbes suivants ont en français une construction directe: *to look at* **regarder**; *to look for* **chercher**; *to listen to* **écouter**; *to wait for* **attendre**; *to ask for* **demander**.

3. Le **pronom indirect** (préposition **à**) est: me (m'), te (t'), lui, nous, vous, leur:

Georges explique la leçon à **Monique**.
Georges **lui** explique la leçon.
Il obéit à **ses parents**.
Il **leur** obéit.

4. Pour l'**objet de la préposition de**, on utilise **en** avant le verbe:

Il parle **de son ami**.	Il **en** parle.
Je mange **du pain**.	J'**en** mange.

Pour l'objet des prépositions autres que **de** ou **à**, on utilise les pronoms **moi, toi, lui, elle, nous, vous, eux, elles** après le verbe. Ce sont les pronoms **disjoints**:

Il habite **chez ses parents**.	Il habite chez **eux**.
Elle vit **avec sa mère**.	Elle vit avec **elle**.

Cas particuliers et problèmes

---

1. Avec la préposition **à**: Attention aux verbes français qui ont un objet direct pour la chose et un objet indirect pour la personne: **donner une chose à une personne**:

Je donne **le livre à Marie**. Je **le lui** donne. *I give it to her.*

Autres verbes qui ont la même construction: **prêter** *to lend*; **prendre** *to take*; **emprunter** *to borrow*; **vendre** *to sell*; **demander** *to ask*; **dire** *to tell*; **envoyer** *to send*.

Certains verbes, cependant, ont une construction différente. Ils gardent la préposition **à** après le verbe et sont suivis du pronom personnel disjoint: **à moi; à toi; à lui; à elle;** etc. Il faut deux conditions pour avoir cette construction: il faut que le pronom qui suit remplace une personne et il faut avoir un des verbes suivants:

penser à	songer à
rêver à	tenir à *(to value)*
être à *(to belong to)*	courir à (= vers)
être habitué à	s'intéresser à*
s'adresser à*	

*en général, tous les verbes pronominaux suivis de **à**

Remarque: Si le mot qui suit représente une chose, on emploie le pronom adverbial: **y,** placé avant le verbe: **Je pense à mon travail: J'y pense. Il s'est habitué à cette vie: Il s'y est habitué.**

Quand **à** indique un lieu (place, location), il faut utiliser le pronom **y:**

Il va à l'école: il **y** va.

2. Avec la préposition **de.** Si un nom est précédé de l'article partitif **du, de la, de l',** de l'article indéfini **des,** ou simplement de la préposition **de,** il est remplacé par le pronom adverbial **en:**

d	u	Je veux **du** sucre.
		J'**en** veux.
de	la	Il demande **de la** salade.
		Il **en** demande.
de	l'	Il boit **de l'**eau.
		Il **en** boit.
d	es	Elle achète **des** pommes.
		Elle **en** achète.
d	e	Je me sers **de ce** livre.
		Je m'**en** sers.

Pour les noms de personne on a le choix entre deux constructions: **de** + pronom personnel disjoint; ou **en:**

Je me souviens **de Marie.**
Je me souviens **d'elle.** ou Je m'**en** souviens.
Il a besoin **de ses parents.**
Il a besoin **d'eux.** ou Il **en** a besoin.

Remarque: *Here is some* se dit: **En voici. En voilà.**

Si on a une expression de quantité comme **beaucoup de, peu de** (voir la liste chapitre 15, p. 142), on emploie **en** et on répète le nom, l'adverbe ou l'adjectif de quantité après le verbe:

J'ai **beaucoup d'amis.**
J'**en** ai beaucoup.
Il a une bouteille **de vin.**
Il **en** a une bouteille.

Cette règle s'applique aussi à **un, deux, trois**, etc., **plusieurs, quelques-uns**:

> J'ai **un stylo**. J'**en** ai **un**.
> Ils ont **six enfants**. Ils **en** ont **six**.
> Elle a eu **plusieurs accidents**: Elle **en** a eu **plusieurs**.

3. Autres emplois du **pronom disjoint** ou **tonique**. Il sert à insister sur un pronom, **sujet**, **objet direct** ou **indirect** déjà exprimé, de manière emphatique:

> **Moi**, je ris; **lui**, il pleure!
> Personne ne m'aime, **moi**!

dans les expressions:

> C'est **moi** qui parle.
> C'est **lui** que vous aimez.

dans une réponse elliptique:

> Qui parle français ici? — **Moi**. (pas   )
> Qui aimez-vous? — **Lui**.

avec **ni . . . ni**:

> Ni **lui** ni **elle** ne sont venus.

dans une comparaison:

> Il parle plus fort que **moi**.

Place des pronoms personnels

1. Si une phrase comme: **Il me parle.** est mise à la forme interrogative, elle devient: **Me parle-t-il?** Seul le sujet change de place.

2. Si un verbe est suivi d'un infinitif, le pronom objet de l'infinitif se place immédiatement avant l'infinitif:

> Je **veux acheter** ces livres.
> Je **veux les acheter.**

sauf si le premier verbe est: **laisser, faire, regarder, écouter** (verbe qui indique une perception par un des sens).

> Je **le fais chanter.**
> Il **la regarde dormir.**

(Voir leçon 22 p. 207)

Ordre des pronoms personnels

1. Voici l'ordre habituel des pronoms personnels:

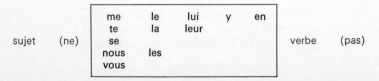

| sujet | (ne) | me te se nous vous | le la les | lui leur | y | en | verbe | (pas) |

Cela s'appelle the *donkey's rule* (à cause de **y-en**).

Il **me le** dit.	Il **le lui** donne.
Il **nous les** enverra.	Il **la leur** envoie.
Il **vous en** donne.	Il **s'en** occupe.
Il **nous y** envoie.	

8. Ordre des pronoms à l'impératif (il n'y a pas de sujet):

verbe	le la les	lui leur	moi toi nous vous	m'en t'en en

Dites-**le**-**lui**.	Donnez-**m'en**.
Envoyez-**la**-**nous**.	Occupez-**vous**-**en**.
Racontez-**la**-**moi**.	

Remarque: Pour l'**impératif négatif**, il faut suivre l'ordre habituel des pronoms et supprimer le pronom sujet: **Ne lui en donnez pas.**

Texte

LA PETITE FILLE AU PATIN A ROULETTES

J. M. Le Clézio (1931—) est un des écrivains français du « Nouveau Roman » qui a le plus de succès. Ses romans sont étranges, un peu déconcertants, car ils semblent inachevés. Son physique de jeune premier de cinéma est célèbre. Dans la nouvelle *Il me semble que le bateau se dirige vers l'île . . .* le héros est assis sur un banc. Il attend l'heure d'un rendez-vous.

J'ai vu une petite fille qui s'efforçait à faire du patin à roulettes avec un seul patin. Elle prenait son élan, puis elle s'élançait en avant, les deux bras levés en l'air, et elle glissait sur un seul pied. Mais elle perdait tout de suite l'équilibre, et, à chaque fois, manquait de tomber . . . ; à un moment, elle passa tout près du banc, et s'y accrocha pour s'arrêter. Je l'ai regardée et je lui ai dit: « Vous n'avez pas peur de tomber? »

Mais elle ne m'a pas répondu. Une minute plus tard, comme elle revenait près du banc, je lui ai reposé la même question. Elle m'a dit: « Il faudrait que j'aie deux patins, là, je ne tomberais pas. »

Je lui ai demandé pourquoi elle n'avait pas les deux patins. Elle a réfléchi un instant, puis elle a répondu: « C'est Ivan. Mon petit frère. C'est lui qui a l'autre patin. Vous comprenez, les patins sont à lui, alors il ne m'en prête qu'un à la fois. »

Elle a fait un ou deux aller-retour, comme ça à cloche-pied, en évitant les passants, puis elle est revenue près du banc. « Et encore. S'il me prêtait le patin droit, ça serait facile. Mais il ne me prête que le patin gauche, alors. . . . »

... Moi j'ai dit que c'était bête qu'on ne puisse pas mettre le patin gauche au pied droit, et que ça devait être bien difficile de se tenir comme ça sur la jambe, sauf, bien entendu, pour les gauchers. Elle m'a regardé d'un air un peu apitoyé et elle m'a expliqué: « Les gauchers, c'est pour les mains, voyons, pas pour les pieds, c'est connu. »

J'ai eu beau essayer de lui expliquer qu'il y avait des gens qui étaient gauchers des pieds comme des mains, elle n'a pas voulu me croire. Elle m'a dit que c'était idiot, complètement idiot. Alors je me suis seulement contenté de répéter que ça devait être tout de même bien compliqué de faire du patin à roulettes sur le pied gauche. Elle m'a crié: « Question d'habitude. » Et elle a recommencé à courir.

J. M. Le Clézio
Il me semble que le bateau se dirige vers l'île . . . .
Gallimard

Explication du texte

s'efforcer à: employer toute sa force pour faire une chose; la construction avec **à** est un peu vieillie; on dit plus couramment: **s'efforcer de**
un **patin à roulettes:** *roller skate*
prendre son élan: se préparer pour s'élancer
s'élancer: *to take off*
glisser: *to slide*
l'**équilibre:** *balance*
elle a fait un ou deux aller-retour: *she went and came back once or twice*
manquer de tomber: presque tomber
s'accrocher à quelque chose: *to catch on to something*
là: alors, dans ce cas
prêter: donner seulement pour un moment
à cloche-pied: *hopping*
éviter: *to avoid*
un **passant:** une personne qui passe
c'est bête que: *it's too bad that* + subjonctif
un **gaucher:** une personne qui écrit avec la main gauche
apitoyé: plein de pitié
j'ai eu beau essayer de lui expliquer ... elle n'a pas voulu me croire: j'ai essayé de lui expliquer, mais elle n'a pas voulu me croire. **avoir** + **beau** + infinitif (**beau** ne change pas)
idiot: stupide
se contenter de répéter: seulement répéter
question d'habitude: *matter of habit*

Conversation sur le texte

1. Y a-t-il vraiment des gauchers des pieds?
2. La petite fille a une attitude très supérieure en face de cet homme. Quels détails indiquent sa désinvolture?

3. Imaginez les réponses et l'attitude d'un enfant qui veut plaire à un adulte.
4. Y a-t-il une différence d'attitude entre les enfants français et les enfants américains tels que la tradition les présente?

Exercices

1. Remplacez les noms entre parenthèses par un pronom personnel:
   1. Je regarde (la petite fille).
   2. J'ai regardé (la petite fille).
   3. Il écoute (les nouvelles) à la radio.
   4. Je cherche (mon stylo).
   5. Elle a perdu (l'équilibre).
   6. Elle est passée près (du monsieur).
   7. Elle s'est accrochée (au banc).
   8. J'ai dit (à la petite fille).
   9. Je pose (la question) à la petite fille.
   10. Je pose la question (à la petite fille).
   11. Je pose (la question à la petite fille).
   12. Les patins sont (à mon frère).
   13. Il me prête (un patin).
   14. Elle évite (les passants).
   15. Elle met (le patin gauche) au pied droit.
   16. Elle met le patin gauche (au pied droit).
   17. J'ai essayé d'expliquer (à la petite fille).
   18. Elle n'a pas voulu croire (le monsieur).
   19. C'est compliqué de faire (du patin).

2. Faites les substitutions suggérées:
   1. Je l'ai regardée. *(you — them — him)*
   2. Je lui ai dit. *(you — him — them)*
   3. Elle m'a dit. *(us — you — her)*
   4. C'est lui qui a. *(I — she — we — you)*
   5. S'il me prêtait le patin gauche. *(her — you — us)*
   6. Elle m'a expliqué. *(you — him — them)*
   7. J'ai essayé de lui expliquer. *(you — her — them)*
   8. Elle n'a pas voulu me croire. *(you — them — him)*

3. Employez **en** ou un pronom disjoint avèc **de**:
   1. J'ai beaucoup d'argent.
   2. Avez-vous besoin du téléphone?
   3. Il s'est approché du monsieur.
   4. Il a acheté une bouteille de vin.
   5. Il n'a pas besoin de ses parents.
   6. Il manque d'argent.
   7. Elle souffre de votre silence.

4. Employez **y** ou un pronom disjoint avec **à**:

    1. Je pense à Pierre.
    2. Je pense à mon travail.
    3. L'enfant tient à ses jouets.
    4. Une mère tient à ses enfants.
    5. Je ne me fie pas à cette personne.
    6. Songez-vous à vos vacances?
    7. Il ne s'intéresse pas aux mathématiques.
    8. Elle s'est habituée à sa nouvelle vie.
    9. Je ne peux pas m'habituer à ce professeur.
   10. Adressez-vous à la secrétaire.

5. Mettez les phrases suivantes a) à l'impératif positif, b) à l'impératif négatif:

    1. Tu la lui racontes.
    2. Vous vous en occupez.
    3. Vous nous les envoyez.
    4. Tu m'en donnes.

6. Traduisez:

    1. *Here she is.*
    2. *I have waited for you.*
    3. *These skates belong to me.*
    4. *Here are some.*
    5. *I am French and he is American.*
    6. *He did not write to me.*
    7. *She sent her some.*
    8. *He lends me one.*
    9. *Who told you to come? I did.*
   10. *Give it to her.*
   11. *She listens to it.*
   12. *Do not give it to them.*
   13. *He lives with them.*
   14. *I think of you.*
   15. *He thinks of it.*
   16. *I have one.*
   17. *I am the one who talks.*
   18. *I want to buy them.*
   19. *She lost her balance.*
   20. *Aren't you afraid to fall?*
   21. *I asked her a question.*
   22. *She avoids the passers-by.*
   23. *She was hopping along* (aller . . .).
   24. *It's stupid that one can't do it.*
   25. *It is difficult for left-handed people.*
   26. *This is stupid, utterly stupid.*
   27. *Matter of habit.*

Composition orale ou écrite

Racontez vos premiers essais d'un sport difficile: votre première leçon sur des skis, ou des patins à glace, ou à bicyclette.

CHAPITRE 17

Le possessif

Leçon de grammaire

L'adjectif possessif

● FORMES

Le possesseur	L'objet possédé		
	masculin	féminin	pluriel
je	mon	ma	mes
tu	ton	ta	tes
il, elle, on	son	sa	ses
nous	notre	notre	nos
vous	votre	votre	vos
ils, elles	leur	leur	leurs

● EMPLOIS

1. L'adjectif possessif a une forme déterminée par la personne du possesseur.

je: **mon**   nous: **notre**
tu: **ton**   ils: **leurs**

Il **s'accorde** en **genre** et en **nombre avec le nom qui suit**, c'est-à-dire la chose possédée:

mon chapeau
ta serviette
ses souliers
notre père
vos parents

Attention: **son** père = *his father* et *her father*
sa mère = *his mother* et *her mother*

2. **Mon, ton, son** s'emploient au lieu de **ma, ta, sa,** devant un nom féminin commençant par une voyelle ou par un h muet:

> **mon** amie   **mon** histoire
> mais: **ma** hache (h aspiré)

3. On répète généralement l'adjectif possessif devant chaque nom:

> **mon** père et **mon** frère

Exception: Parfois, dans la langue administrative on ne le répète pas: **Inscrivez vos noms et adresse.**

4. Lorsqu'il peut y avoir confusion sur le possesseur (à la troisième personne surtout), on peut préciser de deux façons:

On emploie, après le nom, **à** et le pronom personnel disjoint:

> Elle serait heureuse de le revoir avant **sa mort.**
> Sa mort **à lui** ou sa mort **à elle?**

On emploie l'adjectif **propre** devant le nom:

> Ils leur ont donné leurs **propres** richesses.

5. On n'emploie pas le possessif dans une phrase avec **dont.**

> Voilà une jeune fille dont je connais **la** mère.

6. Le possessif après **chacun,** à la 3ème personne. On dira aussi bien:

> Elles sont chacune dans **leur** chambre.
> ou: Elles sont chacune dans **sa** chambre.

7. Accord de l'adjectif possessif **leur, leurs.** On a le **singulier** lorsqu'on est sûr qu'il y a **un seul objet** possédé par individu:

> Ils sont entrés, enlevant **leur** chapeau.
> Tous les hommes fumaient **leur** pipe.

(Chacun a un chapeau, une pipe. En anglais *their hats, their pipes.*)

> Ils gagnent **leur** vie.
> Ils préparent **leur** avenir.

(Chacun a une vie, un avenir.)

Attention: Le **pronom leur** est toujours invariable: **Nous leur avons envoyé des fleurs.**

8. Le possessif avec un nom de chose est le même qu'avec un nom de personne. *Its, their* se traduisent par **son, sa, ses, leur, leurs:**

> Cette montagne, quelle est **sa** hauteur?
> Je vais à Paris; j'aime **ses** vieilles maisons.
> Ces fleurs sont belles, **leur** parfum m'enchante.

Emploi de l'article à la place du possessif pour les parties du corps

1. On emploie l'article défini à la place du possessif, si l'action est faite par le possesseur sur une partie de son propre corps, parce qu'il n'y a **aucun doute sur le possesseur**:

> Elle a baissé **la** tête.
> Levez **la** main.
> Ouvrez **la** bouche.

Remarque: Cette règle n'a rien d'absolu. On a parfois le possessif. Si le nom est déterminé par un adjectif (autre que **droit** ou **gauche**) on garde le possessif: **Elle a baissé ses grands yeux;** mais **Levez la main droite.**

2. Lorsque l'action est faite par une autre personne que le possesseur, on a l'article défini à la place du possessif, et on ajoute un pronom personnel objet indirect devant le verbe:

> Le coiffeur **lui** a coupé **les** cheveux.

Mais si le nom est déterminé par un adjectif (autre que **droit** ou **gauche**) on a le possessif et on garde le pronom personnel objet indirect:

> Le coiffeur **lui** a coupé **ses** longs cheveux.
> Le docteur **lui** a bandé **la** main droite.

3. Dans le cas — très fréquent — d'un complément descriptif sans préposition, juxtaposé au sujet ou au verbe, on a l'article défini:

> Il est entré, **le** chapeau sur **la** tête et **les** mains dans **les** poches.

Comparez avec l'exemple suivant (ce n'est pas un complément descriptif):

> Il a mis **son** chapeau sur **sa** tête.

4. Enfin apprenez par cœur des expressions toutes faites:

> donner la main
> perdre la tête
> perdre la vie
> perdre l'esprit
> perdre la vue
> perdre la voix
> perdre la mémoire
> trouver la mort
> se casser la jambe
> porter la culotte
> se laver les mains
> traîner la jambe
> tirer la langue

Le pronom possessif

pronom sujet	adjectif	pronom
je	mon ma mes	le mien la mienne les miens, les miennes
tu	ton ta tes	le tien la tienne les tiens, les tiennes
il ou elle	son sa ses	le sien la sienne les siens, les siennes
nous	notre (m.) notre (f.) nos	le nôtre la nôtre les nôtres
vous	votre (m.) votre (f.) vos	le vôtre la vôtre les vôtres
ils ou elles	leur (m.) leur (f.) leurs	le leur la leur les leurs

● EMPLOIS

1. Comme pour l'adjectif possessif, le pronom possessif *his* peut être **le sien** ou **la sienne**, et *hers* **le sien, la sienne** selon que l'objet possédé est masculin ou féminin:

> Ma mère et **la sienne** *(his or hers)* sont amies.
> Votre père et **le sien** *(his or hers)* travaillent ensemble.

2. Le de **le mien** et les de **les miens** se contractent avec la préposition **de** et la préposition **à**:

> Il parle de son livre et moi **du mien**.
> Je pense à mes parents et **aux siens**.

3. Remarquez l'accent circonflexe sur le **o** de **le nôtre** et **le vôtre** qui change la prononciation: **notre** [ɔ], **le nôtre** [o].

4. Traduction de *It is mine.*

Si on répond à la question: *Whose book is it?* **A qui est ce livre?** Il faut dire: **Il est à moi.** (préposition **à** + pronom disjoint). Dans ce cas, une personne identifie un objet qui lui appartient. Si on répond à la question *Is this book yours?* **Est-ce votre livre?** et si on veut opposer *It is mine* à *it is not yours*, il faut dire: **C'est le mien.** Dans ce cas, il y a deux objets, presque identiques, et le possesseur identifie l'un d'eux.

5. Traduction de *a friend of mine.* On dira: **un de mes amis** ou **un ami à moi.** Dans tous les autres cas, *mine* se traduit par **le mien.**

6. Sens spécial de **les miens les siens, les vôtres,** etc. (au masculin): **ma famille,** ceux qui me sont chers.

7. Traduction de *my book and Marie's:* **mon livre et celui de Marie** (voir chapitre 19 p. 183)

Texte

BON ANNIVERSAIRE

Claude Duparc (1901–   ) est journaliste et écrit des romans de caractère populaire. Les personnages de ses romans sont typiquement parisiens. Dans ce passage, Charles, le père, fait semblant d'avoir oublié son anniversaire, que ses enfants (Jimmy, Flo, Martine), et sa femme Paulette, lui souhaitent un dimanche matin.

— Bon anniversaire, papa, bon anniversaire!

— Anniversaire? Quel anniversaire? Mon anniversaire à moi? Ça alors, je n'y songeais même pas! . . .

Assailli par ses enfants, Charles recevait et rendait de bons baisers sonores. Décidément, pour une surprise, c'était une surprise. Les bons enfants, comme ils étaient gentils d'avoir pensé à l'anniversaire de leur papa, qui, lui, avait complètement oublié.

Déjà Jimmy présentait à son père un petit paquet de papier blanc, attaché avec une ficelle rouge.

— Voilà mon cadeau, dit-il, j'espère qu'il te plaira.

— Et voilà le mien, s'écria Flo, tendant une boîte oblongue en carton.

— Toi aussi, ma chérie, mais c'est de la folie.

— Et moi, je ne t'ai pas oublié non plus, dit Martine, offrant à son père une pochette fermée par un élastique.

— Je crois que je vais me fâcher maintenant, dit Charles. C'est trop, c'est trop!

— Non, ce n'est pas trop, dit Paulette, car il reste mon cadeau à moi. C'était, cette fois, un grand paquet qu'elle posa sur le lit.

— Je ne suis pas content, non, je ne suis pas content du tout, affirmait Charles. Vous avez dû vous ruiner pour moi, c'est ridicule.

Mais pendant qu'il parlait ainsi, son regard amusé allait de l'un à l'autre, et de ses mains, il caressait les quatre paquets posés sur ses genoux.

. . . Et il se mit à défaire lentement la ficelle qui entourait le carton du cadeau de Flo. Enfin, il ouvrit la boîte, déplia le papier de soie blanc qui enveloppait l'objet choisi par sa petite fille et découvrit un . . . gros crayon de métal à trois mines.

— Il te plaît? demanda Flo, ravie.

— Il est magnifique.

. . . Le paquet de Jimmy, venant après celui de Flo, avait un avantage: il était petit, aussi est-ce sans appréhension que Charles se mit à le débarrasser de son papier.

— Formidable, s'écria-t-il, un fume-cigarette! Justement je rêvais d'un fume-cigarette.

— Et maintenant, c'est mon tour, dit Martine. Mon paquet est facile à ouvrir, il suffit de tirer sur l'élastique.

D'une pochette cartonnée, Charles tira une superbe cravate jaune canari. « Oh! Elle est belle. » dit-il avec une conviction profonde. . . .

— Ah! C'est agréable de fêter son anniversaire, enchaîna-t-il. . . .

La pièce était jouée. Et comme on s'était attardé à congratuler le chef de famille, il fallait maintenant se dépêcher de s'habiller. Les enfants coururent procéder à leur toilette. . . . Il se leva, et allait glisser dans sa veste son portefeuille lorsque Paulette l'arrêta en s'écriant:

— A propos. . . . Je n'ai plus d'argent!

— Comment, tu n'as plus d'argent? Ne t'ai-je pas donné hier matin l'argent de la semaine?

Paulette le regarda avec un air si ébahi et si désarmant qu'il s'exclama en se frappant le front:

— C'est vrai, où ai-je donc la tête, j'avais oublié mes cadeaux. Excuse-moi, ma chérie.

Et, comme, au fond, cela faisait partie de la règle du jeu, il sortit de son portefeuille les billets de banque qu'il avait déjà préparés.

Claude Duparc
les Beaux Dimanches
Librairie Hachette

Explication du texte

anniversaire: mot masculin; en français, il désigne le jour de l'année où on est né.

ça alors: exclamation de surprise; *Well!*

décidément: *ici,* vraiment; *Honestly! Really!*

présenter une chose à une personne: montrer, mettre sous les yeux

la ficelle: *string*

C'est de la folie: *it is extravagant;* **faire des folies:** *to spend money like water, to be extravagant;* **extravagant:** extraordinaire et déraisonnable.

Il te (me, nous, lui) plaît: plus courant que le verbe **aimer** quand il s'agit d'un objet.

une pochette: un petit paquet

toi aussi, moi non plus: non plus est la négation de **aussi**

se fâcher: s'irriter

vous avez dû: *you must have*

un cadeau: un présent

défaire: le contraire de **faire**

plier: *to fold;* **déplier:** le contraire de **plier**

la mine du crayon: *the lead of the pencil*

166

celui de Flo: *Jimmy's package and Flo's* (**celui de, celle de,** voir chapitre 19 p. 183)

un fume-cigarette: un objet qui se met dans la bouche et dans lequel on place la cigarette (généralement pour filtrer la nicotine).

s'attarder à: prendre beaucoup de temps à

congratuler: on dit aussi **féliciter**

se dépêcher de: aller vite, se hâter

s'habiller: mettre ses vêtements

procéder à sa toilette: langue élégante écrite pour **faire sa toilette: se laver**

à propos: *by the way*

ébahi: très surpris

où ai-je donc la tête: *How absent minded can I be.*

le **front:** *forehead*

au fond: *after all*

Conversation sur le texte

1. Avec quel argent les enfants et la mère ont-ils acheté leurs cadeaux?
2. Quels sont les détails qui montrent que le père joue la comédie?
3. Charles aime-t-il vraiment ses cadeaux?
4. Que pensez-vous des cadeaux « achetés »? Y a-t-il d'autres façons de montrer qu'on aime quelqu'un?
5. Discutez le problème des fêtes commercialisées: Noël, fête des pères, fête des mères.

Exercices

1. Mettez un adjectif possessif à la place de l'article

    1. Marie a appris la leçon.
    2. Pierre est fâché avec la mère.
    3. Les enfants apportent les cadeaux au papa.
    4. Il met un sac sur l'épaule.
    5. Tu as oublié l'anniversaire.
    6. L'oreille me fait mal.
    7. Le père sort le portefeuille de la veste.
    8. Nous allons faire la toilette.
    9. Ils ont oublié les crayons.
    10. Flo a dépensé tout l'argent.
    11. Les petites filles habillent les poupées.
    12. Je ne conduirai pas l'auto.
    13. Elle est contente de la journée.

2. Renforcez le possessif, sur le modèle: mon cadeau à moi.

    1. C'est le tour de Flo; c'est _____ tour _____.
    2. Le père est fier de _____ enfants _____.
    3. Les robes des jeunes filles: leurs robes _____.
    4. Nous dormons dans _____ chambre _____.
    5. Occupez-vous de _____ affaires _____.
    6. Les enfants apportent _____ cadeaux _____.
    7. Je préfère _____ appartement _____.
    8. As-tu pris _____ affaires _____?

3. Mettez le possessif ou l'article:

    1. En classe, il n'ouvre pas _____ bouche.
    2. Elle s'est blessée à _____ main droite.
    3. Sa mère lui a fait couper _____ cheveux.
    4. Vous avez _____ cou trop court.
    5. Les enfants se lavent _____ mains.
    6. Il n'a pas mis _____ manteau aujourd'hui.
    7. Où ai-je donc _____ tête?
    8. . . . dit-il en se frappant _____ front.
    9. A table, il garde toujours _____ chapeau sur _____ tête.
   10. Il marchait, _____ mains dans _____ poches.

4. Mettez la forme correcte du pronom possessif pour les mots entre parenthèses:

    1. Ma mère et (votre mère) sont amies.
    2. Il a perdu son livre et (mon livre).
    3. Mes enfants et (tes enfants) peuvent jouer ensemble.
    4. Mes parents et (leurs parents) ont fait un voyage ensemble.
    5. Je parle de mon père et non (de son père).
    6. Pensez à vos enfants et aussi (à mes enfants).
    7. Notre professeur et (votre professeur) sont excellents.
    8. Il a besoin de sa règle et (de ta règle).

5. Traduisez:

    1. *He took my book and his sister's.*
    2. *Have you seen my present?*
    3. *This is mine, not yours.*
    4. *Whose pencil is this?*
    5. *He broke his left leg; but his right leg is all right.*
    6. *Raise your hand if you want to speak.*
    7. *One of my friends is losing his memory.*
    8. *She met her death in a terrible accident.*
    9. *They are preparing for their futures.*
   10. *You have lost your heads.*
   11. *Here is my present; do you like it?*
   12. *You have been very extravagant!*
   13. *He took his wallet out of his pocket.*
   14. *The children hate to wash their hands.*

Composition orale ou écrite

Racontez un de vos anniversaires mémorables ou une fête d'anniversaire à laquelle vous avez assisté. Employez beaucoup de possessifs.

CHAPITRE 18

Les pronoms relatifs

Leçon de grammaire

Définitions et règles préliminaires:

1. Un pronom relatif est un mot qui sert à relier deux phrases simples pour en faire une phrase plus longue, en évitant de répéter un nom:

      A. Donnez-moi le livre. Le livre est sur la table.
      B. Donnez-moi le **livre** qui est sur la table.

2. Le mot **livre** de B s'appelle l'**antécédent**.

3. Les principaux pronoms relatifs sont: **qui, que, dont, lequel.**

4. Le pronom relatif doit être situé le plus près possible de son antécédent.

5. En français, le pronom relatif est **toujours exprimé** (il ne disparaît pas comme en anglais: *the book (that) I bought.*

6. Il est indispensable de reconnaître avec exactitude la **fonction** du nom qui disparaît: Le pronom relatif qui le remplace a la même fonction. Ce nom peut être: **sujet, objet direct, objet de DE, objet d'une autre préposition.**

Pronoms relatifs

	pour les personnes	pour les choses
sujet	qui	qui
objet direct	que	que
objet de **de**	dont	dont
objet d'une autre préposition	avec **qui** ou avec **lequel, laquelle, lesquels, lesquelles**	avec **lequel, laquelle** avec **lesquels, lesquelles**

Explications et exemples

1. Qui: anglais *who, which, that*

> Regardez le garçon. **Le garçon** passe. (personne)
> Regardez le garçon **qui** passe.
>
> Donnez-moi le livre. **Le livre** est sur la table. (chose)
> Donnez-moi le livre **qui** est sur la table.

2. Que: anglais *whom, which, that*

> Comment s'appelle le garçon? Je vois **le garçon.** (personne)
> Comment s'appelle le garçon **que** je vois?
>
> Regardez le livre. J'ai acheté **le livre.** (chose)
> Regardez le livre **que** j'ai acheté.

Remarque: Il faut faire attention avec **que** aux accords du participe passé: **Regardez la robe que j'ai achetée.**

3. Dont: *whose, of whom, of which,* remplace **de + un nom** dans presque tous les cas. Il est invariable, simple, et sert pour les personnes et pour les choses.

> Voici le garçon. Le père **de ce garçon** est médecin.
> Voici le garçon **dont** le père est médecin.
>
> Voici le garçon. Je vous ai parlé **de ce garçon.**
> Voici le garçon **dont** je vous ai parlé.
>
> Voici un travail. Vous pouvez être fier **de ce travail.**
> Voici un travail **dont** vous pouvez être fier.

Remarques: 1° L'ordre des mots après **dont** est normal: antécédent + **dont** + sujet + verbe + objet ou adjectif.

2° **Dont** remplace aussi en ou un possessif: Voici un crayon; j'EN ai besoin. Voici un crayon DONT j'ai besoin. Voici une maison; j'aime SA façade. Voici une maison DONT j'aime la façade. (Attention de ne pas répéter le possessif.).

4. **Lequel:** Il s'emploie après une préposition.

Pour **les personnes** on a le choix entre **qui** ou **lequel, laquelle, lesquels, lesquelles:**

> Voici l'ami **avec qui** je travaille.
> ou: Voici l'ami **avec lequel** je travaille.

> Voici l'amie **avec qui** j'étudie.
> ou: Voici l'amie **avec laquelle** j'étudie.

Avec la préposition **parmi** on a toujours **lesquels.**

> Voici les peuples parmi **lesquels** il a fait ses recherches.

Pour les **choses,** on n'a pas le choix. Il faut employer une forme de **lequel:**

> Voici le stylo **avec lequel** j'écris.
> Voilà les idées **avec lesquelles** il a gagné les élections.

Avec la préposition **à** on a les contractions suivantes: **auquel, auxquels, auxquelles:**

> C'est un travail **auquel** je pense depuis longtemps.

Avec la préposition **de** dans les prépositions composées (**au sujet de, à propos de, à l'intérieur de,** etc.) on a les contractions suivantes: au sujet **duquel, desquels, desquelles:**

> C'est le garçon **au sujet duquel** nous nous battons.

Remarques: 1° Dans ce cas, ne jamais employer **dont.**
2° Pour une personne, **de qui** est possible au lieu de **duquel, de laquelle: C'est le garçon au sujet de qui nous nous battons.**
3° **De qui** et **duquel** s'emploient aussi après un nom précédé d'une préposition: **Voici le garçon AVEC le frère DUQUEL j'ai voyagé.** Le groupe **avec le frère de** est considéré comme une préposition composée. Pratiquement, en parlant, on simplifie et on dit: **Vous voyez ce garçon? J'ai voyagé avec son frère.**

5. **Où** remplace **dans lequel, sur lequel:**

> Je ne trouve pas le journal **où** j'ai lu cet article.

D'où traduit *from where;* **par où** traduit *through where.*

> On mange bien dans la ville **d'où** vous venez.
> Ils ont aimé les pays **par où** ils sont passés.

Remarque: On dit aussi **le jour où** ou **le mois où** pour *when.*

6. Cas où il n'y a pas d'antécédent:

On peut avoir un pronom relatif sans nom-antécédent, et qui signifie alors **la chose qui** ou **que** *(which, that which);* ou **qui** a une idée (une phrase) entière pour antécédent:

> Prenez **ce que** vous voulez.
> Son mari la bat, **ce qui** la désole.

	pronom relatif sans antécédent
sujet	ce qui
objet direct	ce que
objet de **de**	ce dont
objet d'une préposition	(ce) à quoi, avec quoi

> Il ne m'a pas dit **ce dont** il s'agissait.
> Si nous allions au cinéma? Voilà justement **ce à quoi** je pensais.

7. Conseils pratiques pour la traduction:

> Isoler le verbe, le traduire en français à l'infinitif.
> Remarquer la construction du verbe; il est suivi d'un objet direct? de la préposition **de**? d'une autre préposition?
> Le relatif a un antécédent ou non? cet antécédent est une personne ou une chose?
> Repérer sur les tableaux le pronom relatif qui convient.

Exemples: 1. *The man I told you about*

> *to tell about* parler **de**
> **de ⟶ dont**
>
> L'homme **dont** je vous ai parlé.

2. *The people I live with*

> *to live with* habiter **avec**
> **avec ⟶ lesquels** ou **qui**
>
> Les gens (masculin pluriel) **avec lesquels** j'habite.

3. *The record I listen to*

> *to listen to* écouter + objet direct **que**
> Le disque **que** j'écoute.

Remarque: *Everything* se traduit, lorsqu'il est pronom relatif, par: **tout ce qui; tout ce que; tout ce dont.**

Texte

IL FAUT CULTIVER NOTRE JARDIN

Voltaire (1694–1778) a rempli presque tout le XVIIIe siècle d'une activité infatigable et d'une production littéraire énorme. Il reste surtout célèbre par ses lettres, certains articles du *Dictionnaire philosophique* et *les Contes*. Dans *Candide*, le jeune homme Candide découvre au cours de tribulations nombreuses que tout n'est pas parfait dans le meilleur des mondes, et qu'il vaut mieux « cultiver son jardin ». Ce passage se place à la fin du conte. Pangloss, Candide, et Martin viennent d'acheter une ferme en Turquie.

Pangloss, Candide et Martin, en retournant à la petite métairie, rencontrèrent un bon vieillard qui prenait le frais à sa porte sous un berceau d'orangers. Pangloss, qui était aussi curieux que raisonneur, lui demanda comment se nommait le mufti qu'on venait d'étrangler. « Je n'en sais rien, répondit le bonhomme, et je n'ai jamais su le nom d'aucun mufti ni d'aucun vizir. J'ignore absolument l'aventure dont vous me parlez; je présume qu'en général ceux qui se mêlent des affaires publiques périssent quelquefois misérablement, et qu'ils le méritent; mais je ne m'informe jamais de ce qu'on fait à Constantinople; je me contente d'y envoyer vendre les fruits du jardin que je cultive. »

Ayant dit ces mots, il fit entrer les étrangers dans sa maison; ses deux filles et ses deux fils leur présentèrent plusieurs sorbets qu'ils faisaient eux-mêmes, des oranges, des citrons, des limons, des ananas, des pistaches, du café de Moka, de Batavia et des îles; après quoi les deux filles de ce bon mulsulman parfumèrent les barbes de Candide, de Pangloss et de Martin.

« Vous devez avoir, dit Candide au Turc, une vaste et magnifique terre? »

« Je n'ai que vingt arpents, répondit le Turc, et je les cultive avec mes enfants: le travail éloigne de nous trois grands maux: l'ennui, le vice et le besoin. »

Candide, en retournant dans sa métairie, fit de profondes réflexions sur le discours du Turc; il dit à Pangloss et à Martin: « Ce bon vieillard me paraît s'être fait un sort bien préférable à celui des six rois avec qui nous avons eu l'honneur de souper. . . »

— Les grandeurs, dit Pangloss, sont fort dangereuses. . . . Vous savez. . . .

— Je sais aussi, dit Candide, qu'il faut cultiver notre jardin. — Vous avez raison, dit Pangloss; car quand l'homme fut mis dans le jardin d'Eden, il y fut mis . . . pour qu'il y travaillât; ce qui prouve que l'homme n'est pas né pour le repos. — Travaillons sans raisonner, dit Martin, c'est le seul moyen de rendre la vie supportable.

Voltaire
Candide

Explication du texte

la **métairie;** une ferme

rencontrer: *to meet by chance, to come upon;* **retrouver:** *to meet at a prearranged time or place;* **faire la connaissance de:** *to meet or make the acquaintance of*

prendre le frais: être dehors et profiter de (*to enjoy*) l'air frais

un **berceau:** *ici, a bower* (le **berceau** est aussi le lit d'un bébé encore en âge d'être bercé).

raisonneur: qui aime beaucoup raisonner, discuter, donner des raisons

le **mufti;** le **vizir:** personnages officiels en Turquie

se mêler de: s'occuper de. Expression à retenir: **Mêlez-vous de vos affaires.** *Mind your own business.*

mériter: *to deserve*

ananas: *pineapple* (l'**s** final n'est pas prononcé)

un **arpent:** environ *one acre*

se faire un sort: *to make one's fortune or destiny*

pour qu'il y travaillât: cette forme de verbe est un imparfait du subjonctif (voir appendice, p. 270) il est l'équivalent, pour le sens, d'un subjonctif présent: **travaille.**

Conversation sur le texte

1. Quelles réflexions Candide a-t-il pu faire sur le discours du Turc: « Le travail éloigne de nous trois grands maux: l'ennui, le vice, et le besoin. » ?
2. Il faut cultiver notre jardin. Comment comprenez-vous cette phrase?
3. « Travaillons sans raisonner. » Si on applique ce conseil à la vie moderne, n'y a-t-il pas un pour et un contre?

Exercices

1. Combinez les phrases suivantes à l'aide d'un pronom relatif.

    1. C'est Jules César. Il a conquis la Gaule.
    2. Le matin je prends l'autobus. Il va à l'université.
    3. Le médecin est parti en vacances. Je comptais sur lui.

4. Cette histoire est incroyable. Il parle de l'histoire.
5. Voici l'acteur. Sa femme est une musicienne excellente.
6. La maison était en face d'ici. Elle a brûlé.
7. L'orateur est intelligent. Nous écoutons l'orateur.
8. Cette maison est à moi. Vous voyez cette maison.
9. Le monsieur est le directeur. Il parle au monsieur.
10. Le magasin est fermé. J'ai acheté mes gants dans ce magasin.

2. Remplacez les tirets par le pronom relatif convenable.
    1. L'école _____ nous allons est grande.
    2. La chaise sur _____ elle est assise est peu solide.
    3. L'actrice de cinéma _____ il adorait est morte.
    4. Voilà le professeur à la fille _____ j'ai envoyé un cadeau.
    5. La table _____ elle a mis ses gants est dans le salon.
    6. Connaissez-vous la rue dans _____ se trouve ce magasin?
    7. C'est la dame _____ vous avez promis de l'argent.
    8. L'auteur français _____ je parle a vécu au XVIIᵉ siècle.
    9. Les vacances _____ je pense sont celles de l'an dernier.
    10. Le monsieur avec _____ il se promène est le directeur.
    11. Où sont les stylos _____ ils ont écrit leurs devoirs?
    12. J'ai trouvé le livre _____ vous avez besoin.
    13. Le moment _____ il partira arrivera bientôt.
    14. Avez-vous visité le temple près _____ il est enterré?
    15. Cette forêt est pleine d'arbres à l'ombre _____ nous avons déjeuné.
    16. Les livres _____ nous nous servons sont très chers.
    17. Les études _____ il s'intéresse sont très difficiles.
    18. Cette bibliothèque est remplie de livres _____ font ma joie.
    19. Voilà un exercice _____ vous pouvez être fier.
    20. Il a acheté une maison autour de _____ il a construit un mur de six mètres.

3. Remplacez les tirets par les relatifs convenables. (Attention, il s'agit toujours de **quelque chose**.)
    1. Je ne savais pas _____ elle voulait.
    2. Il faudrait savoir _____ elle parle.
    3. J'étais heureux de lui offrir _____ elle rêvait. (rêver de)
    4. Elle n'a pas cru _____ je lui disais.
    5. Nous verrons bientôt _____ lui plaît.
    6. Faites _____ vous voulez.
    7. Lui avez-vous dit _____ est arrivé?
    8. Il a reçu _____ il a demandé.
    9. _____ vous avez besoin, c'est d'un bon bain.
    10. Je ne sais pas _____ elle pense.
    11. Elle mange seulement _____ lui plaît.
    12. Ils m'ont demandé _____ je faisais en Chine.

4. Traduisez

1. *The watch I bought last week is broken.*
2. *The man I spoke to is the director.*
3. *The river I fell into was cold.*
4. *The knife I need is on that table.*
5. *I know the lady you are talking about very well.*
6. *The letter I answered this morning was nasty.*
7. *The person beside whom I was seated was sleeping.*
8. *What you say isn't true.*
9. *This is the man whose son you wrote to.*
10. *The store where he bought his gloves is closed.*
11. *Don't believe all he tells you.*
12. *That's the reason I left the country.*
13. *The city we live in is not as big as Paris.*
14. *That's all I said to him.*
15. *The moment we entered, she was near the door.*
16. *That's the way I always do it.*
17. *He informed me of what had happened.*
18. *I can't read what you write.*
19. *They will promise you everything you want.*
20. *The farmer whose horses you bought lives here.*
21. *He's a man I will always remember.*
22. *The girl you are speaking of is my cousin.*
23. *The book you are looking for is on my desk.*
24. *The people at whose house he lives are very nice.* (chez)

Composition orale ou écrite

Lisez le poème suivant:

LA COLOMBE DE L'ARCHE

Maudit
soit le père de l'épouse
du forgeron qui forgea le fer de la cognée
avec laquelle le bûcheron abattit le chêne
dans lequel on sculpta le lit
où fut engendré l'arrière-grand-père
de l'homme qui conduisit la voiture
dans laquelle ta mère
rencontra ton père!

Robert Desnos
Corps et biens
Editions Gallimard

maudit *damned*
la **cognée** la hache *(the ax)*
le **chêne** *oak*
arrière-grand-père: *great-grandfather*

le **forgeron** *blacksmith*
le **bûcheron** *lumberjack*
engendrer *to beget*

Amusez-vous à écrire un poème qui contiendra une cascade de pronoms relatifs, comme dans celui-ci; puis récitez-le en classe.

CHAPITRE 19

Le Démonstratif

Leçon de grammaire

L'adjectif démonstratif

● FORMES

	singulier	pluriel
masculin	ce, cet	ces
féminin	cette	ces

● EMPLOIS

(Voir chapitre 2, page 17).

> J'aime bien **cette** musique.
> **Ce** professeur exige beaucoup de ses élèves.

Quand on veut opposer deux objets distincts, on peut ajouter **–ci** ou **–là** après le nom.

> **Ce** livre-**ci** est moins bon que **ce** livre-**là**.

Le pronom démonstratif

● FORMES

Il y a deux formes:

1. Une forme simple:

	singulier	pluriel
masculin	celui	ceux
féminin	celle	celles
neutre	ce	

2. Une forme composée avec –ci ou –là

	singulier	pluriel
masculin	celui-ci celui-là	ceux-ci ceux-là
féminin	celle-ci celle-là	celles-ci celles-là
neutre	ceci cela ou ça (sans accent)	

Remarque: Alors que **ces** est la forme unique de l'adjectif, au pluriel, pour le pronom il y a deux formes: **ceux** au masculin, **celles** au féminin.

● EMPLOIS

1. La forme composée **celui-ci, celle-ci,** etc., s'emploie pour opposer deux objets distincts, par exemple quand on doit faire un choix:

> Quelle robe vais-je mettre ce soir? **Celle-ci** ou **celle-là?**

ou pour décrire les qualités respectives de deux personnes, deux objets différents:

> Ces deux livres ont des qualités, mais **celui-ci** est plus intéressant que **celui-là.**

Elle traduit aussi *the former* (**celui-là, celle-là**) et *the latter* (**celui-ci, celle-ci**): **Celui-ci** désigne la personne ou l'objet dont on vient de parler en dernier, **celui-là** désigne la personne ou l'objet placé le premier dans la phrase.

> Pierre et son père se ressemblent beaucoup, mais **celui-ci** a les cheveux blancs, tandis que **celui-là** est blond.

Remarque: En anglais, l'emploi de *this one* et *that one* est très strict. En français, l'usage est plus souple. Si on veut désigner un objet seul, en réponse à une question, on dira indifféremment **celui-ci** ou **celui-là,** s'il est éloigné ou s'il est rapproché.

2. La forme simple ne prend jamais **-ci** ou **-là.** Elle est employée généralement dans deux cas:

    1. avec la préposition **de (celui de, celle de** etc . . .) suivie d'un nom, qui exprime la possession. C'est la traduction du cas possessif anglais:

> Il a pris mon stylo et **celui de** Marie.
> *. . . and Marie's   . . . and that of Marie*

    2. avec un pronom relatif **qui, que, dont, lequel,** etc.:

> Ce livre est **celui que** je préfère. *the one that*
> Ces gâteaux sont meilleurs que **ceux qui** sont sur la table. *the ones that*

Ce, Ceci, Cela

1. **Ce** s'emploie avec le pronom relatif: **ce qui, ce que, ce dont**

> Prenez **ce qui** vous plaît.

Ce s'emploie avec le verbe **être** et **doit être:**

> **C'**est difficile.
> **Ce** doit être vrai.

2. **Ceci** désigne un objet rapproché et **cela** désigne un objet éloigné:

> Prenez **ceci** et laissez **cela.** *(this and that)*

Ceci renvoie à ce qui **suit:**

> Je peux vous dire **ceci: je suis mort de fatigue.**

Cela rappelle ce qui **précède:**

> **Venez jusqu'à 17 heures: cela** ne me dérangera pas.

On emploie **ceci** ou **cela** avec un verbe autre que **être:**

> **Cela** m'étonne.
> **Ceci** vous plaît?

Exceptions: 1° On emploie **ceci** et **cela** avec être quand **ceci** et **cela** sont contrastés: **Ceci est juste, cela est faux.**

    2° Quand le pronom démonstratif est séparé du verbe par un mot autre que **ne: C'est faux: Cela aussi est faux** (**ce** est impossible ici).

    3° Mais on dira aussi bien: **Ce n'est pas vrai. Cela** ou **ça n'est pas vrai.**

C'est, Il est, Elle est

C'est: *It is*
---

1. Si on peut poser la question: — **Qu'est-ce que c'est?** la réponse est **c'est un (une, le, la),** ou **ce sont des (les):**

> On montre un livre: — **Qu'est-ce que c'est?**
> —**C'est un livre.**
> On montre des livres: — **Qu'est-ce que c'est?**
> —**Ce sont des livres.**

2. Si on peut poser la question: — **Où est-il? — Où est-elle? — Comment est-il? — Comment est-elle?** la réponse est **il est, elle est.**

> On cherche un livre: — **Où est-il,** mon livre?
> —**Il est** sur la table.

Remarque: On reprend dans la réponse les deux derniers mots de la question: — **Qu'est-ce que c'est? C'est un ... — Où est-il? Il est ... — Comment est-elle? Elle est ...**

3. Dans le cas où on ne pose pas de question comme — **Qu'est-ce que c'est? — Où est-il?** *it* se traduit par **il** ou **elle** quand il désigne un nom bien défini:

> Portez cette malle. **Elle est** lourde.
> A qui est ce livre? **Il est** à moi.

It se traduit par **ce** quand il désigne une action exprimée par un infinitif. L'infinitif est le vrai sujet.

> Aimez-vous **faire du ski?** Non, **c'est** dangereux. (c' = faire du ski)
> **Partir, c'est mourir** un peu.

C'est: *He is   She is*
---

1. Quand le mot qui suit exprime la profession, la religion, ou la nationalité et que le mot est seul (sans déterminant), on a:

> **Il est** professeur.
> **Elle est** catholique.
> **Ils sont** suisses.

Il n'y a rien entre le verbe **être** et le mot.

2. Quand le mot est accompagné par un article ou un adjectif possessif, démonstratif, qualificatif, on a:

> **C'est** un artiste.
> **C'est** mon professeur.
> **Ce sont** de bons amis.

Il y a quelque chose entre le verbe **être** et le mot.

Remarque: « Il est professeur » répond à la question: « Que fait-il dans la vie? » , « Quelle est sa profession? »: « C'est un professeur. » est générale- ment suivi d'une spécification de qualité (excellent, très sévère . . .).

C'est ou Il est + adjectif

---

1. Il est annonce ce qui suit: **C'est** reprend ce qui précède.

> **Il est** évident qu'**elle a raison.**
> *It is obvious that she is right.*
> **Elle a raison, c'est** évident.
> *She is right, it's obvious.*

En fait, cette règle n'est pas toujours respectée et les usages sont contra- dictoires; c'est souvent une question d'oreille, d'euphonie qui font qu'un Français choisit entre: **il est** ou **c'est,** quand les deux formes sont possibles. Mais si un étudiant suit la règle générale, il ne fera pas d'erreur.

Expressions courantes avec **il est, ce** ou **cela.**

il est	ce, cela
	Dormez, **cela** vaut mieux.
	Cela ne fait rien.
Il est temps de . . .	
Il est l'heure . . . ou	**C'est** l'heure.
Quelle heure **est-il?**	
Il est midi.	**C'est** déjà midi?
	(expression d'étonnement renforcée)
	Quel jour **est-ce? C'est** Mardi.
Il est tard.	Trois heures du matin, **c'est** tard.
	C'est moi qui . . .

Remarque: 1° *It is* est plus souvent traduit par **c'est** que par **il est** quand le nom qu'il représente est accompagné d'un adjectif démonstratif. **C'est triste, cette histoire.**

2° L'adjectif qui suit **c'est** est toujours masculin singulier: **C'est joli, cette musique.**

Expressions avec ça:

> Comment **ça** va?
> Qu'est-ce que c'est que **ça?**
> **Ça,** alors.
> **Ça** suffit.
> **Ça** ne fait rien.
> **Ça** ne vaut rien.
> **Ça** n'a pas d'importance.

Texte

UNE PARTIE DE CARTES

Jean Anouilh (1910–   ) écrit des pièces de théâtre très populaires en France et à l'étranger. L'Alouette est l'histoire de Jeanne d'Arc. Dans cette scène, Anouilh imagine la première entrevue du futur roi de France et de Jeanne d'Arc. Charles n'est pas très courageux. Jeanne veut le convaincre de montrer sa force, pour délivrer Orléans occupée par les Anglais . . . Ils jouent aux cartes.

CHARLES

Entendu. Tu vois les cartes? On a peint des figures dessus. Il y a de tout, comme dans la vie: des valets, des reines, des rois. . . . Sur les autres, les petits cœurs, les petits piques, les petits trèfles, les petits carreaux: c'est la troupe . . . On en a beaucoup, on peut en faire tuer tant qu'on veut. On distribue les cartes sans les regarder, le hasard t'en donne beaucoup de bonnes ou beaucoup de mauvaises et on livre bataille. Suivant leur valeur, les cartes peuvent se prendre les unes les autres. Quelle est la plus forte, à ton avis?

JEANNE

C'est le roi.

CHARLES

Oui. C'est une des plus fortes, mais il y a plus fort encore que les rois, ma fille, au jeu de cartes. Cette carte-là, ce grand cœur tout seul. Tu sais comment on l'appelle?

JEANNE

Dieu, pardine, c'est lui qui commande les rois.

CHARLES *(agacé)*

Mais non, bougre d'obstinée! Laisse Dieu cinq minutes tranquille! On joue aux cartes, en ce moment. C'est l'as.

JEANNE

Quoi, l'as? C'est idiot, ton jeu de cartes. Qu'est-ce qui peut être plus fort que les rois, sinon Dieu?

CHARLES

L'as, précisément. L'as, c'est Dieu, si tu veux, mais dans chaque camp. Tu vois? as de cœur, as de pique, as de trèfle, as de carreau. Il y en a un pour chacun. On n'en sait pas long, à ce que je vois, dans ton village! Tu crois donc que les Anglais, ils ne font pas leurs prières aussi bien que nous? Tu crois donc qu'ils n'ont pas Dieu, eux aussi, qui les protège et qui les fait vaincre? . . . Dieu est avec tout le monde, ma fille. C'est l'arbitre et il marque les points. Et, en fin de compte, il est toujours avec ceux qui ont beaucoup d'argent et de grosses armées. Pourquoi voudrais-tu que Dieu soit avec la France, maintenant qu'elle n'a plus rien du tout?

JEANNE *(doucement)*

Peut-être parce qu'elle n'a plus rien du tout, Charles.

CHARLES *(hausse les épaules)*

Tu ne le connais pas.

Si, Charles, mieux que toi. Dieu n'est pas avec ceux qui sont les plus forts. Il est avec ceux qui ont le plus de courage. Il y a une nuance. Dieu n'aime pas ceux qui ont peur.

CHARLES

Alors, il ne m'aime pas. Et s'il ne m'aime pas, pourquoi veux-tu que je l'aime? Il n'avait qu'à me donner du courage. Je ne demandais pas mieux, moi!

JEANNE *(sévère)*

Tu crois donc que c'est ta nourrice et qu'il n'a que toi à s'occuper? Tu ne pourrais pas essayer de te débrouiller un peu toi-même avec ce que tu as?

Jean Anouilh
l'Alouette
Les éditions de la Table ronde

Explication du texte

cœur: ♥
carreau: ♦
pique: ♠
trèfle: ♣
le **hasard**: la chance
livrer bataille: (sans article) avoir une bataille
suivant: *according to*
Quelle est la plus forte à ton avis? *Which one do you think is the strongest?*
pardine: *to be sure!*
agacé: irrité
bougre d'obstinée: *You stubborn ass!*
en ce moment: accompagne un verbe qui indique une durée, une action ligne. L'expression qui accompagne un verbe d'action-point est **à ce moment** ou **à cet instant.**
on n'en sait pas long: on n'est pas très intelligent
l'arbitre: *referee, umpire*
Il n'avait qu'à me donner du courage: *He had only to give me courage*
je ne demandais pas mieux: j'aurais bien aimé
la **nourrice:** une femme qui élevait le bébé d'une autre, autrefois, et le nourrissait de son lait
se **débrouiller:** *to manage, muddle through*

Conversation sur le texte

1. Jeanne a-t-elle vraiment envie de jouer aux cartes? Comment ramène-t-elle la conversation à son sujet?
2. Comment Charles montre-t-il son impatience?
3. Jeanne et Charles ont une idée différente de Dieu. Comparez-les.
4. Charles se conduit comme un enfant boudeur. Jeanne lui donne une leçon; laquelle?

Exercices

1. Répétez les phrases suivantes en mettant l'adjectif démonstratif qui convient.

    1. Tu vois les cartes?
    2. Le valet, la reine, le roi et l'as sont forts.
    3. L'armée livre bataille.
    4. Les Anglais font leurs prières.
    5. L'arbitre, il en sait long.
    6. Le cœur est plus fort que les carreaux.

2. Remplacez le deuxième nom par un pronom démonstratif.

    1. Ce chapeau-ci et ce chapeau-là.
    2. Ces cartes-ci et ces cartes-là.
    3. Cette troupe et la troupe des Anglais.
    4. Mon père et le père de Jean.
    5. Cet as-ci et cet as-là.

3. Dans les phrases suivantes, mettez le pronom démonstratif qui correspond à *the one who, the ones whom,* etc.: **celui qui, celles que.** Faites attention au relatif.

    1. Cette dame est _____ avec _____ nous avons voyagé.
    2. Mon fauteuil est bon, mais _____ sur _____ vous êtes assis est plus confortable.
    3. Dieu est-il avec _____ sont les plus forts?
    4. Voici ma voiture et voilà _____ dans _____ mon frère a eu un accident.
    5. Les chansons d'autrefois ne sont pas comme _____ on chante aujourd'hui.
    6. Regardez ce jeune homme. C'est _____ je vous parlais hier.

4. Mettez dans les phrases suivantes le mot qui convient: **ceci, cela, ce, c',** **il, elle.**

    1. _____ est un beau paysage.
    2. _____ est pasteur.
    3. _____ aujourd'hui jeudi.
    4. Aimez-vous faire du ski? — Non, _____ est dangereux.
    5. Regardez Suzanne: _____ est très jolie.
    6. Où est votre chapeau? _____ est sur la table.
    7. _____ est vous qui vous trompez.
    8. _____ est chanteuse; _____ est même une chanteuse remarquable.
    9. Etes-vous allé à la fête? _____ était très réussie.
    10. Qui sont ces gens? _____ sont mes cousins.
    11. _____ est midi et demi.
    12. _____ est nécessaire de travailler.
    13. Mais _____ est parfois pénible.
    14. Avez-vous visité ce musée? _____ est très riche.

15. Couchez-vous tôt. _____ vaut mieux.
16. _____ est directrice. _____ est mon amie.
17. Asseyez-vous dans ce fauteuil: _____ est très confortable.
18. Voulez-vous dormir ici? _____ est confortable.
19. _____ ne sont pas professeurs.
20. Entrons voir les tableaux: _____ ne coûte rien.
21. Que pensez-vous de ces statues? _____ me plaisent.
22. _____ vaudrait mieux qu'elle se taise.
23. _____ est temps de partir. Oh! oui, _____ est tard.
24. Elle est rentrée à 2 h du matin. _____ est tard pour une jeune fille de 15 ans.
25. Vous travaillez tous les soirs? _____ doit être bien dur.
26. _____ est émouvant, cette histoire.
27. Ecoutez bien _____: elle va se marier!
28. Oh! _____ suffit!
29. _____ est un célibataire endurci.
30. Enfin! _____ est fini.

5. Traduisez

1. *My brother and Marie's are good friends.*
2. *Listen to this: She is going to get married.*
3. *I cannot believe that! It must be a joke.*
4. *It is obvious that you are afraid to go.*
5. *That, too, is untrue.*
6. *He is an umpire. He is a bad umpire.*
7. *Of all the cards, which one do you think is the strongest?*
8. *Not that one. This one here.*
9. *Leave me alone!*
10. *He is not too smart.*
11. *God is on the side of those who are not scared.*
12. *Couldn't you try to manage by yourself?*
13. *Let us play cards. Let us play war. You have all the aces. No, you have the ace of diamonds.*

Composition écrite ou orale

1. Racontez une partie de cartes, ou une partie d'échecs, ou un jeu de société qui vous intéresse particulièrement. Donnez les règles de ce jeu.
2. Connaissez-vous l'histoire de Jeanne d'Arc? Racontez-la.

CHAPITRE 20

La voix passive

Leçon de grammaire

Définitions: La voix passive est moins fréquente en français qu'en anglais.

    1. Voix **active:** Un chien mord un enfant.
    2. Voix **passive:** **Un enfant est mordu par un chien.**

Quand on passe d'une construction active à une construction passive: **Le sujet (chien)** de la phrase active (1) devient **l'agent** de la phrase passive (2). **L'objet direct (enfant)** de la phrase active (1) devient **le sujet** de la phrase passive (2).
L'auxiliaire du verbe actif au passé est **avoir:**

    Un chien **a mordu** l'enfant.

L'auxiliaire du verbe passif est toujours **être.**

    Un enfant **est mordu (a été mordu)** par un chien.

Quand le verbe de la voix **active** est à la **forme simple,** le verbe de la voix **passive** est à la **forme composée: mord, est mordu.**
Quand le verbe de la voix **active** est à la **forme composée,** le verbe de la voix **passive** est à la **forme surcomposée** (avec **être** bien sûr): **a mordu, a été mordu.**

(Pour les formes voir l'appendice p. 257).

Problèmes et constructions spéciales

---

1. Contrairement à l'anglais, en français, seul un objet direct peut devenir sujet d'un verbe passif:

    Les étudiants **aiment** ce **professeur.**
    Ce professeur est aimé.

Par conséquent avec les verbes: **dire, raconter, promettre, défendre,** etc., qui se construisent avec **à,** un complément d'objet indirect ne peut pas devenir le sujet d'une construction passive.

> Je raconte une histoire à Paul.
> Je promets une récompense **aux enfants.**

Paul et **les enfants** ne peuvent pas devenir les sujets d'une tournure passive comme dans: *Paul was told a story by me.* Mais **une histoire, une récompense** (objets directs) peuvent devenir sujets:

> **Une histoire est racontée** à Paul.
> **Une récompense est promise** aux enfants.

Attention: Si on a *I was told a story* ou *He was forbidden to go* en anglais, en français il faut employer **on: On m'a dit . . . On lui a défendu . . .**

Faux passif et vrai passif

1. Le faux passif: En français, le passif est souvent un résultat d'une action passée. On peut le décomposer en: verbe **être** (qui indique un état) + **le participe passé** (qui a une valeur d'adjectif).

2. Le vrai passif exprime une **action** et a généralement un complément d'agent (par un gardien, par la bonne, etc.).

Faux passif	Vrai passif
La porte est fermée.	Tous les soirs la porte de la banque **est fermée par** un gardien.
Ma voiture est réparée.	Ma voiture **a été réparée par** le meilleur mécanicien.
Le dîner est servi.	Tous les jours **le dîner est servi par** la bonne.
L'ennemi est battu.	Cette pauvre femme **est battue par** son mari.

Par et de

On peut trouver la préposition **par** ou la préposition **de** devant le complément d'agent:

> L'enfant a été mordu **par** un chien.
> Ce professeur est aimé **de** ses élèves.

Dans la langue actuelle les deux prépositions ont pris un sens différent, mais **par** est toujours possible devant l'agent du verbe passif (**de** n'est pas toujours possible).

> Ce professeur est aimé **de** ses élèves.
> Ce professeur est aimé **par** ses élèves.
> Pierre a été mordu **par** un chien.

Voici les nuances de sens entre **par** et **de**:

par	de
1. **par** s'emploie avec des verbes indiquant une action physique:	**de** s'emploie avec des verbes indiquant un sentiment, une émotion:
La voiture est tirée par un cheval.	Ce professeur est aimé de tous ses étudiants.
2. **par** s'emploie avec des verbes pris au sens propre, concret:	**de** s'emploie avec des verbes pris au sens figuré:
L'explorateur a été dévoré par un lion.	Il est dévoré de chagrin.
3. **par** s'emploie avec un nom déterminé:	**de** s'emploie avec un nom seul:
La place est encombrée par les habitants du village.	La place est encombrée d'habitants.

De est la construction habituelle de certains verbes qui indiquent une quantité: **être rempli de, être entouré de, être couvert de,** et d'autres comme: **être orné de, être décoré de.**

Remarque: **De** supprime l'article indéfini **des** et le partitif **du, de la, des:** La maison est remplie d'enfants.

Comment éviter le passif?

Puisque le français emploie moins le passif que l'anglais, voici des moyens de l'éviter:

1. On peut tourner la phrase à la **voix active:**

> *He is much liked by his friends.*
> **Ses amis l'aiment** beaucoup.

2. On peut employer **on:**

> *A drug for the common cold has not yet been found.*
> **On** a pas encore trouvé de remède contre le rhume.

3. On peut employer des **verbes pronominaux à sens passif:** se trouver, se dire, se faire, se chanter, se vendre (être trouvé, être dit, être fait, être chanté:

> *These pictures sell well.*
> Ces tableaux **se vendent** bien.

Remarque: La plupart de ces verbes pronominaux (excepté **se trouver**) doivent avoir pour sujet une chose inanimée: **Cette chanson ne se chante plus.**

Texte

VISITE D'UN APPARTEMENT

Jules Romains (1885–1972), de l'Académie Française, a écrit des pièces et surtout des romans. *Les Hommes de Bonne Volonté* est une série très longue qui raconte les expériences de plusieurs hommes à Paris avant la guerre. Dans ce passage, Jallez, un jeune étudiant qui vient de terminer ses études, cherche un appartement.

Un jour de décembre, Jallez se trouvait sur un trottoir sud du boulevard Haussman. . . . Il venait d'entrer dans beaucoup de maisons et d'être éconduit sans beaucoup d'égards, comme un quémandeur aux intentions suspectes. . . . A gauche d'une porte cochère, profitant du soleil hivernal, un concierge d'une soixante d'années, bardé de tricots, était assis, son journal à la main. Il observait le manège de Jallez. Il lui dit d'une voix bienveillante:

« Vous cherchez peut-être un appartement?

— Mais oui . . . Vous en avez un dans la maison? »

Le concierge hésita, examina Jallez . . . Puis:

« Il vous faut quelque chose de grand?

— Ma foi non! »

Le concierge se leva, posa son journal sur la chaise.

« Venez toujours avec moi. Je vais vous montrer quelque chose. Ça n'est pas qu'à proprement parler ça soye encore libre. Vu que c'est censément promis à une personne. Mais enfin, ça ne vous coûte rien de voir. »

Pendant qu'ils montaient l'escalier, le concierge commença de donner quelques détails sur le local. Il était situé au dernier étage, c'est-à-dire au sixième.

« Il n'y a pas d'ascenseur?

— Si, mais il est en réparation. C'est pourquoi je vous fais prendre l'escalier. »

Le concierge continua d'expliquer: l'appartement n'était pas du type ordinaire. Il se composait d'une assez grande pièce, d'une autre beaucoup plus petite. . . . La grande pièce qui avait, outre les fenêtres, des vitrages sur le côté et dans le haut, avait été primitivement conçue comme atelier d'artiste. . . .

« Y a-t-il une cuisine, une salle de bains et le chauffage?

— Oui, oui. . . . Vous avez le gaz naturellement. La salle de bains a été installée par un locataire autrefois. Ça n'est pas tout ce qu'il y a de moderne. L'émail de la baignoire est amoché par endroits. Mais les appareils fonctionnent.

— Au gaz probablement?

— Oui, au gaz. Je puis vous assurer que le chauffe-bains est en règle. Il a été revu par le plombier, le printemps dernier. . . .

— Et le chauffage?

— C'est un chauffage à la vapeur. Les appareils aussi sont en bon état.

— Il y a un nombre de radiateurs suffisant? Car la grande pièce, avec ses vitrages, doit être difficile à chauffer?

— Bah! Vous avez cinq radiateurs en tout dans l'appartement; trois rien que dans la grande pièce, et de taille. Je vous dis, moi, que la plupart du temps vous crèverez de chaleur, et que vous serez obligé d'ouvrir....

— Et le chauffage fonctionne combien de mois dans l'année?

— Là encore, vous avez de la chance. Le grand appartement du second est occupé par un monsieur qui est un richard ... qui, de plus, est ami du propriétaire. Il a fait mettre dans son bail qu'il serait chauffé du 15 octobre au 15 avril. Alors, n'est-ce pas, pour le chauffer, lui, on est obligé de chauffer toute la maison.

Jules Romains
Les hommes de bonne volonté
Librairie Ernest Flammarion

Explication du texte

éconduire: repousser
sans égards: sans considération
un quémandeur: un solliciteur
une porte cochère: la grande porte d'un immeuble (une maison avec des appartements) assez large pour laisser passer un coche (autrefois)
profiter: tirer avantage de
bardé de tricots: couvert de plusieurs pull-overs
le manège: *ici,* le stratagème
bienveillante: qui veut du bien; gentille. Le contraire est **malveillante.**
Il vous faut: vous avez besoin de
Ma foi: *upon my word*
soye: du mauvais français, mal prononcé, mal épelé pour **soit**
à proprement parler: *so to speak*
vu que: *considering*
censément: *supposedly* (c'est aussi du français populaire, de concierge)
le local: *ici,* l'appartement
au dernier étage: remarquez la construction, avec **à**
une pièce: un appartement à une ou plusieurs pièces
outre: en plus de
un vitrage: une grande fenêtre
un atelier: une pièce spéciale avec des fenêtres, pour un artiste
un locataire: une personne qui loue l'appartement
l'émail: *enamel*
la baignoire: *bathtub*
amoché: abîmé, *damaged*
fonctionner: marcher: *to work*
le chauffe-bains: *water heater*
être en règle: fonctionner
de taille: grand
crever: mourir (familier)
un richard: quelqu'un d'excessivement riche (le concierge exprime aussi son envie)
le bail: *lease*

Conversation sur le texte

1. Puisque l'appartement n'est pas vraiment libre, pourquoi le concierge le fait-il visiter à Jallez? Décrivez les activités du concierge parisien.
2. Quels sont les détails importants à considérer quand on veut louer un appartement?

Exercices

1. Mettez les verbes suivants à la forme passive.

1. Il aime.
2. Nous faisons.
3. Je vois.
4. Tu accompagneras.
5. Ils donneront.
6. Vous obligerez.
7. Elle trouvait.
8. Vous serviez.
9. Ils adoraient.
10. Elle a mangé.
11. Ils ont installé.
12. Il a mordu.

2. Transformez les phrases suivantes en mettant le verbe à la forme passive.

1. Marie aime Jacques.
2. La mère punira l'enfant désobéissant.
3. Une balle a blessé le soldat.
4. On servait le dîner à 6 heures.
5. Le ministre prononça un discours.
6. Les citoyens avaient élu le président.

3. Dans les phrases suivantes, distinguez les vrais passifs et les faux passifs.

1. Le pauvre chien a été écrasé.
2. La ville est détruite.
3. Le meurtrier a été interrogé.
4. La baignoire était bien abîmée.
5. Enfin, ma voiture est réparée.
6. Ses tableaux sont réussis.
7. Notre cave est inondée.
8. Elle m'a fait une remarque désagréable; j'ai été offensé.
9. Le soldat est blessé par une balle.

4. Mettez les phrases suivantes au passif. Employez la préposition **par** ou **de** devant le complément d'agent. Justifiez votre emploi.

1. Le peuple élira le président de la République.
2. Les citoyens n'aimaient pas ce chef d'état.
3. Un individu m'a volé mon portefeuille.
4. La guerre avait dévasté le pays.
5. Le plombier a réparé le chauffage.
ò. Un chagrin la dévore.
7. La police suit partout le suspect.
8. Mme Pompidou accompagne toujours le présidant dans ses voyages.
9. Les marchands remplissent la rue.
10. Les enfants du village remplissent le théâtre.

5. Remplacez le verbe par un verbe pronominal de sens passif, ou par **on**. . . .

1. Cela n'est pas fait dans la bonne société.
2. La cathédrale Notre-Dame est à Paris.
3. Il a été opéré hier.
4. Le dîner est servi à 20 h.
5. Le vin blanc est bu avec le poisson.
6. Les journaux sont vendus dans la rue.
7. Il a été vu dans un bar.
8. Elle a été trouvée assassinée.
9. « Il n'y a pas de quoi » n'est pas dit en bon français.
10. Ils ont été punis.

6. Traduisez

1. *She was forbidden to leave.*
2. *They were permitted to see the movie.*
3. *I was asked to come here.*
4. *Our questions have finally been answered.*
5. *The solicitors will be rejected.*
6. *He was bundled with sweaters.*
7. *Someone was promised this apartment.*
8. *It is located on the sixth floor.*
9. *The apartment has three rooms.*
10. *This was not done in the XVIIth century.* (le siècle)
11. *The bathroom was installed by a good plumber.*
12. *The heat will force you to open all the windows.*

Composition orale ou écrite

Imaginez que vous vous trouvez au milieu d'une manifestation d'étudiants. La police vous arrête, et vous interroge, avant de vous relâcher.

CHAPITRE 21

L'infinitif

Leçon de grammaire

● FORMES

1. Il y a deux temps pour l'infinitif:

le présent:	**manger**	**venir**	**se reposer**
le passé:	**avoir mangé**	**être venu**	**s'être reposé**

2. Le pronom de l'infinitif présent et de l'infinitif passé des verbes pronominaux se décline:

	me	m'
	te	t'
Il faut **se** reposer.		Après **s'**être reposé (e) (s)
	nous	nous
	vous	vous
	se	s'

3. Le participe passé de l'infinitif passé s'accorde comme dans un verbe passé conjugué:

Après nous **être reposés,** nous avons dîné.

4. Pour l'emploi de la négation, on a: **ne pas manger, ne pas être venu** ou **n'être pas venu**

Prépositions et l'infinitif

1. Toutes les prépositions, en français, sont suivies de l'infinitif quand une forme verbale est nécessaire. Il y a une seule exception, c'est **en**.

à, de			*of*	
avant de			*before*	
sans	dormir		*without*	*sleeping*
au lieu de			*instead of*	
pour			*in order to sleep*	

Après, *after,* est suivi de l'infinitif passé: **après avoir dormi.**

En: *In, while, during,* est suivi de la forme verbale en **-ant: en dormant** (la forme complète s'appelle **gérondif**).

Infinitif sans préposition

---

1. Un infinitif **sujet** n'a pas de préposition:

> **Partir** c'est mourir un peu.
> **Pleurer** ne servira à rien.

2. Quand on donne des instructions comme pour des **recettes,** on se sert d'un infinitif sans préposition:

> **Agiter** avant de s'en servir.

Remarque: L'impératif sert à donner un ordre quand on parle ou quand on écrit; on se sert de « l'infinitif de recette » seulement pour écrire.

3. Il n'y a pas de préposition, devant un infinitif lorsqu'il suit:

un verbe de **mouvement:** Il est parti voir sa mère.
un verbe de **perception** des sens: Je le regarde dormir.
un verbe de **volonté:** Je veux, j'espère, je désire sortir.

un des verbes courants suivants (liste simple):

aimer	paraître
aimer mieux	penser
avoir beau	pouvoir
compter	préférer
croire	prétendre
devoir	savoir
envoyer ·	sembler
oser	souhaiter
il vaut mieux	

Infinitif précédé de à ou de

Le choix entre **à** ou **de** est souvent difficile. Certains verbes demandent **à,** certains verbes demandent **de.**

Verbes courants suivis de **à** + infinitif:

aider à
arriver à
avoir à
commencer à
s'habituer à
se mettre à
tenir à   *(to insist upon doing something)*
s'amuser à   *(to have fun doing something)*

inviter à
se décider à
passer du temps à
réussir à
avoir une chose à faire

Verbes courants suivis de **de** + infinitif:

décider de dormir
s'arrêter de
décider de
douter de
essayer de
se passer de   *(to do without)*
avoir peur de   (et tous les autres sentiments — envie, honte . . .)

être obligé de
oublier de
se dépêcher de
se plaindre
refuser de
venir de

Certains verbes ont les deux constructions, **à** ou **de,** et changent de sens selon la préposition employée:

se décider à

Il s'est décidé à plonger.
He finally dove.

demander à

Il demande à parler.
He asks permission to talk.

manquer à

Il a manqué à remplir ses devoirs.
He failed to fulfill his duties.

décider de

J'ai décidé d'y aller.
I decided to go there.

demander de

Il vous demande de partir.
He asks you to leave.

manquer de

Il a manqué d'être tué.
He almost got killed.

ne pas manquer de
(toujours à la forme négative)

Ne manquez pas d'écrire.
Don't fail to write.

L'infinitif complément d'un adjectif

La leçon }
Elle   } est difficile **à comprendre.**

Il est }
C'est } difficile **de comprendre** cette leçon.

1. Le sujet est un **nom** ou un **pronom** (la leçon, elle).
L'infinitif ne peut pas avoir d'objet direct. On emploie **à.**

Ce chapitre est difficile **à comprendre.**
Il est difficile **à comprendre.**

Remarque: **à comprendre** a un sens passif.

2. Le sujet n'est pas un nom. Le sujet est **il** ou **ce** indéfini. **L'infinitif peut avoir un objet direct.** On emploie **de**

Il est difficile **de comprendre** cette leçon.
C'est difficile **de comprendre** cette leçon.

Remarque: **de comprendre** a un sens actif.

Texte

POUR FAIRE LE PORTRAIT D'UN OISEAU

Notice biographique: voir p. 33

Peindre d'abord une cage
avec une porte ouverte
peindre ensuite
quelque chose de joli
quelque chose de simple
quelque chose de beau
quelque chose d'utile
pour l'oiseau
placer ensuite la toile contre un arbre
dans un jardin
dans un bois
ou dans une forêt
se cacher derrière l'arbre
sans rien dire
sans bouger. . .
Parfois l'oiseau arrive vite
mais il peut aussi bien mettre de longues années

avant de se décider
Ne pas se décourager
attendre
attendre s'il le faut pendant des années
la vitesse ou la lenteur de l'arrivée de l'oiseau
n'ayant aucun rapport
avec la réussite du tableau
Quand l'oiseau arrive
s'il arrive
observer le plus profond silence
attendre que l'oiseau entre dans la cage
et quand il est entré
fermer doucement la porte avec le pinceau
puis
effacer un à un tous les barreaux
en ayant soin de ne toucher aucune des plumes de l'oiseau
Faire ensuite le portrait de l'arbre
en choisissant la plus belle de ses branches
pour l'oiseau
peindre aussi le vert feuillage et la fraîcheur du vent
la poussière du soleil
et le bruit des bêtes de l'herbe dans la chaleur de l'été
et puis attendre que l'oiseau se décide à chanter
Si l'oiseau ne chante pas
c'est mauvais signe
signe que le tableau est mauvais
mais s'il chante c'est bon signe
signe que vous pouvez signer
Alors vous arrachez tout doucement
une des plumes de l'oiseau
et vous écrivez votre nom dans un coin du tableau.

Jacques Prévert
Paroles
Editions Gallimard

Explication du texte

peindre: On peint sur une toile avec un pinceau et des couleurs.
d'abord, ensuite, enfin: *first, then, finally*
quelque chose de joli: (remarquez la construction)
un bois: plus petit qu'une forêt; **le bois** est un matériau
se cacher: se placer derrière l'arbre pour que l'oiseau ne vous voie pas
se décider: arriver à une décision après une longue réflexion
la vitesse: le nom qui correspond à **vite**
la lenteur: le nom qui correspond à **lent**; la **vitesse:** le contraire de la
   lenteur.
avoir un rapport avec: avoir une relation avec

effacer: essuyer; enlever les traces

les **barreaux:** la cage est faite de barreaux

la **poussière du soleil:** La poussière *(dust)* qui vole dans l'air est éclairée par le soleil et ressemble à de petits morceaux de soleil, comme à une poussière d'or

arracher: tirer violemment

Conversation sur le texte

1. Relevez les notes de poésie surréaliste dans ce poème: les choses vraiment impossibles à faire et à peindre que le poète accepte comme réelles.

2. Comparez l'attitude du poète envers l'oiseau avec la méthode conseillée par le Renard pour apprivoiser un animal dans le texte du chapitre 9, p. 83.

Exercices

1. Répétez le verbe avec chaque groupe des phrases suivantes. Faites attention de changer la préposition.

J'aime **dormir**

1. Je préfère _____
2. Je m'habitue _____
3. J'essaye _____
4. Je voudrais _____
5. Je me dépêche _____

Nous pouvons **peindre**

1. Nous refusons _____
2. Nous nous mettons _____
3. Nous savons _____
4. Nous avons peur _____
5. Nous souhaitons _____

Il veut **partir**

1. Il a oublié _____
2. Il pense _____
3. Il se décide _____
4. Il décide _____
5. Il est obligé _____

2. Mettez la préposition qui convient—**à, de, pour** (in order to)—si elle est nécessaire:

1. Le russe est difficile _____ apprendre.
2. Il est venu _____ chercher son livre.
3. Je désire _____ vous parler.
4. _____ réussir, il faut travailler davantage.
5. C'est agréable _____ dormir au soleil.
6. Il a décidé _____ sortir.
7. Il s'est décidé _____ travailler.
8. _____ voyager enrichit l'esprit.

9. Elle est difficile _____ convaincre.
10. Ayez soin _____ ne rien oublier.
11. J'ai quelque chose _____ faire.
12. J'ai envie _____ faire quelque chose.
13. Elle a décidé _____ entrer au couvent.
14. Vous semblez _____ ne pas comprendre.
15. Nous préférons _____ partir.
16. Elle s'amuse _____ peindre des oiseaux.
17. Tu as réussi _____ casser mon stylo.
18. Il se plaint _____ avoir mal à la tête.
19. Nous les avons invités _____ dîner.
20. Ils sont obligés _____ partir.
21. L'élève souffrant demande _____ sortir.
22. Le professeur lui a demandé _____ lire la leçon.
23. Ils ont oublié _____ faire leurs exercices.
24. Il aime mieux _____ dormir.
25. Elle a essayé _____ comprendre.

3. Traduisez:

1. *We went away after having rested.*
2. *She spends hours reading.*
3. *It is easy to understand this lesson.*
4. *He went to see his mother.*
5. *See Naples and die.*
6. *Do you like playing football?*
7. *He doesn't stop talking.*
8. *Hurry up finishing your exercises.*
9. *He entered the room without saying hello.*
10. *He sleeps in class instead of listening.*
11. *She is getting used to working.*

Composition écrite ou orale

Ecrivez la recette de votre plat préféré (à l'infinitif, bien sûr). Répétez-la oralement en employant l'impératif ou la forme **vous** du verbe.

CHAPITRE 22

Faire causatif et autres constructions infinitives

Leçon de grammaire

Faire causatif

Faire traduit *to have someone do something* ou *to cause someone to do something.*

1. Nom sujet — pas d'objet direct: **L'enfant** mange.

> Je fais manger l'enfant.

L'infinitif suit immédiatement **faire**. L'ancien nom sujet vient à la fin.

2. Pronom sujet — pas d'objet direct: Il mange.

> Je le fais manger.

(**la** au féminin, **les** au pluriel, etc.)

3. Nom sujet — nom objet direct: **L'enfant** mange **sa soupe**.

> Je fais manger sa soupe à l'enfant.

Infinitif + objet direct + à + l'ancien sujet

Remarque: Pour éviter la confusion, on dit aussi quelquefois **par: Je fais écrire une lettre à un ami** (écrire **à un ami**). **Je fais écrire une lettre par un ami** (l'ami écrit).

4. Pronom sujet — nom objet direct: **Il** mange **sa soupe** — **Ils** mangent **leur soupe.**

> Je lui fais manger sa soupe.
> Je leur fais manger leur soupe.

5. Pronom sujet — pronom objet: **Il la** mange — **Ils la** mangent.

> Je la lui fais manger.
> Je la leur fais manger.

Remarque: On dit: **Je lui en fais manger** pour il mange de la soupe ou il en mange.

6. Faire faire: *to have something done or made;* **Se faire comprendre:** *to make oneself understood.*

> Elle a fait faire une robe.
> Ils se font comprendre.

7. Faire + verbe pronominal: on dit: **Je les fais se taire** ou **Je les fais taire.**

Attention: *make* + adjectif = **rendre: Il rend sa femme heureuse.** *He makes his wife happy.*

Verbe laisser

1. Nom sujet — pas d'objet direct: **L'enfant** mange.

> Je laisse l'enfant manger.
> ou: Je laisse manger l'enfant.

L'ordre est indifférent.

2. Pronom sujet — pas d'objet direct: **Il** mange.

> Je le laisse manger.

(**la, les,** etc.)

3. Nom sujet — nom objet direct: **L'enfant** mange **sa soupe.**

> Je laisse l'enfant manger sa soupe.

Ancien sujet + verbe infinitif + objet direct.

Remarque: La construction est normale: sujet, verbe, objet direct. Cet ordre est différent de celui de **faire.**

4. Pronom sujet — nom objet direct: Il mange **sa soupe.**

> Je le laisse manger sa soupe.
> Je lui laisse manger sa soupe.

La deuxième construction est une contamination de la construction avec **faire.**

5. Pronom sujet — pronom objet direct: Il **la** mange.

> Je le laisse la manger.
> Je la lui laisse manger.

La deuxième construction est une contamination.

Verbes de perception des sens

Avec les verbes de perception d'autres constructions que la construction infinitive sont possibles: *I saw a child picking your flowers* peut se dire:

1. J'ai vu un **enfant cueillir** vos fleurs.
2. J'ai vu un **enfant en train de cueillir** vos fleurs.
3. J'ai vu un **enfant qui cueillait** vos fleurs.

Remarque: Pour le verbe **apercevoir,** la construction avec un infinitif n'est pas possible. On peut seulement dire: **J'ai aperçu un enfant en train de ...** ou j'ai aperçu un enfant qui cueillait ...

Constructions infinitives

1. Nom sujet — pas d'objet direct: **L'enfant** mange.

> Je regarde l'enfant manger.
> Je regarde manger l'enfant.

L'ordre est indifférent.

2. Pronom sujet — pas d'objet direct: Il mange.

> Je le regarde manger.

3. Nom sujet — nom objet direct: **L'enfant** mange **sa soupe.**

> Je regarde l'enfant manger sa soupe.

Ancien sujet + verbe infinitif + objet.

4. Pronom sujet — nom objet direct: Il mange **sa soupe.**

> Je le regarde manger sa soupe.

5. Pronom sujet — pronom objet direct: **Il la** mange.

Je le regarde la manger.

Remarque: Avec **regarder** et **écouter, lui** et **leur** sont impossibles. Mais avec **entendre** on peut avoir: **Je la lui ai entendu chanter.**

Tableau pour la construction infinitive

1. nom sujet, pas d'objet direct

Je fais	manger l'enfant
Je laisse manger l'enfant	ou Je laisse l'enfant manger
Je regarde manger l'enfant	ou Je regarde l'enfant manger

2. pronom sujet, pas d'objet direct

Je le	fais	manger
Je le	laisse	manger
Je le	regarde	manger

3. nom sujet, nom objet direct

Je	fais	manger	sa	soupe	à	l'enfant
Je	laisse	l'enfant	manger	sa	soupe	
Je	regarde	l'enfant	manger	sa	soupe	

4. pronom sujet, nom objet direct

Je lui fais manger sa soupe	
Je lui laisse manger sa soupe ou Je le laisse manger sa soupe	
Je le regarde manger sa soupe	

5. pronom sujet, pronom objet direct

Je la lui fais manger				
Je la lui laisse manger ou Je le laisse la manger				
Je le regarde la manger				
Je la lui entends chanter				

Texte

UNE MANIAQUE DE L'ORDRE

Pierre Daninos (1913–   ) est un écrivain humoristique. Son livre le plus célèbre est *Les Carnets du Major Thompson* dans lequel il décrit les défauts des Français, vus par un Anglais. M. Blot est le petit bourgeois français typique.

Ce que ma femme me reproche le plus souvent, c'est d'être ce que je suis: bourgeois. . . . Je ne vois pas ce que le mot de bourgeois a de péjoratif au point que beaucoup de bourgeois ont horreur d'être appelés bourgeois. Les gens seraient-ils toujours vexés d'être pris pour ce qu'ils sont? A entendre un de ces snobs que je vois sur cette plage dire du voisin: « Je le trouve un peu snob . . . » il est clair que tout le monde est snob — sauf lui. . . . J'en suis peu à peu arrivé à croire qu'une infinité de gens ne détestent rien tant que d'être appelés par leur nom. . . . Voit-on jamais le Français moyen se targuer d'être un Français moyen? Le Français moyen, c'est tout le monde, sauf lui. . . . Mais Thérèse, tout compte fait, ne serait-elle pas la plus bourgeoise des deux?

Moi qui suis à longueur de journée esclave des prévisions mathématiques et passe le plus clair de mon temps à pourchasser le hasard jusqu'à lui supprimer toute chance de jouer, je n'aurais pas été ennemi, le soir, chez moi, de quelque laisser aller, d'un certain imprévu, voire d'un désordre un peu bohème. . . . Très vite, j'ai dû y renoncer. Thérèse est une maniaque de l'ordre et du rangement. Dans l'appartement, rien ne traîne. Je laisse un journal sur le lit. Je reviens: le journal est dans le casier à journaux du salon. Je pose mes clefs sur le guéridon de la galerie, je veux les reprendre: elles ont disparu dans un tiroir. C'est à peine si je puis faire tomber la cendre d'une cigarette dans un cendrier: ce n'est jamais le bon. Quant à la laisser tomber sur le tapis, c'est me faire traiter de sauvage et voir arriver dans la minute cet aspirateur que j'exècre. Je pensais avoir affaire à un cas. Un chansonnier m'a appris qu'il en existe au moins une autre comme elle. . . . Je ne sais plus où je l'ai entendu, mais il a subi le même enfer que moi. Et encore peut-il le mettre au passé. Lui aussi avait une femme qui déplaçait l'aspirateur pour une parcelle de cendre. . . . Lui aussi ne pouvait jamais retrouver un journal où il l'avait laissé. Le bouquet, il me l'a révélé: « Une nuit, vers quatre heures du matin, comme j'avais la migraine, je me lève pour prendre un cachet d'aspirine dans la salle de bains. Je reviens: mon lit était fait! »

Pierre Daninos
Un certain M. Blot
Pierre Daninos

Explication du texte

au point que: *to such an extent that*
avoir horreur de: détester
le voisin: l'homme qui est à côté de lui
sauf: excepté

se targuer de: se vanter de, *to boast*

tout compte fait: finalement

à longueur de journée: toute la journée

un esclave: *slave*

prévisions mathématiques: M. Blot travaille dans une compagnie d'assurances; il doit prévoir *(foresee)* mathématiquement tous les accidents du hasard *(fate).*

pourchasser: rechercher avec obstination

le plus clair de mon temps: la plupart de mon temps

je n'aurais pas été ennemi: j'aurais bien aimé avoir

voire: un vieux mot pour **même**

rangement: de **ranger;** mettre de l'ordre

rien ne traîne: rien n'est en désordre, tout est rangé

casier à journaux: un petit meuble spécial pour les journaux

le guéridon: une petite table à pied central

la galerie: on dit aussi le **couloir,** le **corridor**

se faire traiter de: être appelé

l'aspirateur: appareil pour nettoyer qui aspire la poussière

exécrer: détester

avoir affaire à: être en présence de

un chansonnier: un humoriste qui écrit et chante des chansons sur des sujets amusants (types humains, le gouvernement, célébrités, etc.)

c'est à peine si: *hardly can I*

subir l'enfer: endurer les souffrances de l'enfer

déplacer: changer de place

le bouquet: *ici,* au figuré: *the last straw*

Conversation sur le texte

1. Y a-t-il un mot américain correspondant à « bourgeois » ? Pouvez-vous définir le style de vie du bourgeois?

2. Pourquoi le métier de M. Blot lui fait-il souhaiter une vie un peu bohême, chez lui?

3. Un autre humoriste, psychologue, a donné un nom médical à cette manie du rangement: la névrose ménagère. Pouvez-vous commenter sur cette maladie et ses effets?

Exercices

1. Répétez les phrases suivantes avec chaque verbe: **Il fait, il laisse, elle regarde.**

> **Il fait** tomber la cendre
> **Elle regarde** tomber la cendre

1. La cendre tombe.
2. Elle tombe.

3. Son chien court.
4. Il court.
5. Sa petite fille dessine.
6. Elle dessine.
7. Les enfants dorment.
8. Ils dorment.
9. Les étudiants écrivent.
10. Ils écrivent.
11. Les étudiants écrivent une composition.
12. Ils écrivent une composition.

2. Ecrivez des phrases en commençant par le verbe entre parenthèses:
1. (Il a vu)   le facteur arrive
2. (Ils font)   elles lisent le journal
3. (Je laisse)   il mange une pomme
4. (Ne faites pas)   la cendre tombe sur le tapis
5. (Ils entendent)   elle la chante
6. (J'ai regardé)   les enfants jouent sur la plage

3. Traduisez:
1. *Have your friend come up and let her sing.*
2. *I saw him entering the house.*
3. *Do you hear the children laugh?*
4. *I had them see your last painting.*
5. *She makes herself understood.*
6. *The professor had the problem explained to the class by an assistant.*
7. *Every day, she has her children take some vitamins.*
8. *Don't let him leave the room.*
9. *I hate to be called bourgeois.*
10. *Have you ever heard a Frenchman talk about his neighbors?*
11. *He spends most of his time putting the apartment in order.*
12. *Her love for order makes me sick.*

Composition orale ou écrite

Décrivez la journée de quelqu'un qui est maniaque de l'ordre.

CHAPITRE 23

Devoir et il faut

Leçon de grammaire

En anglais, quand on dit:

> 1. *I must do my work. I have to study.*

on exprime une **nécessité,** une obligation impérieuse;

> 2. *It must be nice in Southern France.*

on exprime une **probabilité;** c'est la même chose que *it is probably nice;*

> 3. *We must go out tonight. We are to go out.*

on exprime une **action projetée;**

> 4. *You ought to do this. You should do this.*

c'est un **conseil;**

> 5. *You ought to have done this. You should have done this.*

c'est un **reproche** (un conseil tardif).

En français

> devoir + infinitif
> il faut + infinitif
> il faut que + subjonctif

se complètent ou sont en compétition pour exprimer les idées d'**obligation, de probabilité, de conseil** etc. Souvent même l'emploi varie selon le temps (présent, passé) auquel on parle.

1. **Il faut** exprime une **nécessité,** une **obligation** impérieuse.

> Il faut que vous veniez me voir.

On rencontre quelquefois **devoir,** mais dans des exemples où il s'agit d'une **règle générale,** d'un **devoir** étendu à l'humanité tout entière, ou bien un **devoir moral.** (Exception: la formule courante « Je dois dire ».)

> Tout le monde **doit** respecter ses parents.
> On **doit** obéir à la loi.

Pratiquement, dans la langue courante on préfère **il faut:**

> au présent:

>> Il **faut** absolument que vous veniez ce soir.

> au futur:

>> Il **faudra** vous lever plus tôt demain.

> à l'imparfait:

>> Tous les jours **il fallait** qu'elle aille au marché.

Au passé composé, pourtant, **il a dû** et **il a fallu que** sont aussi fréquents l'un que l'autre:

> Etant sans machine à écrire, il **a dû** écrire tout son roman à la main.
> Etant sans machine à écrire, il **a fallu** qu'il écrive . . .

Remarques: 1° La tournure **Il me faut travailler,** *It is necessary for me to work.* ou **Il lui faut écrire,** *It is necessary for him to write,* avec le pronom indirect entre **il** et **faut** est archaïque et peu courante de nos jours.

2° Suivie d'un nom, l'expression veut dire: *it takes,* et cette tournure est très employée: **Il me (Objet indirect — lui, leur) faut trois heures pour aller là-bas.** *It takes three hours . . . I need three hours . . .* **Il leur faut de l'argent.** *They need money.*

3° Voici une construction utile: **Il fait ce qu'il faut** *(what is necessary)* . . . **Il a fait ce qu'il fallait** . . . **Il a fait ce qu'il a fallu.**

You must not se dit: **Il ne faut pas** . . . mais *You don't have to* se dit: **Vous n'êtes pas obligé de . . . :**

> Vous n'êtes pas obligé de rire.
> *You don't have to laugh.*
> Il ne faut pas rire.
> *You must not laugh.*

2. Une **probabilité** s'exprime par **devoir,** seulement:

> au présent:

>> Il **doit** faire beau dans le Midi.
>> Il fait probablement beau . . .

> à l'imparfait:

>> Il **devait** faire beau . . .

> au passé composé:

>> Il **a dû** faire beau . . .

3. Un **projet** s'exprime par **devoir:**
   au présent:

   > **Nous devons** sortir ce soir.

   à l'imparfait:

   > **Nous devions** sortir ce soir mais mon mari est malade. (projet manqué)

4. Un **conseil** s'exprime avec **devoir** ou **il faut** au conditionnel présent:

   > Vous **devriez** sortir un peu.
   > Il **faudrait** que vous sortiez un peu.

5. Un **reproche** s'exprime avec **devoir** ou **il faut** au conditionnel passé:

   > Il **aurait dû** sortir. (attention à la construction différente de l'anglais)
   > *He ought to have gone out.*
   > Il **aurait fallu** que vous sortiez.

   avec l'imparfait de **falloir**, généralement avec un infinitif:

   > Il fallait me le dire.
   > *You should have told me.*

Remarque: *You must* répété, seul, après une phrase qui contient l'idée d'obligation, se dit: **Il le faut: Il faut que vous travailliez, il le faut.**

Tableau récapitulatif

devoir	il faut
Obligation, nécessité	
Surtout au passé composé: Il **a dû** tout recopier.	A tous les temps: Il **faut** Il **faudra** que vous veniez Il **fallait** Il **a fallu**
Probabilité présent: Il **doit** faire beau. imparfait: Il **devait** faire beau. passé composé: Il **a dû** faire beau.	
Projet présent: Nous **devons** sortir. imparfait: Nous **devions** sortir mais . . . (projet manqué)	
Conseil	
conditionnel présent: Vous **devriez** sortir.	conditionnel présent: Il **faudrait** que vous sortiez.
Reproche	
conditionnel passé: Vous **auriez dû** sortir.	conditionnel passé Il **aurait fallu** que vous sortiez. imparfait: Il **fallait** sortir.

Texte

UNE SCENE DE MENAGE

Jules Supervielle (1884–1960) écrit des poèmes et des pièces. Il bouleverse les notions établies et traîte irrespectueusement la création du monde et la Bible. « La première famille » , c'est Adam, Eve et leurs enfants.

EVE

Alors, pauvre mignon, il te faut plusieurs femmes?

ADAM

C'est pas ma faute. C'est le docteur qui l'a dit.

EVE

Et tu me dis ça dans le blanc de l'œil?

ADAM

Tu crois que j'ai peur de toi, moi, Adam, père de tout ce qui a deux jambes sur terre? Car toi aussi, je t'ai enfantée.

EVE

Que tu dis!

ADAM

Comment, ignorante, on voit encore la marque. Ça m'a coûté une côte et je t'ai donné le jour par cette blessure de mon flanc (Il montre son flanc). Et c'est pourquoi tu es la seule femme sans nombril. Oh! tu peux regarder, tu n'en as pas.

EVE

Et avec ça, que c'est beau, un nombril!

ADAM

Je trouve ça très troublant, cet œil qui n'y voit pas et qui n'en pense pas moins.

EVE

Quand tu m'as épousée, tu savais à quoi t'en tenir, je ne t'ai rien caché.

ADAM

Il faut être raisonnable, ma chérie. Je dois vivre 930 ans.

EVE

Moi aussi, je dois vivre plusieurs siècles.

ADAM

Ça ne t'empêche pas d'être toujours la même!

EVE *(pleurnichant devant les bêtes)*

Vous avez entendu? Je ne lui dis plus rien! Une fois, il me voudrait avec des yeux bleus, et une autre fois, il les faudrait grands et noirs comme ceux d'une vache ou tout petits et perçants comme ceux d'une souris. . . .

ADAM

Ah! pourquoi ai-je fondé une famille! Pourquoi avoir donné le jour à tous ces vauriens qui sont nés d'un baiser un peu trop appuyé sur ta divine bouche. J'aurais mieux fait de me tenir tranquille, ce jour-là; car maintenant, la femme gêne le mari . . .

EVE

. . . qui gêne la femme . . .

ADAM

. . . qui gêne son fils . . .

EVE

. . . qui gêne son père . . .

ADAM

. . . qui gêne sa fille . . .

EVE

. . . qui gêne sa mère . . .

ADAM

Et il y a encore les oncles barbus et les neveux par alliance, tout cela plus nombreux que les poissons de la mer. Et quand on est chef de famille, on est encore plus emmerlificoté que les autres. Et l'un me dit: Adam, j'ai mal à la tête, qu'est-ce qu'il faut faire? Et l'autre me dit: Adam, on m'a volé mon mouton. Donne-moi de la laine. Et un autre: Adam, ma fille nous a quittés. Il faut fouetter son amant sur la place publique. Et toi, tu n'es qu'un reproche sur jambes, oui, toi, comment t'appelles-tu déjà?

EVE

Oh. Il ne connaît même plus mon nom! *(Elle gémit.)*

ADAM

C'est moi le plus fort. . . . (On entend des hou! hou! hou!) Oh! là! là! ce que je suis critiqué. . . . Mais qu'est-ce qui se passe donc aujourd'hui? J'aurais dû me montrer plus discret. Quel besoin de dire que j'allais enlever cette jeune fille. Je suis vraiment trop honnête, je fais tout au grand jour. A l'avenir, je procèderai clandestinement.

Jules Supervielle
La première famille
Editions Gallimard

Explication du texte

pauvre mignon: *poor darling*
c'est pas ma faute: (langue familière, il manque le **ne**)
dans le blanc de l'oeil: bien en face
tout ce qui a deux jambes: les hommes
enfanter: mettre au monde
que tu dis: (il manque: **c'est ce** que tu dis)
une côte: *rib*
le nombril: *navel*
et avec ça: (intraduisible, marque le doute et l'ironie)
que c'est beau: comme si c'était beau
qui n'en pense pas moins: qui a sa propre opinion, quand même.
savoir à quoi s'en tenir: savoir quoi penser; *ici, to know what to expect*
un siècle: 100 ans
pleurnicher: pleurer d'une façon pitoyable (les bêtes sont les spectatrices
   de cette scène.)
je ne lui dis plus rien: il ne m'aime plus; il ne me désire plus
une vache: *cow*
une souris: *mouse*
donner le jour: mettre au monde
un vaurien: *rascal* (qui ne vaut rien)
trop appuyé: *ici*, trop fort
j'aurais mieux fait: j'aurais dû
gêner: *to bother*
emmerlificoté: c'est un mot fabriqué par l'auteur, composé de: **emberlificoté**
   entangled + **emmerdé** (langue vulgaire = ennuyé) mis dans une situation compliquée et difficile.
gémir: pleurer avec bruit
fouetter: battre avec un fouet *whip*
j'y suis: je comprends; je me rappelle, tout à coup
prendre en traître: agir comme un traître
enlever: *to kidnap*
ce que je suis critiqué: comme je suis ...
faire tout au grand jour: ouvertement, tout le monde peut le voir
procéder: agir; faire les choses (*to proceed:* **avancer**)

Conversation sur le texte

1. Pourquoi Eve est-elle la seule femme sans nombril?
2. Qu'est-ce que Eve reproche à Adam?
3. Qu'est-ce qui rend la vie d'Adam si difficile?
4. Cette scène de ménage est-elle typique d'un couple moderne, comme on
la présenterait dans une comédie bourgeoise?

Exercices

1. Répétez les phrases suivantes avec: **il faut que, vous devriez,** ou **vous auriez dû:**

> Vous travaillez: **Il faut que vous travailliez.**
> **Vous devriez travailler. Vous auriez dû travailler.**

1. Vous allez à Paris.
2. Vous dites la vérité.
3. Vous faites un voyage.
4. Vous vous tenez tranquille.
5. Vous prenez des précautions.
6. Vous savez la solution.
7. Vous vous couchez tôt.
8. Vous partez en vacances.
9. Vous avez du courage.
10. Vous êtes prudent.

2. Dans les phrases suivantes, indiquez d'après le tableau de la p. 217 la catégorie où vous rangez chaque expression. Puis, remplacez, quand c'est possible, l'expression entre parenthèses par une autre de même sens:

1. (Vous n'auriez pas dû) dire cela.
2. (Ils doivent aller) en France cet été.
3. (Il lui faut) beaucoup d'argent pour vivre.
4. (Ils ont dû avoir) du chagrin quand leur chien est mort.
5. (Elle a dû payer) toutes les dettes de son mari.
6. (Il faut apprendre) tes leçons, mon enfant.
7. (Elle devait) s'acheter une Cadillac mais sa banque n'a pas payé.
8. (Il fallait) me dire que vous aviez faim.
9. (On doit) respecter les autres.
10. (Il devrait) moins manger.

3. Ajoutez les expressions entre parenthèses aux phrases suivantes. Faites les changements de temps nécessaires.

1. Il faut que tu étudies ta leçon. (demain)
2. Nous sommes obligés de sortir avant le dîner. (hier soir)
3. Il faut que j'aille chez le dentiste. (la semaine prochaine)
4. Vous devez aller voter. (hier soir)
5. Il faut que je lui téléphone. (hier après-midi)
6. Il faut que nous nous revoyions. (si nous avions le temps)

4. Remplacez, dans les phrases suivantes, l'expression entre parenthèses par une tournure avec **devoir** ou **il faut**:

1. (Il fait probablement) froid en Alaska en novembre.
2. (Nous avions fait le projet d'aller) au cinéma ce soir, mais Papa est enrhumé.
3. (Il n'était pas nécessaire) de m'acheter tous ces cadeaux.
4. (Il a probablement manqué) son train.
5. (Elle a eu besoin de) cinq heures pour achever son devoir.
6. (Il a été dans l'obligation de) récrire toute sa composition.
7. (Vous aurez besoin de) beaucoup de courage.
8. (J'étais obligé de) m'en aller.
9. (Je vous fais le reproche de ne pas m'avoir écrit.)
10. Il a dit (la chose qui était nécessaire).

5. Traduisez:

1. *She was supposed to meet us here; she must have forgotten.*
2. *I must say that these people are very kind; you ought to be grateful.*
3. *You should not have said that. She will get mad.*
4. *They should hurry. They must not be late.*
5. *We didn't see them; they must have left last night.*
6. *How many hours do you need to go back home?*
7. *I need two hours.*
8. *If they were so tired, they ought to have stopped and rested for a few hours.*
9. *You don't have to shout; I am not deaf.*
10. *You must promise me that you will not drive too fast; otherwise, you will have to take the train.*
11. *You must not cry; you ought to be more brave.*
12. *She always needs something new.*
13. *I was supposed to go see them, but they said it wasn't necessary.*
14. *You ought to think of me.*
15. *Adam knows what to expect.*
16. *It would have been better for you to stay still.*
17. *I have a headache. What am I supposed to do?*
18. *What is going on today?*
19. *I got it! You need another wife!*
20. *He doesn't appeal to me any longer.*

Composition orale ou écrite

Une amie a échoué à un examen. Vous essayez de la consoler en mêlant les conseils aux reproches. Ce qu'elle aurait dû faire: (travailler davantage, se lever tôt, aller à la bibliothèque et au cours, apprendre ses leçons, écouter le professeur). Ce qu'elle n'aurait pas dû faire: (se coucher tard, regarder la télévision, aller au cinéma avec Bob, dormir en classe . . .). Ce qu'elle devrait faire maintenant: (se mettre au travail, ne pas pleurer, ne pas se décourager, repasser l'examen, avoir confiance).

CHAPITRE 24

Les Participes

Leçon de grammaire

● FORMES

La forme verbale **parlant** qui correspond à l'anglais *talking* a trois noms:

le gérondif: Elle sourit **en parlant.**
l'adjectif verbal: Une horloge **parlante.**
le participe présent: Nous cherchons quelqu'un **parlant** très
bien le russe.

Ces trois formes sont employées dans des circonstances différentes et il ne faut pas les confondre, parce qu'elles obéissent à des règles différentes.

Le gérondif

● EMPLOIS

1. La forme la plus facile à reconnaître et à employer est le gérondif car le gérondif est toujours accompagné de **en.** Quelle que soit la préposition en anglais *in, by, with, while,* en français c'est **en.**
Le sujet du gérondif et le sujet du verbe principal doivent être la même personne.

Il parle **en mangeant.**
Elle rit **en pleurant.**

Remarque: En peut être renforcé par **tout:** Tout en parlant, ils arrivent à la maison.

2. Le gérondif est une expression très pratique, car il permet d'éviter une phrase complexe. Par exemple:

Il exprime le temps:

> Il parle **en mangeant.**

en mangeant répond à la question **quand?**

Il exprime la manière:

> Elle s'est cassé la jambe **en tombant.**

en tombant répond à la question **comment?**

Il exprime le moyen:

> Il a ouvert la porte **en donnant** des coups de pied.

en donnant des coups de pied répond à la question **par quel moyen?**

Il exprime l'opposition:

> **Tout en pleurant,** elle riait.

en pleurant répond à la question **en opposition avec quelle situation?** Elle pleurait et elle riait. Malgré ses pleurs (sa tristesse, son chagrin) elle riait.

L'adjectif verbal

● EMPLOIS

C'est un **adjectif**, l'équivalent d'un adjectif comme **beau, petit, grand,** etc.: Il s'accorde avec le nom.

> Cette femme est **charmante** et belle.

Remarque: Il existe beaucoup d'adjectifs de ce genre, mais il faut les utiliser prudemment. Il faut dire: **une femme souriante** mais pas **une femme** ~~riante,~~ **une horloge parlante** mais pas **une personne** ~~parlante.~~

Le participe présent

● EMPLOIS

C'est le seul des trois qui se comporte comme une véritable forme verbale: il est **toujours invariable** et il peut avoir un **objet direct:**

> En Inde on rencontre des hommes **charmant** des serpents.

Quelle est sa signification?

Il peut être remplacé par une proposition relative:

> On rencontre des hommes **qui** charment des serpents.

Il peut être remplacé par une proposition avec **comme** exprimant à la fois le temps et la cause (questions **quand** et **pourquoi**):

> **Etant** malade, elle n'est pas venue en classe.
> **Comme** elle était malade, elle n'est . . .

Il peut indiquer deux actions simplement successives:

> **Prenant** son chapeau, il sortit.
> Il prit son chapeau et il sortit.

Comment le différencier de l'adjectif verbal?

le participe présent	l'adjectif verbal

C'est un **verbe**
il indique une **action**
il ne **s'accorde pas**
il peut avoir un **objet direct**
à la forme négative on dit:
   ne charmant **pas**
	C'est un **adjectif**
	il exprime une **qualité**, un **état** durable
	il **s'accorde**
	il n'a **pas d'objet direct**
	à la forme négative on dit:
	   pas charmante ou **peu** charmante

S'il est accompagné d'un adverbe,
l'adverbe **suit**:
   charmant toujours
	S'il est accompagné d'un adverbe,
	l'adverbe **précède**:
	   elle est **toujours charmante**

Enfin il y a parfois des différences d'orthographe:	
négli**geant** convain**quant** fati**guant**	négli**gent** (e) convain**cant** (e) fati**gant** (e)

> Cet argument n'est pas **convaincant**. (adj.)
> **Convainquant** sa mère de lui donner de l'argent, il a pu aller au cinéma. (part.)

Fréquence d'emploi du participe présent

Alors que le gérondif et l'adjectif verbal sont aussi fréquemment employés dans la langue parlée que dans la langue écrite, le participe présent n'est employé pratiquement que dans la langue écrite et même alors il est souvent considéré comme lourd.

Participe parfait et participe passé

Il existe une forme composée du participe: **ayant chanté**, qu'on appelle parfois **participe parfait**. Il exprime l'idée que l'action est achevée:

> **Ayant fini** mon travail, je suis libre de sortir.

Ce participe parfait existe beaucoup plus souvent sous sa forme simple de participe passé:

> Mon travail **fini**, je suis libre de sortir.

soit seul:

> Il marchait, les bras **levés** . . .

ou accompagné de **sitôt, une fois, dès**:

> **Sitôt couché**, je m'endors.
> Une fois les examens **passés**, je me reposerai.

Attention, ce participe passé s'accorde.

La proposition participe

C'est une construction de langue écrite, très courante, qui remplace une tournure plus complexe avec une conjonction. Elle se compose d'un **nom sujet** et d'un **participe**: le **nom sujet** ne doit pas avoir d'autre fonction dans le reste de la phrase.
Le participe peut être **présent, parfait,** ou **passé**:

> Le dîner **fini**, nous sommes allés au cinéma.
> Quand le dîner fut fini . . .
> Les enfants **ayant désobéi**, la maman s'est fâchée.
> Comme les enfants avaient désobéi . . .

Conseils pour la traduction

---

1. Ne pas employer le participe présent en français si en anglais on a la forme progressive: *I am reading.* On dit: **Je lis** ou **Je suis en train de lire**.

2. Après les verbes suivants, il faut l'infinitif:

aimer	*to like*
préférer	*to prefer*
avoir du plaisir à	*to enjoy*
s'arrêter de	*to stop*
continuer de	*to go on*
passer son temps à	*to spend one's time*

> **Il passe son temps à dormir.**

3. Certains participes en **–ing** sont traduits par des noms:

la nage	*swimming*
la marche	*hiking*
le ski	*skiing*

4. Certains participes exprimant une position: *sitting, leaning, bending, kneeling,* se traduisent par un participe passé si la position est déjà prise: **assis, appuyé, penché, agenouillé,** par un participe présent ou un gérondif si le mouvement est en train de s'effectuer: **s'asseyant, s'appuyant, se penchant, s'agenouillant.**

Remarque: *Standing* se dit **debout** (et ne s'accorde jamais).

Texte

UNE ETRANGE FACULTE

Notice biographique: voir p. 19.

Il y avait à Montmartre, au troisième étage du 75 bis de la rue d'Orchampt, un excellent homme nommé Dutilleul qui possédait le don singulier de passer à travers les murs sans en être incommodé. . . . Dutilleul venait d'entrer dans sa quarante-troisième année lorsqu'il eut la révélation de son pouvoir. Un soir, une courte panne d'électricité l'ayant surpris dans le vestibule de son petit appartement de célibataire, il tâtonna un moment dans les ténèbres, et le courant revenu, se trouva sur le palier du troisième étage. Comme sa porte d'entrée était fermée à clef de l'intérieur, l'incident lui donna à réfléchir et, malgré les remontrances de sa raison il se décida à rentrer chez lui comme il en était sorti, en passant à travers la muraille. Cette étrange faculté, qui ne semblait répondre à aucune de ses aspirations, ne laissa pas de le contrarier un peu et, le lendemain matin, profitant de la semaine anglaise, il alla trouver un médecin de quartier pour lui exposer son cas. Le docteur put se convaincre qu'il disait vrai et, après examen, découvrit la cause du mal dans un durcissement hélicoïdal de la paroi strangulaire du corps thyroïde. Il prescrivit le surmenage intensif et, à raison de deux cachets par an, l'absorption de poudre de pirette tétravalente, mélange de farine de riz et d'hormone de centaure.

Ayant absorbé un premier cachet, Dutilleul rangea le médicament dans un tiroir et n'y pensa plus. . . . Au bout d'un an, il avait donc gardé intacte la faculté de passer à travers les murs, mais il ne l'utilisait jamais, sinon par inadvertance, étant peu curieux d'aventures et rétif aux entraînements de l'imagination. L'idée ne lui venait même pas de rentrer chez lui autrement que par la porte et après l'avoir dûment ouverte en faisant jouer la serrure. Peut-être eût-il vieilli dans la paix de ses habitudes sans avoir la tentation de mettre ses dons à l'épreuve, si un événement extraordinaire n'était venu soudain bouleverser son existence.

Marcel Aymé
Le passe-muraille
Editions Gallimard

Explication du texte

le **don:** *talent*
incommodé: dérangé; troublé et aussi rendu malade
venait d'entrer dans sa 43ème année: il venait d'avoir 42 ans

une **panne d'électricité:** l'électricité s'arrête; une **panne d'essence:** Il n'y a plus d'essence dans votre voiture.

tâtonner: toucher les murs pour trouver son chemin

les **ténèbres:** l'obscurité

le **courant:** l'électricité

le **palier:** plate-forme entre les deux escaliers de deux étages

la **muraille:** le mur (mais un peu plus épais)

la **faculté:** *ici,* la possibilité, le pouvoir

ne laissa pas de: ne manqua pas de; *did not fail to* (expression littéraire)

contrarier: vexer; ennuyer

profiter de: *to take advantage of*

la **semaine anglaise:** comme les Anglais, les Français qui travaillent dans des bureaux ont le samedi après-midi libre

un **durcissement hélicoïdal de la paroi strangulaire du corps thyroïde:** **durcir:** devenir dur *(hard);* le reste est un groupe de mots savants qui n'ont aucune signification vraiment médicale; **paroi:** *wall*

le **surmenage:** lorsqu'on travaille trop, on est surmené

un **cachet:** *tablet*

le **médicament:** *medicine;* la **médecine:** *Medicine;* le **médecin:** *the doctor*

les **entraînements:** l'impulsion

dûment: *properly*

en faisant jouer la serrure: en faisant fonctionner la serrure *(the lock)*

peut-être eût-il vieilli . . . un conditionnel passé 2ème forme, forme littéraire et rare qui signifie: **il aurait vieilli.**

Conversation sur le texte

1. Pourquoi Dutilleul est-il contrarié de découvrir cette faculté?
2. Le médecin emploie des termes très techniques. Pourquoi?
3. Le médicament qu'il ordonne est-il très commun?
4. Le ton de ce passage fait sourire. Analysez-le.
5. Connaissez-vous la fin de l'histoire? Pouvez-vous la résumer?

Exercices

1. Mettez le verbe entre parenthèses à la forme convenable: participe présent, adjectif verbal ou gérondif:

1. (Porter) de gros paquets, elle marchait avec difficulté.
2. Les enfants, (trembler) de peur et de froid, nous regardaient.
3. Il a tendu ses vieilles mains (trembler).
4. C'est (trembler) qu'on réagit contre le froid.
5. Il est entré (courir).
6. Dans la langue (courir), on n'emploie pas cette forme.
7. Je l'ai aperçu (courir) dans la rue.
8. Les enfants (fatiguer) leur mère, on les a envoyés à la campagne.
9. Cet enfant est (fatiguer).
10. Je ne croyais pas vous déranger (frapper) à la porte.
11. Il y a entre eux une ressemblance (frapper).

12. Je l'ai surpris (frapper) un enfant.
13. Il est entré (faire) jouer la serrure.
14. Il a des idées (convaincre).
15. Nous habitons dans une rue (passer).
16. Il y avait à Montmartre un homme (posséder) le don de passer à travers les murs.
17. (Réfléchir) à cet incident, il décide d'aller voir le docteur.
18. C'est une histoire (surprendre).

2. Employez le gérondif, l'adjectif verbal, ou gardez l'infinitif, dans les phrases suivantes.

1. J'aime (faire du ski).
2. Il est tombé (faire du ski).
3. Il parle (manger).
4. Il passe son temps (manger).
5. Il écoute l'heure à l'horloge (parler).
6. Arrêtez-vous de (parler).
7. Elle est entrée (pleurer).
8. Elle continue à (pleurer).

3. Transformez, dans les phrases suivantes, les expressions entre parenthèses par une proposition participe, ou bien par un gérondif, un participe présent, ou parfait:

1. (Comme sa porte d'entrée était fermée à clef,) l'incident lui donna à réfléchir.
2. (Quand son examen fut terminé,) le docteur fit son diagnostic.
3. (Comme il était très surmené,) il avait fréquemment mal à la tête.
4. (Malgré ses larmes,) elle essayait de rire.
5. (Il profita de la semaine anglaise) et alla voir le docteur.

4. Traduisez:

1. *I like hiking but she likes swimming better.*
2. *Sitting on their chairs, they were very silent.*
3. *Kneeling on the floor, and bowing his head, he started listening to the sermon.*
4. *He always sings when he's working.*
5. *You have a charming wife.*
6. *He spends his time looking at himself in the mirror.*
7. *After opening the door, he walked into his apartment.*
8. *He put the tablets in the drawer without thinking of it.*
9. *He finally decided to go to the doctor's.*
10. *He did not have the idea to test his talents.*

Composition orale ou écrite

Racontez la visite de Dutilleul chez le médecin. Dutilleul est un peu embarrassé d'exposer un cas si extraordinaire. Le médecin est très sérieux et compatissant.

CHAPITRE 25

Le temps et la condition

Introduction à la phrase complexe

Il parle en dormant est une phrase simple.
Il parle pendant que sa femme l'écoute est une phrase complexe.

Une **phrase simple** a généralement un **verbe conjugué** (c'est-à-dire ni infinitif, ni participe). Elle peut être courte, ou elle peut être longue avec plusieurs verbes conjugués séparés par une virgule ou un mot comme **et, mais, donc.**

> Il **parle** en dormant, **fait** des rêves et **ronfle** beaucoup.

Une **phrase complexe** contient plusieurs verbes conjugués séparés par une **conjonction de subordination.**

La conjonction de subordination est un mot comme: **si, quand, comme, que, lorsque, après que, parce que, bien que** (*i.e.* un composé de **que,** excepté **est-ce que** ou **ne . . . que**). La conjonction relie le verbe principal et le verbe subordonné.

Le verbe subordonné peut être à l'indicatif ou au subjonctif. **Une conjonction apporte une idée de circonstance:**

Quand l'action se fait-elle?	le temps
A quelle condition?	la condition
Pourquoi l'action est-elle faite?	la cause*
Quel est le résultat de l'action?	la conséquence*
Dans quel but?	le but*
Malgré quoi l'action est-elle faite?	l'opposition*

*Voir chapitre 26, p. 241

Leçon de grammaire

Le temps

Trois conjonctions seulement sont suivies du **subjonctif**: avant que, en attendant que et jusqu'à ce que. Toutes les autres sont suivies de l'**indicatif**.

Les conjonctions de temps et le subjonctif

---

1. Avant que: *before* doit être employé avec **deux sujets** différents:

Je travaille **avant que mon amie** vienne.

Si le sujet du deuxième verbe est le même, il faut suivre la règle des deux sujets et employer un **infinitif**:

Je travaille **avant de sortir.**

before: **avant que** + subjonctif; **avant de** + infinitif; **avant** + nom.

2. En attendant que: *waiting for* ne suit pas la règle des deux sujets:

Je travaille **en attendant que je sorte.**
ou: Je travaille **en attendant de sortir.**

La forme négative de **en attendant que** est **sans attendre que**. Elle est aussi suivie du subjonctif:

Je suis parti **sans attendre que** mon ami **vienne.**

3. Jusqu'à ce que: *until* ne suit pas la règle des deux sujets:

Il travaille **jusqu'à ce qu'il soit** épuisé.
Il travaille **jusqu'à être épuisé.**

jusqu'à + nom: *until:* **jusqu'à mardi, jusqu'à la fin.**

Remarque: *not until* qui veut dire *not before* se traduit **pas avant que, pas avant:** *He will not come until eight o'clock:* Il ne viendra pas avant huit heures . . . pas avant que je parte.

Les conjonctions de temps et l'indicatif

---

alors que	dès que
à peine . . . que	en même temps que
après que	lorsque
au moment où	maintenant que
aussi longtemps que	pendant que
aussitôt que	quand
chaque fois que	sitôt que
comme	tandis que
depuis que	toutes les fois que

1. **Après que, aussitôt que, dès que, quand, lorsque, une fois que** suivent une concordance des temps très stricte (voir tableau p. 75) si les deux actions arrivent l'une après l'autre.

> **Aussitôt que** Pierre **a fini** son travail, il **sort.**
> Pierre **sortait dès** qu'il **avait fini** son travail.
> Il **sortira lorsqu'**il **aura fini** son travail.
> **Une fois** qu'il **a eu fini** son travail, il **est sorti.**

Mais lorsque les deux actions se passent vraiment **en même temps**, on a le **même temps** pour les deux verbes:

> **Dès que** son réveil **a sonné**, il **s'est levé.**

Remarque: **Après** seul s'emploie avec l'**infinitif passé**: **Après avoir fini** son travail Pierre **sort** (ou **sortira, sortait, sortit, est sorti**).

2. **A peine que** est surtout employé pour écrire et demande une construction spéciale: **A peine que** est suivi du groupe sujet inversé et **que** est rejeté au début de ce qui est en réalité le groupe principal. Comparez:

> **A peine** le ministre **a-t-il fini** son discours **que** le public applaudit.
> **Aussitôt que** le ministre **a fini** son discours, le public applaudit.

Dans la langue familière on simplifie:

> Il avait **à peine fini** de dîner **(que)** le téléphone a sonné.

A peine est au milieu du verbe, il n'y a pas d'inversion, **que** n'est pas obligatoire, la concordance des temps est moins stricte **(il avait fini . . . a sonné).**

3. **A mesure que** est une conjonction très courante en français. Elle signifie que deux actions progressent ou changent en même temps dans la même proportion ou en sens inverse. Il faut donc employer un verbe qui indique un changement:

> **A mesure que** l'avion monte, les maisons **deviennent** de plus en plus petites.

4. **Pendant que, alors que, tandis que:** *while:*

> Sa femme tricote **pendant qu'il regarde** la télévision.

Remarque: **Alors que, tandis que** ont parfois un sens d'opposition dans le temps et signifient *whereas:* **Elle est toujours triste, alors que lui est un optimiste.**

5. **Aussi longtemps que, tant que:** *as long as.* Avec ces conjonctions on emploie le temps qui convient à l'action (présent, futur, passé).

> Il lui a dit: — Tant que je vivrai, je m'amuserai!

6. **Comme:** *as, just as.* On emploie toujours l'**imparfait** avec cette conjonction-là.

> Comme je **sortais** de chez moi, le facteur **arrivait** avec un paquet.
> ou: **est arrivé**

La condition

si
à (la) condition que
à moins que
au cas où
dans le cas où
en admettant que

pourvu que
soit que . . . soit que
soit que . . . ou que
supposé que
à supposer que

Si, la conjonction la plus importante et la plus courante pour exprimer la condition est suivie de l'**indicatif.** Son emploi est expliqué en détail dans le chapitre 10, p. 90.

Les autres conjonctions de condition sont généralement suivies du sub-**jonctif** à cause du **doute** contenu dans toute hypothèse. Une seule est suivie du **conditionnel: au cas où.**

1. A condition que

> Nous sortirons à **condition** qu'il **fasse** beau.

Si les deux verbes ont le même sujet, on peut remplacer la conjonction par la préposition: **à condition de** + un infinitif.

> **Je** sortirai à **condition que je** finisse ce roman.
> ou: **Je** sortirai à **condition d'avoir fini** ce roman.

2. Pourvu que: *provided that*

> Ils viendront nous voir **pourvu qu'ils trouvent** leur chemin.

Remarque: **Pourvu que** s'emploie en proposition indépendante avec une nuance de souhait: **Pourvu qu'il fasse beau demain!**

3. A moins que: *unless*

> Nous arriverons à cinq heures **à moins qu'il** y **ait** un embouteillage.
> ou: Nous arriverons à cinq heures **à moins qu'il n'y ait** un embouteillage.

Le **ne** est pléonastique. (Voir appendice p. 283)

Dans le cas du même sujet pour les deux verbes on a: **à moins de** + infinitif:

> Il viendra te voir **à moins d'être** malade.

4. Au cas où: *in case that.* Cette conjonction est suivie du conditionnel:

> Prenez votre parapluie **au cas où** il **pleuvrait.**

Dans la langue populaire on entend fréquemment: **des fois que** pour **au cas où:**

> Prends ton costume de bain **des fois qu'il** y **aurait** une piscine.

Texte

L'OEUVRE DU SIXIEME JOUR

Marie Noël (1883–1972) compose des cantiques et des hymnes (paroles et musique). Il y a une saveur de campagne et de nature dans sa poésie. Elle a introduit une familiarité populaire dans la religion, et dans ce petit texte, traite irrespectueusement l'œuvre divine et la création.

Dès que le chien fut créé, il lécha la main du Bon Dieu et le Bon Dieu le flatta sur la tête: — Que veux-tu, Chien?

— Seigneur Bon Dieu, je voudrais loger chez toi, au ciel, sur le paillasson devant la porte.

— Bien sûr que non, dit le Bon Dieu. — Je n'ai pas besoin de chien puisque je n'ai pas encore créé les voleurs.

— Quand les créeras-tu, Seigneur?

— Jamais. Je suis fatigué. Voilà cinq jours que je travaille, il est temps que je me repose. Te voilà fait, toi, Chien, ma meilleure créature, mon chef-d'œuvre. Mieux vaut s'en tenir là. Il n'est pas bon qu'un artiste se surmène au delà de son inspiration. Si je continuais à créer, je serais bien capable de rater mon affaire. Va, Chien, va vite t'installer sur la terre. Va et sois heureux.

Le Chien poussa un profond soupir. — Que ferai-je sur la terre, Seigneur?

— Tu mangeras, tu boiras, tu croîtras, tu multiplieras.

Le Chien soupira plus tristement encore.

— Que te faut-il de plus?

— Toi, Seigneur mon Maître! Ne pourrais-tu pas, toi aussi, t'installer sur la terre?

— Non! dit le Bon Dieu, non, Chien! Je t'assure. Je ne peux pas du tout m'installer sur la terre pour te tenir compagnie. J'ai bien d'autres chats à fouetter. Ce ciel, ces anges, ces étoiles, je t'assure, c'est tout un tracas.

Alors le Chien baissa la tête et commença à s'en aller. Mais il revint: — Ah! si seulement, Seigneur Bon Dieu, si seulement il y avait là-bas une espèce de maître dans ton genre?

— Non, dit le Bon Dieu, il n'y en a pas.

Le Chien se fit tout petit, tout bas et supplia plus près encore: — Si tu voulais, Seigneur Bon Dieu . . . Tu pourrais toujours essayer . . .

— Impossible, dit le Bon Dieu. J'ai fait ce que j'ai fait. Mon œuvre est achevée. Jamais je ne créerai un être meilleur que toi. Si j'en créais un autre aujourd'hui, je le sens dans ma main droite, celui-là serait raté.

— O Seigneur Bon Dieu, dit le Chien, ça ne fait rien qu'il soit raté pourvu que je puisse le suivre partout où il va et me coucher devant lui quand il s'arrête.

Alors le Bon Dieu fut émerveillé d'avoir créé une créature si bonne et il dit au chien: — Va! qu'il soit fait selon ton cœur! Et rentrant dans son atelier, il créa l'Homme.

N.B.   L'Homme est raté, naturellement. Le Bon Dieu l'avait bien dit. Mais le chien est joliment content!

Marie Noël
L'œuvre du 6ème Jour
Editions Stock

Explication du texte

une **œuvre:** un travail (**œuvre** s'emploie pour un travail important ou pour un artiste)
le **Bon Dieu:** C'est ainsi qu'on parle de Dieu dans la langue familière.
flatter: caresser
loger: habiter
le **paillasson:** *door mat*
un **voleur:** un homme qui vole
un **chef-d'œuvre:** (ʃedœ:vʀ) l'œuvre la plus parfaite
mieux vaut s'en tenir là: il vaut mieux en rester là, ne pas continuer
se surmener: travailler trop au point de se fatiguer
au delà de: *beyond*
rater: *to make a mess of*
mon affaire: *ici*, mon œuvre
croître: grandir (ce verbe s'emploie rarement mais se trouve dans le nom croissance)
avoir d'autres chats à fouetter: avoir d'autres occupations plus importantes
un **tracas:** un souci, problème, sujet d'inquiétude
émerveillé: *wonderstruck*
qu'il soit fait: subjonctif seul, sans principale. C'est un souhait: *"Let it be..."*
selon: *according to*
un **atelier:** la pièce où travaille un artisan ou un artiste

Conversation sur le texte

1. Quel type d'animal est le chien? Quel est son rôle?
2. Comment Dieu est-il présenté?
3. Pensez-vous que l'homme soit raté?

Exercices

1. Répétez les phrases suivantes en mettant le verbe principal au **futur**, à l'imparfait, au **passé composé**. Changez aussi le verbe subordonné.

　　1. Dès que son travail est terminé, Dieu se repose.
　　2. Aussitôt qu'il a créé le chien, Dieu est émerveillé.
　　3. Une fois qu'il est arrivé sur la terre, l'homme s'ennuie.

2. Sur les deux modèles suivants, faites des phrases semblables avec le vocabulaire suivant.

> Si je **continuais**, je **serais** bien capable de rater mon affaire.
> Si tu **avais voulu**, tu **aurais pu** essayer.

1. Si le Bon Dieu (créer) les voleurs, il (avoir) besoin d'un chien.
2. Si vous (se surmener), votre travail (être) raté.
3. Si elle (être) fatiguée, elle (devoir) se reposer.

3. Répétez les phrases suivantes en remplaçant **si + imparfait** par **à condition que + subjonctif présent** ou **au cas où + conditionnel présent**.

1. Vous m'aideriez, **si j'avais** besoin de vous.
2. Nous irions au cinéma, **si** les enfants **n'étaient** pas malades.
3. Le sénateur Smith serait élu, **s'il avait** assez de voix.

4. Introduisez la conjonction entre parenthèses dans les phrases suivantes:

1. (pourvu que)   Je suis content. Je le suis partout.
2. (jusqu'à ce que)   Il a supplié. Le Bon Dieu dit oui.
3. (à moins que)   Nous viendrons vous voir. Il pleut.
4. (avant que)   Je vous téléphonerai. Vous coucherez.
5. (comme)   J'arrive chez moi. J'entends le téléphone.
6. (à mesure que)   Dieu est fatigué. La création avance.
7. (au cas où)   Dieu a créé l'homme. Le Chien s'ennuie.
8. (tant que)   L'homme est sur la terre. Il boit et il mange. (au futur)
9. (à peine . . . que) Il a le dos tourné. La chèvre se sauve par la fenêtre.
10. (à condition que) Nous irons nous promener. Il fait beau.

5. Traduisez:

1. *I saw an accident, as I was leaving the house.*
2. *He didn't come until ten o'clock.*
3. *As the sun rises in the sky, the weather gets hotter and hotter.*
4. *As long as they live in this country, they will remember their fatherland.*
5. *She had a big smile, as soon as she understood the lesson.*
6. *When he arrives, I'll speak to him.*
7. *There is much work to do, before he can rest.*
8. *After getting up, she drank a cup of tea.*
9. *We have prepared a big dinner in case they will be hungry.*
10. *A dog is happy, provided there is a door mat.*
11. *When I am on earth, what will I do?*
12. *I don't want you to keep me company.*
13. *What else do you need?*
14. *I have other things to worry about.*

Composition écrite ou orale

Imaginez la conversation de Dieu et de l'homme après la création de l'homme. L'homme s'ennuie et il lui faut . . . une femme.

CHAPITRE 26

La cause et la conséquence le but et l'opposition

Leçon de grammaire

La cause et la conséquence

Généralités: La **cause** et la **conséquence** sont inséparables l'une de l'autre.

Dans la phrase: **Il pleut, je prends mon parapluie.**
Il pleut est la cause, **je prends mon parapluie** est la conséquence.

Quand on veut exprimer le **rapport cause-conséquence** à l'aide d'une conjonction on peut insister sur la **cause:**

Je prends mon parapluie **parce qu'**il pleut.

ou sur la **conséquence:**

Il pleut **tellement** fort **que** je prends mon parapluie.

Conjonctions de cause

---

attendu que	puisque
comme	vu que
étant donné que	sous prétexte que
parce que	du moment que

● EMPLOIS

1. Les plus couramment employées sont: **parce que:** *because;* **puisque** et **comme:** *since.* Les conjonctions de cause sont généralement suivies de l'indicatif.

> Je suis venu **parce que** je me **plais** ici.
> **Comme** il a beaucoup d'argent il passe son temps sur son yacht.
> **Puisque** vous **souffrez** du mal de mer, prenez l'avion.

2. Du moment que a le même sens que **puisque** *(since, as long as).* Ce n'est pas une conjonction de temps:

> **Du moment que** vous le **dites,** ce doit être vrai.

3. Sous prétexte que

> Il n'est pas venu **sous prétexte qu'il est fatigué.**

4. Si . . . c'est que a le sens de **parce que.** Cette conjonction est employée couramment:

> **Si** Pierre déteste Hélène, **c'est qu'elle a** mauvais caractère.
> Pierre déteste Hélène **parce qu'elle a** mauvais caractère.

5. Maintenant que, à présent que expriment le temps et la cause:

> **Maintenant** que vous avez vingt ans, il faut être responsable de vos actes.
> **A présent** que vous êtes en France, il faut que vous parliez français.

Le subjonctif dans la cause

Le subjonctif dans la cause est très rare. On l'emploie avec la conjonction **soit que . . . soit que.** Avec cette conjonction on exprime deux causes possibles entre lesquelles on ne choisit pas, d'où le doute et le subjonctif:

> Ils ne nous ont pas écrit **soit qu'ils soient fâchés, soit qu'ils soient très** occupés.

Dans la conversation ou dans une langue plus simple on dit **parce que . . . parce que:**

> Ils ne nous ont pas écrit **parce qu'ils sont fâchés** ou **parce qu'ils sont très** occupés.

Constructions de phrases simples

1. Il faut faire attention à la traduction de *because.* On dit **parce que** s'il y a un sujet et un verbe et **à cause de** avec un nom.

> Il étudie **parce qu'il est** ambitieux.
> Il étudie **à cause de** son **ambition.**

2. Préposition avec un nom: **grâce à, à force de, de.**

> Il a gagné les élections **grâce aux** votes des ouvriers. *(thanks to)*
> Il a gagné les élections **à force de** travail. *(by dint of)*
> Il est mort **de** faim.

Remarque: Il n'y a pas d'article devant le nom après **à force de** et **de**.

3. Prépositions avec un infinitif: **à force de, sous prétexte de:**

> **A force de parler** il nous a convaincus.
> **Sous prétexte d'être** très fatigué, il refuse toujours de faire la vaisselle.

Constructions avec tant et tellement

Dans la conversation, lorsque la cause contient une idée d'intensité **parce que** est souvent remplacé par **tant** ou **tellement**:

> Il m'agace **tant** il bavarde.
> Elle n'a jamais d'argent **tellement** elle dépense.

La conséquence

Indicatif

si . . . que	au point que
tant . . . que	de façon que
tel . . . que	de manière que
tellement . . . que	de sorte que
	si bien que

Subjonctif

assez . . . pour que
trop . . . pour que

Une phrase où la cause est exprimée ainsi:

> Elle me fatigue **tant** elle parle.

peut exprimer la conséquence ainsi:

> Elle parle **tant** *(so much that)* **qu'**elle me fatigue.

Dans la langue parlée et écrite les conjonctions de conséquence les plus courantes sont: **tant . . . que, tellement . . . que** et **si . . . que.** Ces conjonctions sont suivies de l'**indicatif.**

1. Tant . . . que: tant doit être obligatoirement accompagné d'un **verbe** ou d'un **nom:**

> Il se vante **tant** qu'il **agace** tout le monde.
> Il a mangé **tant de chocolat** qu'il est malade.

Attention: Il ne faut pas oublier le **de** devant le nom avec l'expression de quantité: **tant de chocolat.**

2. Si . . . que: Si doit obligatoirement accompagner un **adverbe** ou un **adjectif:**

> Il a regardé la télé **si tard** qu'il ne peut pas se lever ce matin.
> Elle est **si gentille** que tout le monde l'aime.

3. Tellement . . . que: tellement peut remplacer indifféremment **tant** ou **si:**

> Il se vante **tellement** qu'il m'agace.
> Elle est **tellement gentille** que tout le monde l'aime.

4. De sorte que, de façon que et **de manière que** sont généralement employées pour écrire.

Conjonctions de conséquence et le subjonctif

Les conjonctions de conséquence formées à l'aide de **pour que,** conjonction de but, sont toujours suivies du subjonctif.

> Il fait **assez beau pour que** nous **allions** à la plage.
> Il y a **trop de** moustiques **pour que** nous **allions** à la plage.

La règle des deux sujets est obligatoire pour ces conjonctions.

> Il y a **trop peu de soleil pour bronzer.** *(to tan)*

La phrase simple et la conséquence

Dans la conversation l'idée de conséquence peut être exprimée plus simplement. On dit:

> Il lit tard, **alors** il ne peut pas se lever le matin.

Dans une langue plus précise, mathématique on dit aussi:

> Il lit tard, **c'est pourquoi** il ne **peut** pas se lever le matin.
> Il lit tard, **par conséquent** il ne **peut** pas se lever le matin.

Dans la langue écrite on a **donc** placé généralement après le verbe:

> M. Dupont est mort; ses enfants héritent **donc** sa fortune.

Attention: 1° Aussi signifie *also* seulement lorsqu'il est accompagné de et ou lorsqu'il est placé **après un nom** ou **un verbe**: A Paris j'ai vu la Tour Eiffel et aussi le Louvre. Bien entendu, j'ai vu Notre-Dame aussi.

2° Si **aussi** est placé en tête d'un **groupe de mots** il signifie **par conséquent** et doit être obligatoirement suivi du sujet inversé: **Les vacances** approchent; aussi *(therefore)* **les enfants sont-ils très énervés.**

Le but

Le but c'est la conséquence souhaitée, non réalisée, mais imaginée. Alors que la conséquence est un résultat obtenu, réél, **le but est un résultat que l'on cherche à obtenir.** Il est donc normal de ne pas avoir l'indicatif.

Toutes les conjonctions de but sont suivies du **subjonctif**, sans exception:

afin que
pour que
de crainte que
de peur que

1. Afin que et **pour que:** *in order that.* **Afin que** s'emploie davantage dans la langue écrite.

Il est resté en Italie **afin que** ses parents **puissent** venir le voir.

2. De peur que et **de crainte que:** *for fear that.*

Je me dépêche de rentrer **de peur de manquer** les nouvelles à la télé.*

*Les conjonctions de but doivent respecter la règle des deux sujets. Avec le même sujet pour les deux verbes, il faut se servir de **pour, afin de, de peur de, de crainte de** + un infinitif:

3. Dans l'intention de + infinitif et **en vue de** + infinitif ou + un nom peuvent aussi exprimer le but:

Ils font des économies **dans l'intention de voyager.**
Ils font des économies **en vue d'un voyage.**

Sans que: *without*

Cette conjonction est suivie du subjonctif et elle est inclassifiable par le sens. Elle suit la règle des deux sujets:

Il est entré **sans que** je l'entende.
Il est entré **sans dire** bonjour.

Avec un nom, il n'y a pas d'article:

Il est entré **sans chapeau.**

L'opposition

L'opposition est une conséquence illogique, contradictoire:

> Elle est jolie. Personne ne l'aime.

La cause et la conséquence sont en contradiction; elles s'opposent. En anglais, cette idée s'exprime par les mots suivants: *although, even though, however, nevertheless,* etc.

En français on a plusieurs séries d'expressions:

1. Des expressions courantes de phrase simple: (pour la langue écrite et parlée).

2. Des conjonctions suivies de l'indicatif ou du conditionnel: (pour la langue écrite et parlée).

3. Des conjonctions suivies du subjonctif: (langue écrite).

Expressions courantes langue simple

---

et
mais
pourtant
cependant
malgré
avoir beau

> Elle est jolie **pourtant** personne ne l'aime.
> Il est intelligent **mais** il a échoué à ses examens.
> Elle se fâche facilement **cependant** elle est très gentille.

1. Malgré + un nom:

> **Malgré sa beauté,** personne ne l'aime. *(In spite of)*

2. Avoir beau: expression idiomatique la plus courante, dans la langue parlée et dans la langue écrite:

> **J'ai beau** travailler, je n'ai aucun résultat.
> *However hard I work, I have no result.*
> **Elle a beau** être jolie, personne ne l'aime.
> *Although she is pretty . . .*

Il doit toujours y avoir deux groupes verbaux: le premier avec **avoir beau**; le deuxième qui exprime la conséquence contradictoire.

Avoir se conjugue au temps nécessité par l'action. Il a un nom sujet, ou pronom personnel ou impersonnel selon la phrase.

246

Beau ne change jamais; il est toujours invariable.

Avoir beau est immédiatement suivi d'un infinitif, présent ou passé, sans préposition.

Il n'y a rien entre les deux groupes, qu'une virgule.

> Mon frère **a beau travailler**, il ne réussit pas.
> Il **a beau avoir travaillé**, il n'a pas réussi.
> Il **a eu beau travailler**, il n'a pas réussi.
> Il **aura beau travailler**, il ne réussira pas.

Sujet impersonnel:

> Il **a beau pleuvoir**, je sortirai.

Conjonctions suivies de l'indicatif ou du conditionnel

---

même si
quand même
au cas où

1. Même si est suivi de l'indicatif présent, imparfait, plus-que-parfait (comme **si**):

> **Même si** elle a de l'argent, elle s'habille mal.
> **Même si** elle était malade, elle écrirait tous les jours.
> **Même s'il** avait été à l'heure, il n'aurait pas pu avoir de ticket.

2. Quand même, quand bien même, au cas où sont suivis du conditionnel:

> **Quand bien même** il pleuvrait, nous sortirions.
> **Au cas où** il viendrait nous sortirions.
> **Quand même** il serait là, nous travaillerions.

Conjonctions avec le subjonctif

Les plus courantes sont: **bien que** et **quoique** *although:*

> **Bien qu'elle soit** jolie, personne ne l'aime.
> **Quoiqu'il soit** riche, il s'habille comme un clochard.

Remarques: 1° On peut avoir le même sujet. Avec le verbe **être** et **le même sujet** on simplifie et on supprime le sujet et le verbe: **Quoique riche, il s'habille comme un clochard.**

       2° Dans la conversation, on supprime même le subjonctif et on emploie **quoique** comme adverbe, entre virgules: **Il réussira, quoique, il faudra beaucoup de temps.**

Tableau de l'emploi du mode avec les conjonctions

Attention à la règle des deux sujets.

	temps	cause	conséquence	but	opposition	condition
subjonctif	en attendant que avant que jusqu'à ce que	(rarement) soit que . . . soit que	assez . . . pour que trop . . . pour que	[toujours] pour que de peur que de sorte que	bien que quoique sans que . . .	à condition que à moins que pourvu que
indicatif	la majorité après que pendant que à peine que, etc.	la majorité parce que puisque comme, etc.	si . . . que tant . . . que tellement . . . que de sorte . . . que, etc.		même si	si
conditionnel					quand bien même	au cas où
phrase simple	avant + nom avant de + inf. après + nom après + inf. passé à peine	à cause de tant tellement	assez pour + inf. trop pour + inf. alors	pour	malgré avoir beau et, mais pourtant sans	à condition de

Texte

PREMIERE RENCONTRE

Marcel Pagnol (1895–   ) de l'Académie Française, est né à Marseille où il a passé son enfance. Les personnages de ses pièces (Marius, Fanny) dont il a tiré des films, sont des gens du Midi, à l'accent savoureux et à la franchise brutale. Il a raconté son enfance dans trois livres *(le Temps des secrets, le Château de ma mère, la Gloire de mon père).* Ce passage est extrait du premier livre. Enfant, il se promène dans la campagne et rencontre une petite fille.

— Vous aimez les raisins?

— Je les adore, dit-elle, mais (elle hocha la tête d'un air grave) je suis trop bien élevée pour manger des raisins volés. Elle recommençait à faire des mines.

— Eh bien moi, dis-je cyniquement, je les trouve meilleurs!

— Ho! Ho! je crois que vous avez tort, parce que ça finira par vous mener en prison. Vous serez beaucoup moins fier quand on vous enfermera dans un cachot, et que votre famille sera déshonorée. Ces choses-là, on les imprime dans les journaux. Je peux vous le garantir, parce que mon père est dans un journal qui s'appelle le Petit Marseillais.

— Justement, mon oncle le lit tous les jours, à cause de la politique.

— Oh! dit-elle, un peu méprisante, la politique, mon père ne s'en occupe pas! Il est bien plus que ça!

— C'est le directeur?

— Oh! bien plus! C'est lui qui corrige les articles de tous les autres! Mais oui! Et, de plus, il fait des poésies, qui sont imprimées dans les revues à Paris.

— Des poésies avec des rimes?

— Oui, Monsieur, parfaitement. Des rimes, il en a trouvé des milliers. Il les cherche dans le tramway. . . .

— Comment s'appelle-t-il?

Elle me répondit fièrement:

— Loïs de Montmajour.

Non, il n'était pas dans mon livre. . . . Je n'osai pas le lui dire, et je fus saisi de respect à la pensée qu'il était noble, puisque devant son nom, il y avait *de;* c'était peut-être la fille d'un comte, ou même d'un marquis: voilà pourquoi il ne fallait pas la tutoyer.

— Et vous, votre père, que fait-il?

— Il est professeur.

— Professeur de quoi?

— De tout. Il est à l'école du chemin des Chartreux.

— Une école communale?

— Bien sûr. C'est la plus grande de tout Marseille! J'attendis l'effet de cette révélation. Il fut désastreux. Elle fit une jolie petite moue, et prit un air supérieur pour dire:

— Alors, je vous apprendrai qu'il n'est pas professeur. Il est maître d'école. C'est très bien, mais c'est moins qu'un professeur.

Marcel Pagnol
Le temps des secrets
Editions Pastorelli

Explication du texte

bien élevé: *well behaved* (le contraire est **mal élevé**)
faire des mines: être affecté
ça: voler des raisins
un **cachot:** une cellule noire et sale dans une prison.
être déshonoré: perdre l'honneur
imprimer: *to print*
mépriser: *to despise*
s'occuper de: *to deal with; to take care of*
une **poésie:** un poème (un poète écrit des poèmes)
une **revue:** un magazine
le **tramway:** *cable car*
Il ne fallait pas: *I was not supposed to*
tutoyer: dire **tu** à quelqu'un; dire **vous: vouvoyer:** on tutoie ses parents,
   ses camarades de classe, les enfants. On vouvoie ses professeurs, les
   inconnus, les grandes personnes.
l'**école communale:** *grammar school*
faire la moue: *to pout*
le **professeur:** on dit **professeur** pour quelqu'un qui enseigne dans une école
   secondaire (11 à 18 ans).
le **maître d'école:** On dit **maître d'école** pour quelqu'un qui enseigne dans
une école communale (6 à 11 ans).

Conversation sur le texte

1. La petite fille « fait des mines. » Donnez des exemples.
2. Elle se sent supérieure au garçon. Pourquoi?
3. Quelle est la différence entre un professeur et un maître d'école?
4. Discutez les différences de classes sociales en France. Comparez-les
avec celles des U.S.A.

Exercices

1. Répétez les phrases suivantes, en employant successivement: **parce que,
puisque, si . . . c'est que.**

   1. Nous n'allons pas au cinéma, nous n'avons pas d'argent.
   2. Vous êtes fatigué, nous prenons un taxi.
   3. Je ne lui parle plus, elle est méprisante.

2. Répétez les groupes suivants en employant: **parce que** + verbe conjugué, **à cause de** + nom.

1. Elle réussit mal dans ses études; elle a une mauvaise santé.
2. Il l'épouse, elle a des qualités de bonne ménagère.
3. Ils ont vendu leur magasin, ils avaient des dettes.
4. Il lit ce journal, il y a de la politique. \

3. Répétez les phrases suivantes en employant **tellement** à la place de **parce que . . . beaucoup.**

> Il est épuisé **parce qu'**il a **beaucoup** travaillé.
> Il est épuisé **tellement** il a travaillé.

1. Elle me fatigue, parce qu'elle parle beaucoup.
2. Je suis contente, parce qu'il fait très beau.
3. Vous allez mourir parce que vous travaillez beaucoup.
4. Elle s'est couchée en rentrant, parce qu'elle était fatiguée.

4. Répétez les phrases en employant **si . . . que** ou **tant . . . que.**

1. Elle fait des mines. Elle me fatigue.
2. Elle est méprisante. Je ne veux plus lui parler.
3. Il aime les raisins. Il les vole.
4. Son père est fier. Il ne prend pas le tramway.

5. Dans les phrases suivantes, introduisez à la place convenable la conjonction dont le sens vous paraît le plus satisfaisant: **parce que, puisque, comme, maintenant que, sous prétexte que.**

1. Il est à la retraite, il va pouvoir se reposer.
2. Elle doit être noble, il y a « de » devant son nom.
3. J'aime ces raisins, ils sont plus sucrés que les autres.
4. Il avait le temps, il a lu le journal en entier.
5. Il arrive toujours en retard, il ne peut pas se réveiller le matin (c'est ce qu'il dit!).

6. Récrivez les phrases suivantes en employant **soit que . . . soit que.**

1. Il est toujours en retard. Il ne peut jamais se réveiller.
   Ses classes ont lieu tôt le matin.
2. J'aime ce pays. Le climat me convient. Ses paysages sont en harmonie avec ma personnalité.
3. Il est devenu riche tout à coup. Il a fait un héritage.
   Il s'est révélé un auteur à succès.

7. Ecrivez les phrases suivantes avec **bien que, malgré, avoir beau, quand bien même.**

1. Il a fait de solides études, il ne trouve pas de travail.
2. Ses parents sont riches, lui il vit comme un hippie.
3. La petite fille a faim, elle ne mange pas de raisins volés.

8. Traduisez:

1. *She won't eat stolen grapes because she is too well behaved.*
2. *Since you are wrong, you could at least be silent.*
3. *Now that he deals in politics, he despises everyone.*
4. *Is he the director?*
5. *He is a count or a marquis.*
6. *This is the biggest school in Marseille.*
7. *Since we are friends, you can say "tu" to me.*
8. *He writes poems, that's why his name is in the newspaper.*
9. *They have too much money to be happy.*
10. *The poet found rimes without looking for them.*
11. *Even though he is noble, he works in a shop.*
12. *He won't be elected because of his politics.*
13. *She had such a pretty pout that he was seized with admiration.*

Composition orale ou écrite

Imaginez un dialogue: Une jeune fille essaie de convaincre un jeune homme de l'épouser, et lui n'est pas du tout décidé. Employez beaucoup d'expressions de cause, de conséquence, d'opposition, de but, pour présenter leurs raisons.

Appendice

Verbe être

	Formes Simples		Formes Composées	
		INDICATIF		
	Présent		**Passé Composé**	
	Je suis		J' ai été	
	Tu es		Tu as été	
	Il est		Il a été	
	Nous sommes		Nous avons été	
	Vous êtes		Vous avez été	
	Ils sont		Ils ont été	
	Imparfait		**Plus-que-parfait**	
	J' étais		J' avais été	
	Tu étais		Tu avais été	
	Il était		Il avait été	
	Nous étions		Nous avions été	
	Vous étiez		Vous aviez été	
	Ils étaient		Ils avaient été	
	Passé simple		**Passé antérieur**	
	Je fus		J' eus été	
	Tu fus		Tu eus été	
	Il fut		Il eut été	
	Nous fûmes		Nous eûmes été	
	Vous fûtes		Vous eûtes été	
	Ils furent		Ils eurent été	
	Futur		**Futur antérieur**	
	Je serai		J' aurai été	
	Tu seras		Tu auras été	
	Il sera		Il aura été	
	Nous serons		Nous aurons été	
	Vous serez		Vous aurez été	
	Ils seront		Ils auront été	

CONDITIONNEL

Présent		**Passé**	
Je serais		J' aurais été	
Tu serais		Tu aurais été	
Il serait		Il aurait été	
Nous serions		Nous aurions été	
Vous seriez		Vous auriez été	
Ils seraient		Ils auraient été	

SUBJONCTIF

Présent		**Passé**		
Que je sois		Que j' aie été		
Que tu sois		Que tu aies été		
Qu' il soit		Qu' il ait été		
Que nous soyons		Que nous ayons été		
Que vous soyez		Que vous ayez été		
Qu' ils soient		Qu' ils aient été		

IMPERATIF	INFINITIF	
	Présent	**Passé**
Sois, soyons, soyez	Etre	Avoir été

PARTICIPE	
Présent	**Passé**
Etant	Eté, ayant été

Verbe avoir

Formes Simples		Formes Composées	
	INDICATIF		
Présent		**Passé composé**	
J' ai		J' ai eu	
Tu as		Tu as eu	
Il a		Il a eu	
Nous avons		Nous avons eu	
Vous avez		Vous avez eu	
Ils ont		Ils ont eu	
Imparfait		**Plus-que-parfait**	
J' avais		J' avais eu	
Tu avais		Tu avais eu	
Il avait		Il avait eu	
Nous avions		Nous avions eu	
Vous aviez		Vous aviez eu	
Ils avaient		Ils avaient eu	
Passé simple		**Passé antérieur**	
J' eus		J' eus eu	
Tu eus		Tu eus eu	
Il eut		Il eut eu	
Nous eûmes		Nous eûmes eu	
Vous eûtes		Vous eûtes eu	
Ils eurent		Ils eurent eu	
Futur		**Futur antérieur**	
J' aurai		J' aurai eu	
Tu auras		Tu auras eu	
Il aura		Il aura eu	
Nous aurons		Nous aurons eu	
Vous aurez		Vous aurez eu	
Ils auront		Ils auront eu	

CONDITIONNEL

Présent		**Passé**	
J' aurais		J' aurais eu	
Tu aurais		Tu aurais eu	
Il aurait		Il aurait eu	
Nous aurions		Nous aurions eu	
Vous auriez		Vous auriez eu	
Ils auraient		Ils auraient eu	

SUBJONCTIF

Présent		**Passé**	
Que j' aie		Que j' aie eu	
Que tu aies		Que tu aies eu	
Qu' il ait		Qu' il ait eu	
Que nous ayons		Que nous ayons eu	
Que vous ayez		Que vous ayez eu	
Qu' ils aient		Qu' ils aient eu	

IMPERATIF

Aie, ayons, ayez

INFINITIF

Présent	**Passé**
Avoir	Avoir eu

PARTICIPE

Présent	**Passé**
Ayant	Eu, ayant eu

Verbe chanter, 1er groupe

Formes Simples	Formes Composées	Formes Surcomposées

INDICATIF

Présent	Passé composé	Passé surcomposé
Je chante	J' ai chanté	J' ai eu chanté
Tu chantes	Tu as chanté	Tu as eu chanté
Il chante	Il a chanté	Il a eu chanté
Nous chantons	Nous avons chanté	Nous avons eu chanté
Vous chantez	Vous avez chanté	Vous avez eu chanté
Ils chantent	Ils ont chanté	Ils ont eu chanté

Imparfait	Plus-que-parfait
Je chantais	J' avais chanté
Tu chantais	Tu avais chanté
Il chantait	Il avait chanté
Nous chantions	Nous avions chanté
Vous chantiez	Vous aviez chanté
Ils chantaient	Ils avaient chanté

Passé simple	Passé antérieur
Je chantai	J' eus chanté
Tu chantas	Tu eus chanté
Il chanta	Il eut chanté
Nous chantâmes	Nous eûmes chanté
Vous chantâtes	Vous eûtes chanté
Ils chantèrent	Ils eurent chanté

Futur	Futur antérieur
Je chanterai	J' aurai chanté
Tu chanteras	Tu auras chanté
Il chantera	Il aura chanté
Nous chanterons	Nous aurons chanté
Vous chanterez	Vous aurez chanté
Ils chanteront	Ils auront chanté

CONDITIONNEL

Présent	Passé
Je chanterais	J' aurais chanté
Tu chanterais	Tu aurais chanté
Il chanterait	Il aurait chanté
Nous chanterions	Nous aurions chanté
Vous chanteriez	Vous auriez chanté
Ils chanteraient	Ils auraient chanté

SUBJONCTIF

Présent	Passé
Que je chante	Que j' aie chanté
Que tu chantes	Que tu aies chanté
Qu' il chante	Qu' il ait chanté
Que nous chantions	Que nous ayons chanté
Que vous chantiez	Que vous ayez chanté
Qu' ils chantent	Qu' ils aient chanté

IMPERATIF
Chante, chantons, chantez

PARTICIPE	INFINITIF
Présent **Passé**	**Présent** **Passé**
Chantant Chanté	Chanter Avoir chanté
Ayant chanté	

Conjugaison passive

Formes Composées	Formes Surcomposées

INDICATIF

Présent

Je	suis	aimé
Tu	es	aimé
Il	est	aimé
Nous	sommes	aimés
Vous	êtes	aimés
Ils	sont	aimés

Passé composé

J'	ai	été aimé
Tu	as	été aimé
Il	a	été aimé
Nous	avons	été aimés
Vous	avez	été aimés
Ils	ont	été aimés

Imparfait

J'	étais	aimé
Tu	étais	aimé
Il	était	aimé
Nous	étions	aimés
Vous	étiez	aimés
Ils	étaient	aimés

Plus-que-parfait

J'	avais	été aimé
Tu	avais	été aimé
Il	avait	été aimé
Nous	avions	été aimés
Vous	aviez	été aimés
Ils	avaient	été aimés

Passé simple

Je	fus	aimé
Tu	fus	aimé
Il	fut	aimé
Nous	fûmes	aimés
Vous	fûtes	aimés
Ils	furent	aimés

Passé antérieur

J'	eus	été aimé
Tu	eus	été aimé
Il	eut	été aimé
Nous	eûmes	été aimés
Vous	eûtes	été aimés
Ils	eurent	été aimés

Futur

Je	serai	aimé
Tu	seras	aimé
Il	sera	aimé
Nous	serons	aimés
Vous	serez	aimés
Ils	seront	aimés

Futur antérieur

J'	aurai	été aimé
Tu	auras	été aimé
Il	aura	été aimé
Nous	aurons	été aimés
Vous	aurez	été aimés
Ils	auront	été aimés

CONDITIONNEL

Présent

Je	serais	aimé
Tu	serais	aimé
Il	serait	aimé
Nous	serions	aimés
Vous	seriez	aimés
Ils	seraient	aimés

Passé

J'	aurais	été aimé
Tu	aurais	été aimé
Il	aurait	été aimé
Nous	aurions	été aimés
Vous	auriez	été aimés
Ils	auraient	été aimés

SUBJONCTIF

Présent

Que je	sois	aimé
Que tu	sois	aimé
Qu' il	soit	aimé
Que nous	soyons	aimés
Que vous	soyez	aimés
Qu' ils	soient	aimés

Passé

Que j'	aie	été aimé
Que tu	aies	été aimé
Qu' il	ait	été aimé
Que nous	ayons	été aimés
Que vous	ayez	été aimés
Qu' ils	aient	été aimés

IMPERATIF

Sois aimé, soyons aimés, soyez aimés

INFINITIF

Présent	**Passé**
Etre aimé	Avoir été aimé

PARTICIPE

Présent	**Passé**
Etant aimé	Ayant été aimé

Particularités des verbes du 1er groupe

	placer (–cer)	**manger (–ger)**
IND. PRES.	Je place, il place	Je mange, il mange
IND. PRES.	Nous plaçons, ils placent	Nous mangeons, ils mangent
IND. IMPARF.	Je plaçais, nous placions	Je mangeais, nous mangions
IND. FUTUR	Je placerai, nous placerons	Je mangerai, nous mangerons
PARTICIPES	Plaçant; placé	Mangeant; mangé

	nettoyer (–oyer)	**payer (–ayer)**
IND. PRES.	Je nettoie, il nettoie	Je paye (ou paie), il paye (ou paie)
IND. PRES.	Nous nettoyons, ils nettoient	Nous payons, ils payent (paient)
IND. IMPARF.	Je nettoyais, nous nettoyions	Je payais, nous payions
IND. FUTUR	Je nettoierai, nous nettoierons	Je payerai (paierai)
PARTICIPES	Nettoyant; nettoyé	Payant; payé

	appeler (–eler)	**peler (–eler)**
IND. PRES.	J'appelle, il appelle	Je pèle, il pèle
IND. PRES.	Nous appelons, ils appellent	Nous pelons, ils pèlent
IND. IMPARF.	J'appelais, nous appelions	Je pelais, nous pelions
IND. FUTUR	J'appellerai, nous appellerons	Je pèlerai, nous pèlerons
PARTICIPES	Appelant; appelé	Pelant; pelé

	jeter (–eter)	**acheter (–eter)**
IND. PRES.	Je jette, tu jettes, il jette	J'achète, il achète
IND. PRES.	Nous jetons, ils jettent	Nous achetons, ils achètent
IND. IMPARF.	Je jetais, nous jetions	J'achetais, nous achetions
IND. FUTUR	Je jetterai, nous jetterons	J'achèterai, nous achèterons
PARTICIPES	Jetant; jeté	Achetant; acheté

Verbes irréguliers du 1er groupe:

	aller	**envoyer**
IND. PRES.	Je vais, tu vas, il va	J'envoie, tu envoies
IND. PRES.	Nous allons, vous allez, ils vont	Nous envoyons, ils envoient
IND. IMPARF.	J'allais, tu allais, nous allions	J'envoyais, nous envoyions
IND. PASSE S.	J'allai, tu allas, nous allâmes	J'envoyai, nous envoyâmes
IND. FUTUR	J'**irai**, tu **iras**, nous **irons**	J'**enverrai**, nous **enverrons**
SUBJ. PRES.	Que j'**aille**, que tu **ailles**	Que j'envoie, que nous envoyions
SUBJ. PRES.	Que nous allions, qu'ils **aillent**	Qu'il envoie, qu'ils envoient
IMPERATIF	**Va**, allons, allez	Envoie, envoyons, envoyez
PART. PRES.	Allant	Envoyant
PART. PASSE	Allé, étant allé	Envoyé, ayant envoyé

Particularités des verbes en -ir du 2ème groupe

finir

IND. PRES.	Je finis, tu finis, il finit
IND. PRES.	Nous **finissons**, Ils **finissent**
IND. IMPARF.	Je **finissais**
IND. PASSE S.	Je finis
IND. FUTUR	Je finirai
COND. PRES.	Je finirais
SUBJ. PRES.	Que je **finisse**, qu'il **finisse**, que nous **finissions**
SUBJ. PRES.	Qu'ils **finissent**
IMPERATIF	Finis, **finissons**
PARTICIPES	**Finissant**, fini

haïr

IND. PRES.	Je hais, tu hais, il hait	[ɛ]
IMPERATIF	Hais	
Partout ailleurs:	haïssons, haïssez, etc.	[ai]

Particularités de certains verbes en -ir du 3ème groupe

	courir (et ses composés)	cueillir (et ses composés)
IND. PRES.	Je cours, tu cours, il court	Je cueille, tu cueilles, il cueille
IND. PRES.	Nous courons, ils courent	Nous cueillons, ils cueillent
IND. IMPARF.	Je courais	Je cueillais
IND. PASSE S.	Je courus	Je cueillis
IND. FUTUR	Je courrai	Je cueillerai
COND. PRES.	Je courrais	Je cueillerais
SUBJ. PRES.	Que je coure, qu'il coure	Que je cueille, qu'il cueille
SUBJ. PRES.	Que nous courions	Que nous cueillions
SUBJ. PRES.	Qu'ils courent	Qu'ils cueillent
IMPERATIF	Cours, courons	Cueille, cueillons
PARTICIPES	Courant, couru	Cueillant, cueilli

	dormir (et ses composés)	fuir et s'enfuir
IND. PRES.	Je dors, tu dors, il dort	Je fuis, tu fuis, il fuit
IND. PRES.	Nous dormons, ils dorment	Nous fuyons, ils fuient
IND. IMPARF.	Je dormais	Je fuyais
IND. PASSE S.	Je dormis	Je fuis
IND. FUTUR	Je dormirai	Je fuirai
COND. PRES.	Je dormirais	Je fuirais
SUBJ. PRES.	Que je dorme, qu'il dorme	Que je fuie, qu'il fuie
SUBJ. PRES.	Que nous dormions	Que nous fuyions
SUBJ. PRES.	Qu'ils dorment	Qu'ils fuient
IMPERATIF	Dors, dormons	Fuis, fuyons
PARTICIPES	Dormant, dormi	Fuyant, fui

	mentir et **sentir**	**mourir**
IND. PRES.	Je mens, tu mens, il ment	Je meurs, tu meurs, il meurt
IND. PRES.	Nous mentons, ils mentent	Nous mourons, ils meurent
IND. IMPARF.	Je mentais	Je mourais
IND. PASSE S.	Je mentis	Je mourus
IND. FUTUR	Je mentirai	Je mourrai
COND. PRES.	Je mentirais	Je mourrais
SUBJ. PRES.	Que je mente, qu'il mente	Que je meure, qu'il meure
SUBJ. PRES.	Que nous mentions	Que nous mourions,
SUBJ. PRES.	Qu'ils mentent	Qu'ils meurent
IMPERATIF	Mens, mentons	Meurs, mourons
PARTICIPES	Mentant, menti	Mourant, mort

	ouvrir, souffrir, couvrir	**partir** (et ses composés)
IND. PRES.	J'ouvre, tu ouvres, il ouvre	Je pars, tu pars, il part
IND. PRES.	Nous ouvrons, ils ouvrent	Nous partons, ils partent
IND. IMPARF.	J'ouvrais	Je partais
IND. PASSE S.	J'ouvris	Je partis
IND. FUTUR	J'ouvrirai	Je partirai
COND. PRES.	J'ouvrirais	Je partirais
SUBJ. PRES.	Que j'ouvre, qu'il ouvre	Que je parte, qu'il parte
SUBJ. PRES.	Que nous ouvrions	Que nous partions
SUBJ. PRES.	Qu'ils ouvrent	Qu'ils partent
IMPERATIF	Ouvre, ouvrons	Pars, partons
PARTICIPES	Ouvrant, ouvert	Partant, parti

	servir (et ses composés)	**sortir** (et ses composés)
IND. PRES.	Je sers, tu sers, il sert	Je sors, tu sors, il sort
IND. PRES.	Nous servons, ils servent	Nous sortons, ils sortent
IND. IMPARF.	Je servais	Je sortais
IND. PASSE S.	Je servis	Je sortis
IND. FUTUR	Je servirai	Je sortirai
COND. PRES.	Je servirais	Je sortirais
SUBJ. PRES.	Que je serve, qu'il serve	Que je sorte, qu'il sorte
SUBJ. PRES.	Que nous servions	Que nous sortions
SUBJ. PRES.	Qu'ils servent	Qu'ils sortent
IMPERATIF	Sers, servons	Sors, sortons
PARTICIPES	Servant, servi	Sortant, sorti

	tenir
IND. PRES.	Je tiens, tu tiens, il tient
IND. PRES.	Nous tenons, ils tiennent
IND. IMPARF.	Je tenais
IND. PASSE S.	Je tins nous tînmes
IND. FUTUR	Je tiendrai
COND. PRES.	Je tiendrais
SUBJ. PRES.	Que je tienne, qu'il tienne
SUBJ. PRES.	Que nous tenions, qu'ils tiennent
IMPERATIF	Tiens, tenons
PARTICIPES	Tenant, tenu

Particularités de certains verbes du 3ème groupe en -oir

s'asseoir

IND. PRES.	Je m'assieds, tu t'assieds	Je m'assois, tu t'assois
IND. PRES.	Il s'assied	Il s'assoit
IND. PRES.	Nous nous asseyons	Nous nous assoyons
IND. PRES.	Ils s'asseyent	Ils s'assoient
IND. IMPARF.	Je m'asseyais	Je m'assoyais
IND. PASSE S.	Je m'assis	Je m'assis
IND. FUTUR	Je m'assiérai ou m'asseyerai	Je m'assoirai
COND. PRES.	Je m'assiérais ou m'asseyerais	Je m'assoirais
SUBJ. PRES.	Que je m'asseye	Que je m'assoie
SUBJ. PRES.	Qu'il s'asseye	Qu'il s'assoie
SUBJ. PRES.	Que nous nous asseyions	Que nous nous assoyions
SUBJ. PRES.	Qu'ils s'asseyent	Qu'ils s'assoient
IMPERATIF	Assieds-toi, asseyons-nous	Assois-toi, assoyons-nous
PARTICIPES	S'asseyant, assis	S'assoyant, assis

	décevoir	devoir	falloir (impersonnel)
IND. PRES.	Je déçois, tu déçois	Je dois, tu dois	(Inusité)
IND. PRES.	Il déçoit	Il doit	Il faut
IND. PRES.	Nous décevons	Nous devons	(Inusité)
IND. PRES.	Ils déçoivent	Ils doivent	(Inusité)
IND. IMPARF.	Je décevais	Je devais	Il fallait
IND. PASSE S.	Je déçus	Je dus	Il fallut
IND. FUTUR	Je décevrai	Je devrai	Il faudra
COND. PRES.	Je décevrais	Je devrais	Il faudrait
SUBJ. PRES.	Que je déçoive	Que je doive	(Inusité)
SUBJ. PRES.	Qu'il déçoive	Qu'il doive	Qu'il faille
SUBJ. PRES.	Que nous décevions	Que nous devions	(Inusité)
SUBJ. PRES.	Qu'ils déçoivent	Qu'ils doivent	(Inusité)
IMPERATIF	Déçois, décevons	(Inusité)	(Inusité)
PARTICIPES	Décevant, déçu	Devant, dû, due	(Pas de participe présent,) fallu

	mouvoir	pleuvoir (impersonnel)	pouvoir
IND. PRES.	Je meus, tu meus	(Inusité)	Je peux, ou je puis
IND. PRES.	Il meut	Il pleut	Il peut
IND. PRES.	Nous mouvons	(Inusité)	Nous pouvons
IND. PRES.	Ils meuvent	(Inusité)	Ils peuvent
IND. IMPARF.	Je mouvais	Il pleuvait	Je pouvais
IND. PASSE S.	Je mus	Il plut	Je pus
IND. FUTUR	Je mouvrai	Il pleuvra	Je pourrai
COND. PRES.	Je mouvrais	Il pleuvrait	Je pourrais
SUBJ. PRES.	Que je meuve	(Inusité)	Que je puisse
SUBJ. PRES.	Qu'il meuve	Qu'il pleuve	Qu'il puisse
SUBJ. PRES.	Que nous mouvions	(Inusité)	Que nous puissions
SUBJ. PRES.	Qu'ils meuvent	(Inusité)	Qu'ils puissent
PARTICIPES	Mouvant, mû, mue (—ému sans accent circonflexe)	Pleuvant, plu	Pouvant, pu

	prévoir	vouloir	valoir
IND. PRES.	Je prévois, tu prévois	Je veux, tu veux	Je vaux, tu vaux
IND. PRES.	Il prévoit	Il veut	Il vaut
IND. PRES.	Nous prévoyons	Nous voulons	Nous valons
IND. PRES.	Ils prévoient	Ils veulent	Ils valent
IND. IMPARF.	Je prévoyais	Je voulais	Je valais
IND. PASSE S.	Je prévis	Je voulus	Je valus
IND. FUTUR	Je prévoirai	Je voudrai	Je vaudrai
COND. PRES.	Je prévoirais	Je voudrais	Je vaudrais
SUBJ. PRES.	Que je prévoie	Que je veuille	Que je vaille
SUBJ. PRES.	Qu'il prévoie	Qu'il veuille	Qu'il vaille
SUBJ. PRES.	Que nous prévoyions	Que nous voulions	Que nous valions
SUBJ. PRES.	Qu'ils prévoient	Qu'ils veuillent	Qu'ils vaillent
IMPERATIF	Prévois, prévoyons	Veuille, veuillez	(Inusité)
PARTICIPES	Prévoyant, prévu	Voulant, voulu	Valant, valu

	voir et revoir	savoir
IND. PRES.	Je vois, tu vois	Je sais, tu sais
IND. PRES.	Il voit	Il sait
IND. PRES.	Nous voyons	Nous savons
IND. PRES.	Ils voient	Ils savent
IND. IMPARF.	Je voyais	Je savais
IND. PASSE S.	Je vis	Je sus
IND. FUTUR	Je verrai	Je saurai
COND. PRES.	Je verrais	Je saurais
SUBJ. PRES.	Que je voie	Que je sache
SUBJ. PRES.	Qu'il voie	Qu'il sache
SUBJ. PRES.	Que nous voyions	Que nous sachions
SUBJ. PRES.	Qu'ils voient	Qu'ils sachent
IMPERATIF	Vois, voyons	Sache, sachons
PARTICIPES	Voyant, vu	Sachant, su

Particularités de certains verbes en -re du 3ème groupe

	battre	boire	coudre (et composés)
IND. PRES.	Je bats, tu bats	Je bois, tu bois	Je couds, tu couds
IND. PRES.	Il bat	Il boit	Il coud
IND. PRES.	Nous battons	Nous buvons	Nous cousons
IND. PRES.	Ils battent	Ils boivent	Ils cousent
IND. IMPARF.	Je battais	Je buvais	Je cousais
IND. PASSE S.	Je battis	Je bus	Je cousis
IND. FUTUR	Je battrai	Je boirai	Je coudrai
COND. PRES.	Je battrais	Je boirais	Je coudrais
SUBJ. PRES.	Que je batte	Que je boive	Que je couse
SUBJ. PRES.	Qu'il batte	Qu'il boive	Qu'il couse
SUBJ. PRES.	Que nous battions	Que nous buvions	Que nous cousions
SUBJ. PRES.	Qu'ils battent	Qu'ils boivent	Qu'ils cousent
IMPERATIF	Bats, battons	Bois, buvons	Couds, cousons
PARTICIPES	Battant, battu	Buvant, bu	Cousant, cousu

		craindre et verbes en
	conduire et **construire**	**—oindre, —eindre, —aindre**
IND. PRES.	Je conduis,	Je crains
IND. PRES.	Tu conduis	Tu crains
IND. PRES.	Il conduit	Il craint
IND. PRES.	Nous conduisons	Nous craignons
IND. PRES.	Ils conduisent	Ils craignent
IND. IMPARF.	Je conduisais	Je craignais
IND. PASSE S.	Je conduisis	Je craignis
IND. FUTUR	Je conduirai	Je craindrai
COND. PRES.	Je conduirais	Je craindrais
SUBJ. PRES.	Que je conduise	Que je craigne
SUBJ. PRES.	Qu'il conduise	Qu'il craigne
SUBJ. PRES.	Que nous conduisions	Que nous craignions
SUBJ. PRES.	Qu'ils conduisent	Qu'ils craignent
IMPERATIF	Conduis, conduisons	Crains, craignons
PARTICIPES	Conduisant, conduit	Craignant, craint

	croire	**dire**	**écrire**
IND. PRES.	Je crois, tu crois	Je dis, tu dis	J'écris, tu écris
IND. PRES.	Il croit	Il dit	Il écrit
IND. PRES.	Nous croyons	Nous disons, v. dites	Nous écrivons
IND. PRES.	Ils croient	Ils disent	Ils écrivent
IND. IMPARF.	Je croyais, nous croyions	Je disais	J'écrivais
IND. PASSE S.	Je crus	Je dis	J'écrivis
IND. FUTUR	Je croirai	Je dirai	J'écrirai
COND. PRES.	Je croirais	Je dirais	J'écrirais
SUBJ. PRES.	Que je croie	Que je dise	Que j'écrive
SUBJ. PRES.	Qu'il croie	Qu'il dise	Qu'il écrive
SUBJ. PRES.	Que nous croyions	Que nous disions	Que nous écrivions
SUBJ. PRES.	Qu'ils croient	Qu'ils disent	Qu'ils écrivent
IMPERATIF	Crois, croyons	Dis, disons, dites	Ecris, écrivons
PARTICIPES	Croyant, cru	Disant, dit	Ecrivant, écrit

	faire (et composés)	**lire** (et composés)
IND. PRES.	Je fais, tu fais	Je lis, tu lis
IND. PRES.	Il fait	Il lit
IND. PRES.	Nous faisons, v. faites	Nous lisons
IND. PRES.	Ils font	Ils lisent
IND. IMPARF.	Je faisais	Je lisais
IND. PASSE S.	Je fis	Je lus
IND. FUTUR	Je ferai	Je lirai
COND. PRES.	Je ferais	Je lirais
SUBJ. PRES.	Que je fasse	Que je lise
SUBJ. PRES.	Qu'il fasse	Qu'il lise
SUBJ. PRES.	Que nous fassions	Que nous lisions
SUBJ. PRES.	Qu'ils fassent	Qu'ils lisent
IMPERATIF	Fais, faisons, faites	Lis, lisons, lisez
PARTICIPES	Faisant, fait	Lisant, lu

	mettre (et composés)	**naître**
IND. PRES.	Je mets, tu mets	Je nais, tu nais
IND. PRES.	Il met	Il naît
IND. PRES.	Nous mettons	Nous naissons
IND. PRES.	Ils mettent	Ils naissent
IND. IMPARF.	Je mettais	Je naissais
IND. PASSE S.	Je mis	Je naquis
IND. FUTUR	Je mettrai	Je naîtrai
COND. PRES.	Je mettrais	Je naîtrais
SUBJ. PRES.	Que je mette	Que je naisse
SUBJ. PRES.	Qu'il mette	Qu'il naisse
SUBJ. PRES.	Que nous mettions	Que nous naissions
SUBJ. PRES.	Qu'ils mettent	Qu'ils naissent
IMPERATIF	Mets, mettons	Nais, naissons
PARTICIPES	Mettant, mis	Naissant, né

	paraître et **connaître**	**prendre** (et composés)
IND. PRES.	Je parais, tu parais	Je prends, tu prends
IND. PRES.	Il paraît	Il prend
IND. PRES.	Nous paraissons	Nous prenons
IND. PRES.	Ils paraissent	Ils prennent
IND. IMPARF.	Je paraissais	Je prenais
IND. PASSE S.	Je parus	Je pris
IND. FUTUR	Je paraîtrai	Je prendrai
COND. PRES.	Je paraîtrais	Je prendrais
SUBJ. PRES	Que je paraisse	Que je prenne
SUBJ. PRES.	Qu'il paraisse	Qu'il prenne
SUBJ. PRES.	Que nous paraissions	Que nous prenions
SUBJ. PRES.	Qu'ils paraissent	Qu'ils prennent
IMPERATIF	Parais, paraissons	Prends, prenons
PARTICIPES	Paraissant, paru	Prenant, pris

	rire et **sourire**	**suffire**
IND. PRES.	Je ris, tu ris	Je suffis, tu suffis
IND. PRES.	Il rit	Il suffit
IND. PRES.	Nous rions	Nous suffisons
IND. PRES.	Ils rient	Ils suffisent
IND. IMPARF.	Je riais	Je suffisais
IND. PASSE S.	Je ris	Je suffis
IND. FUTUR	Je rirai	Je suffirai
COND. PRES.	Je rirais	Je suffirais
SUBJ. PRES.	Que je rie	Que je suffise
SUBJ. PRES.	Qu'il rie	Qu'il suffise
SUBJ. PRES.	Que nous riions	Que nous suffisions
SUBJ. PRES.	Qu'ils rient	Qu'ils suffisent
IMPERATIF	Ris, rions	Suffis, suffisons
PARTICIPES	Riant, ri	Suffisant, suffi

	suivre (et composés)	taire et plaire
IND. PRES.	Je suis, tu suis	Je tais, tu tais
IND. PRES.	Il suit	Il tait
IND. PRES.	Nous suivons	Nous taisons
IND. PRES.	Ils suivent	Ils taisent
IND. IMPARF.	Je suivais	Je taisais
IND. PASSE S.	Je suivis	Je tus
IND. FUTUR	Je suivrai	Je tairai
COND. PRES.	Je suivrais	Je tairais
SUBJ. PRES.	Que je suive	Que je taise
SUBJ. PRES.	Qu'il suive	Qu'il taise
SUBJ. PRES.	Que nous suivions	Que nous taisions
SUBJ. PRES.	Qu'ils suivent	Qu'ils taisent
IMPERATIF	Suis, suivons	Tais, taisons
PARTICIPES	Suivant, suivi	Taisant, tu

tendre et **défendre, descendre, fendre, fondre, mordre, pendre, répondre, tondre,** et **vendre** et leurs composés

IND. PRES.	Je tends, tu tends, il tend
IND. PRES.	Nous tendons, Ils tendent
IND. IMPARF.	Je tendais
IND. PASSE S.	Je tendis
IND. FUTUR	Je tendrai
COND. PRES.	Je tendrais
SUBJ. PRES.	Que je tende, qu'il tende
SUBJ. PRES.	Que nous tendions, qu'ils tendent
IMPERATIF	Tends, tendons
PARTICIPES	Tendant, tendu

	vaincre	vivre (et composés)
IND. PRES.	Je vaincs, tu vaincs	Je vis, tu vis
IND. PRES.	Il vainc	Il vit
IND. PRES.	Nous vainquons	Nous vivons
IND. PRES.	Ils vainquent	Ils vivent
IND. IMPARF.	Je vainquais	Je vivais
IND. PASSE S.	Je vainquis	Je vécus
IND. FUTUR	Je vaincrai	Je vivrai
COND. PRES.	Je vaincrais	Je vivrais
SUBJ. PRES.	Que je vainque	Que je vive
SUBJ. PRES.	Qu'il vainque	Qu'il vive
SUBJ. PRES.	Que nous vainquions	Que nous vivions
SUBJ. PRES.	Qu'ils vainquent	Qu'ils vivent
IMPERATIF	Vaincs, vainquons	Vis, vivons
PARTICIPES	Vainquant, vaincu	Vivant, vécu

Le verbe pronominal

Se repentir

Formes Simples	Formes Composées
INDICATIF	

INDICATIF

Présent

Je me repens
Tu te repens
Il se repent
Nous nous repentons
Vous vous repentez
Ils se repentent

Passé composé

Je me suis repenti
Tu t' es repenti
Il s' est repenti
Nous nous sommes repentis
Vous vous êtes repentis
Ils se sont repentis

Imparfait

Je me repentais
Tu te repentais
Il se repentait
Nous nous repentions
Vous vous repentiez
Ils se repentaient

Plus-que-parfait

Je m' étais repenti
Tu t' étais repenti
Il s' était repenti
Nous nous étions repentis
Vous vous étiez repentis
Ils s' étaient repentis

Passé simple

Je me repentis
Tu te repentis
Il se repentit
Nous nous repentîmes
Vous vous repentîtes
Ils se repentirent

Passé antérieur

Je me fus repenti
Tu te fus repenti
Il se fut repenti
Nous nous fûmes repentis
Vous vous fûtes repentis
Ils se furent repentis

Futur

Je me repentirai
Tu te repentiras
Il se repentira
Nous nous repentirons
Vous vous repentirez
Ils se repentiront

Futur antérieur

Je me serai repenti
Tu te seras repenti
Il se sera repenti
Nous nous serons repentis
Vous vous serez repentis
Ils se seront repentis

CONDITIONNEL

Présent

Je me repentirais
Tu te repentirais
Il se repentirait
Nous nous repentirions
Vous vous repentiriez
Ils se repentiraient

Passé

Je me serais repenti
Tu te serais repenti
Il se serait repenti
Nous nous serions repentis
Vous vous seriez repentis
Ils se seraient repentis

SUBJONCTIF

Présent

Que je me repente
Que tu te repentes
Qu' il se repente
Que nous nous repentions
Que vous vous repentiez
Qu' ils se repentent

Passé

Que je me sois repenti
Que tu te sois repenti
Qu' il se soit repenti
Que nous nous soyons repentis
Que vous vous soyez repentis
Qu' ils se soient repentis

IMPERATIF

Repens-toi, repentons-nous,
repentez-vous

INFINITIF

Présent   **Passé**

Se repentir   S'être repenti

PARTICIPE

Présent   **Passé**

Se repentant   (Forme sans se) Repenti, S'étant repenti

Ordre des pronoms

AU PRESENT à la forme négative:

Je ne me	Je ne me regarde pas.
Tu ne te	Tu ne te regardes pas.
Il ne se, Elle ne se	Il ne se regarde pas.
Nous ne nous	Nous ne nous regardons pas.
Vous ne vous	Vous ne vous regardez pas.
Ils ne se, Elles ne se	Ils ne se regardent pas.

à la forme interrogative:

——————   ——————

Te + verbe + tu		Te regardes-tu?
Se	(t-)il, (t-)elle	Se regarde-t-il?
Nous	nous	Nous regardons-nous?
Vous	vous	Vous regardez-vous?
Se	ils, elles	Se regardent-ils?

à la forme interrogative-négative:

——————   ——————

Ne te + verbe + tu pas		Ne te regardes-tu pas?
Ne se	(t-)il pas	Ne se regarde-t-il pas?
Ne nous	nous pas	Ne nous regardons-nous pas?
Ne vous	vous pas	Ne vous regardez-vous pas?
Ne se	ils pas	Ne se regardent-ils pas?

AU PASSE COMPOSE à la forme négative

Je ne me suis pas	Je ne me suis pas regardé.
Tu ne t'es pas	Tu ne t'es pas regardé.
Il ne s'est pas	Il ne s'est pas regardé.
Nous ne nous sommes pas	Nous ne nous sommes pas regardés.
Vous ne vous êtes pas	Vous ne vous êtes pas regardés.
Ils ne se sont pas	Ils ne se sont pas regardés.

à la forme interrogative

Me suis-je	Me suis-je regardé?
T'es-tu	T'es-tu regardé?
S'est-il	S'est-il regardé?
Nous sommes-nous	Nous sommes-nous regardés?
Vous êtes-vous	Vous êtes-vous regardés?
Se sont-ils	Se sont-ils regardés?

à la forme interrogative-négative

Ne me suis-je pas	Ne me suis-je pas regardé?
Ne t'es-tu pas	Ne t'es-tu pas regardé?
Ne s'est-il pas	Ne s'est-il pas regardé?
Ne nous sommes-nous pas	Ne nous sommes-nous pas regardés?
Ne vous êtes-vous pas	Ne vous êtes-vous pas regardés?
Ne se sont-ils pas	Ne se sont-ils pas regardés?

Classification des verbes pronominaux

On distingue deux grandes catégories:

1. Dans la 1ère catégorie, le pronom **(me, te, se)** peut s'analyser. Il représente le sujet qui fait l'action sur lui-même:

    1. verbe **réfléchi: Je me regarde** dans la glace.

        (je regarde je; *myself*)

    2. verbe **réciproque:** Pierre et Marie **s'aiment.**

        (Pierre aime Marie; Marie aime Pierre; *each other, one another*)

2. Dans la 2ème catégorie, le pronom **(me, te, se)** ne **peut pas** s'analyser. Il ne peut pas se traduire. Cette catégorie comprend:

    1. Des verbes à valeur passive:

        Ce tableau **se vend** un million de francs. (est vendu)

    On rencontre souvent des verbes pronominaux à valeur passive.

    Voici les conditions:

    Le sujet représente presque toujours une chose, rarement une personne (exceptions: Je m'appelle, il se trouve).

    Le verbe est presque toujours à la 3ème personne du singulier ou du pluriel.

    Il est recommandé d'employer cette forme avec prudence, de ne pas essayer d'inventer des formes, mais de procéder par imitation:

        Cette forme **se rencontre.**
        Cette chanson **se chante.**
        Cet objet **se vend** bien.
        Une chose **se dit, se fait, se trouve** . . .

    2. Des nouveaux verbes: Certains verbes existent sous la forme non-pronominale; en devenant pronominaux, ils changent de sens:

        douter *to doubt*   se douter *to suspect*
        attendre *to wait*   s'attendre *to expect*

    3. Des verbes essentiellement pronominaux: Certains verbes n'existent que sous la forme pronominale: on pourrait presque écrire: s'–évanouir, se–souvenir, s'–enfuir avec un trait d'union, parce que les verbes **évanouir, souvenir, enfuir,** n'existent pas.

Classement des verbes pronominaux

Verbes **réfléchis**	Verbes **réciproques**	Verbes **à valeur passive**	**Nouveaux verbes**	**Essentiellement pronominaux**
Elle **se** regarde	Ils **s'**aiment	Ce tableau **se** vend	Il **se** doute	Elle **s'**évanouit
Le pronom **se** s'analyse.		Le pronom **se** ne s'analyse pas.		

Accord du participe passé

La 2ème catégorie (verbes où **se** est intraduisible) suit la règle des verbes conjugués avec **être** — accord avec le sujet:

Elle s'est évanouie.

La 1ère catégorie (**se** *oneself, himself,* ou *each other, one another*) suit la règle des verbes qui ont **avoir**. Le participe passé s'accorde avec l'objet direct placé avant le verbe. Il faut donc analyser le pronom **se**:

Exemple 1. **Elle se regarde.**

regarder quelqu'un: **se** est objet direct et s'accorde.

Elle s'est regardée.

Exemple 2. **Elles se parlent.**

parler à quelqu'un: **se** est objet indirect; il n'y a pas d'accord.

Elles se sont parlé.

Exemple 3. **Elle s'achète des robes.**

des robes est l'objet direct, mais il vient **après**, donc **pas** d'accord.

Elle s'est acheté des robes.

Exemple 4. **J'aime les robes qu'elle s'est achetées.**

que est objet direct, il représente **robes**, il vient **avant**, donc on accorde avec **que**.

Verbes courants où il n'y a pas d'accord:

se parler	elles **se sont parlé**
se dire	elles **se sont dit**
se téléphoner	elles **se sont téléphoné**
se promettre	elles **se sont promis**
se jurer	elles **se sont juré**
se plaire	elles **se sont plu**
se ressembler	elles **se sont ressemblé**
se sourire	elles **se sont souri**
se succéder	elles **se sont succédé**

Les temps littéraires du subjonctif : Le subjonctif imparfait et le subjonctif plus-que-parfait

● FORMES

Le subjonctif **imparfait** se forme sur le passé simple :

donner: le passé simple est : il donna
le subjonctif imparfait : qu'il donnât (on ajoute un ˆ et un **t**)
les autres personnes sont plus rarement employées :

—sse	que je donnasse
—sse	que tu donnasses
—ˆt	qu'il, elle donnât
—ssions	que nous donnassions
—ssiez	que vous donnassiez
—ssent	qu'ils, elles donnassent

être: il fut   **avoir:** il eut

que je fusse	que j'eusse
que tu fusses	que tu eusses
qu'il, elle fût	qu'il, elle eût
que nous fussions	que nous eussions
que vous fussiez	que vous eussiez
qu'ils, elles fussent	qu'ils, elles eussent

Le **plus-que-parfait** du subjonctif se forme ainsi :
L'auxiliaire à l'imparfait du subjonctif + participe passé :

que j'eusse donné	que je fusse venu (e)
que tu eusses donné	que tu fusses venu (e)
qu'il eût donné	qu'il, elle fût venu (e)
que nous eussions donné	que nous fussions venus (es)
que vous eussiez donné	que vous fussiez venus (es)
qu'ils eussent donné	qu'ils, elles fussent venus (es)

● EMPLOI

Dans une langue littéraire et soucieuse d'élégance, l'**imparfait** du subjonctif remplace le **présent** du subjonctif et le **plus-que-parfait** du subjonctif remplace le **passé** du subjonctif.

Langue parlée et langue écrite courante :

J'aurais bien aimé qu'il **vienne** ce soir.
J'aurais bien aimé qu'il **ait fini** ses études.

Langue écrite, style élégant :

J'aurais bien aimé qu'il **vînt**.
J'aurais bien aimé qu'il **eût fini** ses études.

Will et Would: Problèmes de traduction

Will
---

1. Avant de traduire *will* il faut déterminer si c'est l'auxiliaire du **futur** ou une conjugaison du verbe **vouloir**:

> *Will you stay long in Paris?* C'est un futur.
> — Resterez-vous longtemps à Paris?
> *Will you please stay here?* C'est une prière, une requête.
> — Voulez-vous rester ici, s'il vous plaît?
> *Yes, I will.*
> — Oui, je veux bien.
> *No, I won't.*
> — Non, je ne veux pas.

2. *Will* qui indique en anglais, quelquefois, une action habituelle, se traduit en français par un **présent**:

> *This man will often stay several days without eating.*
> Cet homme **reste** souvent plusieurs jours sans manger.

Would

Action passée:

1. Si l'action est **habituelle** *(used to)*, le verbe qui suit *would* se traduit en français par un **imparfait**:

> *Every day we would go to the beach.*
> Tous les jours nous **allions** à la plage.

2. Si l'action est **unique** on a le **passé composé** du verbe **vouloir**:

> *He would not do it.*
> Il n'a pas **voulu** le faire.

3. Si l'action est **descriptive** on a l'**imparfait de vouloir**:

> *Last year, he wouldn't do it.*
> L'année dernière il ne **voulait** pas le faire.

Action future:

1. On a le **conditionnel** du verbe qui suit *would* si une condition n'est pas exprimée mais si on peut la rétablir mentalement:

> *Would you go to Paris? (If you had the money)*
> **Iriez-vous** à Paris?

2. *Would* exprime une requête polie; on a le **conditionnel** du verbe **vouloir**:

> *Would you please shut the door?*
> **Voudriez-vous** fermer la porte?

1. Quand *could* se réfère à un passé on a le **passé composé** de **pouvoir** si l'action est unique, finale:

> *He couldn't do it.*
> Il **n'a** pas **pu** le faire.

On a l'**imparfait** de **pouvoir** si l'action est **descriptive**:

> *He couldn't do it but I helped him.*
> Il ne **pouvait** pas le faire, mais je l'ai aidé.

2. Quand *could* se réfère à un futur on a le **conditionnel** du verbe **pouvoir**:

> *Could you come tomorrow?*
> **Pourriez-vous** venir demain?

Should

Quand *should* signifie *ought to*, il faut employer le **conditionnel** du verbe **devoir**:

Conditionnel présent:

> *He should work.* Il **devrait** travailler.

Conditionnel passé:

> *He should have worked.* Il **aurait dû** travailler.

L'adverbe

● FORMES

A côté d'adverbes d'origines diverses, comme **ainsi, assez, mal, loin,** etc., il y a une famille qui correspond à la terminaison anglaise *–ly,* c'est la famille des adverbes en **–ment**. Le suffixe **–ment** est ajouté au féminin de l'adjectif: naïf — naïve: **naïvement**.

Cette formation est très vivante, et la langue moderne fabrique des adverbes constamment: **drôlement**, et même avec des noms: **vachement**.

Remarques orthographiques: 1° Les adjectifs en **–ent** et **–ant** font leur adverbe en **–emment** et **–amment**: **prudemment, élégamment** (même prononciation pour les deux: [amã]).

2° Les adjectifs terminés par une voyelle **i, e, u,** ont perdu le **e** du féminin: **hardiment, vraiment,** (exception: **gaiement**).

3° Certains adverbes ont une terminaison en **–ément** au lieu de **–ement** (attention à la prononciation): **énormément, précisément**.

4° Des adjectifs courts sont parfois employés comme adverbes. Il sont alors invariables: **Elle parle fort. Ils chantent juste. Voyez-vous clair?**

● PLACE DE L'ADVERBE

1. L'adverbe n'est jamais entre le sujet et le verbe comme en anglais:

Je le vois **rarement.** / *rarely see him.*

Exception: aussi: Jean aussi a eu la grippe.

2. Avec un verbe simple, l'adverbe suit le verbe:

Il mange **trop.** Elle voyage **beaucoup.**

ou il le précède comme en anglais:

Hier, j'ai rencontré Paul à la bibliothèque.

3. Avec un infinitif, l'adverbe vient avant:

Il ne faut pas **trop** manger.

4. Avec un verbe de forme composée, les adverbes de **manière** courts (**bien, mal, trop, beaucoup,** etc.) et les adverbes de **temps** suivants: **bientôt, déjà, encore, enfin, jamais, pas encore, souvent, toujours, autrefois, maintenant, (tout) juste,** se placent avant le participe:

manière: Il a **bien** dîné.	mais	Il a dîné **tranquillement.**
temps: Il a **déjà** dîné.	mais	Il a dîné **tard.**
lieu:		Il a dîné **ici.**

Prépositions

à, en, dans avec des noms géographiques.

1. Noms de ville:

à s'emploie avec tous les noms de ville:

à **Paris**   à **New York**   au **Havre** (contracté)

dans s'emploie avec le sens de **à l'intérieur de:**

Je me suis promené **dans** Paris.

avec un adjectif:

Je me suis promené **dans** le **vieux** Paris.

2. Noms de pays:

En s'emploie avec les noms de pays féminins — sans article: **en** France, **en** Italie.

— avec les noms de pays masculins à voyelle initiale: **en** Iran.

Au s'emploie avec les noms de pays masculins à consonne initiale: **au** Maroc, **au** Japon.

Aux s'emploie avec les Etats-Unis: **Aux** Etats-Unis.

3. Noms de province ou d'état: on dit:

en Californie (fém.)   mais   dans l'état de New York
en Orégon (voy.)   dans le Wisconsin (masc.)
en Arizona (voy.)   dans le Nevada (masc.)

4. Noms d'îles: on dit:

en Corse   mais   à Malte
en Sardaigne   à Madagascar
(assimilées à un pays féminin)   (assimilées à une ville)

5. **De** avec un nom géographique *(from):*

Il vient **de** Paris, **de** France, **du** Japon, **des** Etats-Unis . . .

En et Dans

---

1. Lieu: En s'emploie sans article, avec un nom indéterminé: **en** classe, **en** ville.

Dans s'emploie avec un article, avec un nom déterminé: **dans** une classe, **dans** la classe.

2. Temps: En exprime la durée, le temps qu'il faut ou qu'il a fallu:

Il a écrit sa rédaction **en** dix minutes.

Dans exprime la date du début de l'action future:

Il se mettra au travail **dans** une heure. *(one hour from now)*

3. Moyen de transport: on dit:

Voyager **en** bateau, **en** avion, **en** voiture.
Aller **à** (ou **en**) bicyclette
        à (ou **en**) skis
        à pied
        à cheval

On dit: Aller **au** salon de coiffure (le nom du magasin).
         Aller **chez** le coiffeur (le nom de la personne).
         Partir **pour** Paris (avec partir).
         L'homme **au** manteau blanc (*with* complément d'un nom).

Pour et Pendant

---

1. Pendant traduit *for,* quand l'action a été achevée dans le passé:

Nous avons voyagé **pendant** six semaines.

quand la durée de l'action est prévue pour un futur, mais considérée comme achevée:

Nous voyagerons **pendant** six semaines.

quand l'action dure habituellement un certain temps:

> En été nous voyageons **pendant** six semaines.
> ou: Nous voyageons six semaines.

2. Pour s'emploie au lieu de **pendant** après le verbe **partir**:

> Ils sont partis **pour** six semaines.

quand le verbe contient une idée d'intention, de possibilité:

> Ils ont loué une maison à la mer **pour** un mois.
> Nous avons des provisions **pour** huit jours.

Comme et Comment

1. Comme s'emploie dans une comparaison:

> Elle chante **comme** un rossignol.

comme conjonction de cause:

> **Comme** il était malade, il s'est couché.

comme conjonction de temps:

> **Comme** je sortais de chez moi, je l'ai rencontré.

dans une exclamation (anglais: *how* + adjectif):

> **Comme** il fait beau!

2. Comment s'emploie dans une interrogation directe:

> **Comment** allez-vous?

dans une interrogation indirecte:

> Je lui ai demandé **comment** il allait.

De et En (La matière)

On dit une montre **en** or, un pont **en** bois, ou d'or, **de** bois. Quand le nom de matière est pris au figuré, on emploie seulement **de**:

> Il a un cœur **de** pierre.

Devant et Derrière

Ils expriment l'espace: **devant** la maison, **derrière** la maison.

Avant et Après

Ils expriment le temps: **avant** le dîner, **après** le dîner.

Les nombres cardinaux

1 à 100

1	un/une	30	trente
2	deux	31	trente et un
3	trois	32	trente-deux etc.
4	quatre	40	quarante
5	cinq	41	quarante et un
6	six	42	quarante-deux etc.
7	sept	50	cinquante
8	huit	51	cinquante et un
9	neuf	52	cinquante-deux etc.
10	dix	60	soixante
11	onze	61	soixante et un
12	douze	62	soixante-deux etc.
13	treize	70	soixante-dix
14	quatorze	71	soixante et onze
15	quinze	72	soixante-douze etc.
16	seize	80	quatre-vingts
17	dix-sept	81	quatre vingt un
18	dix-huit	82	quatre-vingt-deux etc.
19	dix-neuf	90	quatre-vingt-dix
20	vingt	91	quatre-vingt-onze
21	vingt et un	92	quatre-vingt-douze etc.
22	vingt-deux etc.	100	cent

100 à 1.000.000

100	cent	1600	seize cents, mille six cents
101	cent un etc.		
200	deux cents	1700	dix-sept cents, mille sept cents
201	deux cent un etc.		
1000	mille	1800	dix-huit cents, mille huit cents
1001	mille un etc.		
1100	onze cents, mille cent	1900	dix-neuf cents, mille neuf cents
1200	douze cents, mille deux cents	2000	deux mille (invariable) *
		2100	deux mille cent, etc.
1300	treize cents, mille trois cents	10.000	dix mille **
		100.000	cent mille
1400	quatorze cents, mille quatre cents	1.000.000 un million de	
		1.000.000.000 un milliard de	
1500	quinze cents, mille cinq cents	1.000.000.000.000 un billion de	

*mais si **mille** = *mile*, on a **deux milles** — *two miles*.

**en français un point 10.000, en anglais une virgule: 10,000

Les nombres ordinaux

1er (ère)	premier (ère)	12e	douzième
2e	deuxième ou second	13e	treizième
3e	troisième	14e	quatorzième
4e	quatrième	15e	quinzième
5e	cinquième	16e	seizième
6e	sixième	17e	dix-septième
7e	septième	18e	dix-huitième
8e	huitième	19e	dix-neuvième
9e	neuvième	20e	vingtième
10e	dixième	21e	vingt et unième
11e	onzième	22e	vingt-deuxième etc.

Expression à retenir: Les dix premières pages: *The first ten pages.*

Les nombres collectifs (valeur approximative)

une dizaine
une douzaine
une quinzaine
une vingtaine
une trentaine

une quarantaine
une cinquantaine
une soixantaine
une centaine
un millier

Expressions à retenir:

Il a une cinquantaine d'années. *(He is about fifty.)*
Une douzaine d'œufs *(a dozen eggs.)*
Elle a passé la quarantaine. *(She is over forty.)*
La quarantaine (sur un bateau): *(quarantine)*

Les fractions

1/2	un demi, une demie	3/4	trois quarts
1/3	un tiers	4/5	quatre cinquièmes, etc.
1/4	un quart	0	zéro
1/5	un cinquième	0,1	un dixième
1/6	un sixième etc.	0,2	deux dixièmes
2/3	deux tiers		

Expressions a retenir:

0,1 avec une virgule en français; en anglais, un point: 0.1
on dit midi **et demi**; une heure **et demie**
half est souvent **la moitié, à moitié**
half this cake: **la moitié** de ce gâteau
half dead: **à moitié** mort
half way: **à mi**-chemin

La distance

Combien y a-t-il d'ici à Lyon? *How far is it from here to Lyon?*
A quelle distance sommes-nous de Lyon?
Combien y a-t-il de Paris à Lyon? *How far from Paris to Lyon?*
Quelle distance y a-t-il de Paris à Lyon?

Les dimensions:

la hauteur	la largeur	la longueur	la profondeur	l'épaisseur
haut	**large**	**long**	**profond**	**épais**
high	*wide*	*long*	*deep*	*thick*

Quelles sont les dimensions de ce mur?
Il a **30 mètres de haut** (de hauteur), **10 mètres de large** (de largeur).
Cette pièce **a** (ou **fait**) **dix mètres sur huit**.
Une pièce longue de dix mètres.

Mots indéfinis

on
quelqu'un, quelques-uns, quelques-unes, quelque chose
tout
chaque, chacun
plusieurs
autre
n'importe qui, n'importe lequel
quiconque

On

Il est toujours sujet.

1. Il signifie *one, anyone, they:* **On a toujours des soucis avec les enfants.**
2. Il signifie **nous:** — **On y va?** *(Shall we go?)* ou il signifie **vous: Alors, on n'a pas faim aujourd'hui?**
3. Il permet d'éviter le passif: **On n'a pas encore trouvé de remède contre le rhume.**

● PARTICULARITES D'EMPLOI:

1. L'accord se fait avec l'idée contenue dans **on** (si c'est nous, pluriel):
On est bons camarades.

2. **On** est répété (*he* en anglais): **On est responsable de ce qu'on fait et de ce qu'on dit.**

3. Il entraîne l'emploi de **soi** comme réfléchi: **On a toujours besoin d'un plus petit que soi.**

4. Dans la langue littéraire, on trouve **l'on** après **si, ou, quand,** etc.

Quelqu'un, quelques-uns, quelques-unes, quelque chose

---

1. **Quelqu'un** signifie: une personne indéterminée: *someone* (*anyone* dans une question).

2. Le féminin **quelqu'une** est très rare. Il n'existe que suivi d'un déterminatif, et signifie **l'une,** prise au hasard . . . : « **Si vous entrez dans quelqu'une de ces maisons. . . .** » A part ce cas, même dans un groupe composé uniquement de femmes on dira:

> — Est-ce que **quelqu'un** a vu mon stylo?

3. Si **quelqu'un** est modifié par un adjectif, on a **quelqu'un + de + adjectif** au masculin, même s'il s'agit d'une femme:

> C'est **quelqu'un** d'important.

4. **Quelques-uns,** au pluriel, c'est: un petit nombre d'hommes ou d'objets masculins (en anglais *some* pronom). **Quelques-unes,** au pluriel, c'est: un petit nombre de femmes, ou d'objets féminins *(some); of them* se traduit **d'entre eux, d'entre elles.**

5. **Quelque chose,** c'est *something* (ou *anything* dans une question): Comme **quelqu'un, quelque chose** se construit ainsi: **quelque chose + de + adjectif au masculin:**

> J'ai vu **quelque chose** de beau.
> J'ai vu **quelque chose** d'intéressant.

Tout, toute, tous, toutes

---

1. Il peut être adjectif. Il signifie *all the, the whole.* Il se place devant le nom et devant l'article ou l'adjectif possessif démonstratif: **toute la terre, tout le monde, tous mes enfants, toute cette salade.**
Devant le nom et sans article il signifie; *any* ou *all:* **en tout cas, en toute confidence;** *every:* **toutes les fois, tous les deux jours, tous les matins.**

2. Il peut être pronom. Au masculin pluriel, **tous,** le **s** se prononce:

> Tous viendront. Ils viendront tous. *(all of them, they all).*

Au neutre tout veut dire *everything:* **J'ai tout compris. Tout ce qui, tout ce que** est relatif.

3. Il peut être adverbe et signifie *all, quite,* devant un adjectif. Dans ce cas il est généralement invariable. Comparez:

> Ils sont **tous** contents (s prononcé). *All of them are happy.*
> Ils sont **tout** contents. *They are quite happy.*

Mais au féminin, si l'adjectif qui suit commence par une **consonne** ou un **h** aspiré, **tout** s'accorde même s'il est adverbe:

> Elle était **toute** pâle.

Elles sont toutes honteuses veut dire *They are all (quite) ashamed.* ou *All of them are ashamed.* C'est le contexte qui éclaire sur le sens.

Expressions à retenir:

pas du tout	*not at all*
tout de suite	*right away*
tout à l'heure	*soon*
tous les deux	*both*
tout à fait	*entirely*
tout à coup	*suddenly*
tout de même	*all the same.*

Chaque, chacun, chacune

---

1. Chaque est adjectif: *each, every.*

2. Chacun et **chacune** sont pronoms (attention à l'orthographe de ce dernier; ne pas confondre avec **quelqu'un**). Ils signifient *each one.*

3. Ils sont toujours au singulier.

4. Le possessif qui correspond est **son** ou **leur**:

> Ma mère et ma sœur mangeaient **chacune** dans **leur** chambre.
> ou: Ma mère et ma sœur mangeaient **chacune** dans **sa** chambre.

5. Le réfléchi qui correspond est généralement **soi**:

> **Chacun** pour **soi** (et Dieu pour tous).

Plusieurs

---

1. Il est toujours au pluriel, n'a pas de forme spéciale au féminin.

2. Il signifie *several* et est adjectif ou pronom.

3. Construction *of them:* **plusieurs d'entre eux, d'entre elles.**

Autre

1. Il est souvent précédé de l'article **l'**. Attention alors aux contractions au pluriel:

> Il parle **aux autres**—*to the*
> Il parle **des autres**—*of the*
> Mais au pluriel de l'indéfini on a toujours **de**—**d'autres**.

2. L'un—**l'autre** veut dire: *one, the other.* Attention à l'emploi des prépositions avec cette expression. Etudiez les exemples:

> Aimez-vous **l'un l'autre** (les uns les autres). — *one another,* objet direct.
> Ils ne pensent pas **l'un à l'autre**. (penser **à**)
> Ils parlent **l'un de l'autre**.
> Ils viennent **l'un après l'autre**.

Remarquez la place de la préposition dans ces trois derniers exemples entre **l'un** et **l'autre**.

N'importe qui

Ce n'est pas un pronom relatif, ce n'est pas une conjonction, c'est un pronom indéfini.

1. Il veut dire *just anybody, anyone at all:* une chose ou une personne indéfinie sans importance.

2. Il n'a besoin que d'un seul verbe.

3. Il peut être sujet: **N'importe qui vous le confirmera.**
objet direct: **Ce chien aime n'importe qui.**
ou objet d'une préposition: **Elle sort avec n'importe qui.**

N'importe quoi

veut dire just *anything, anything at all, no matter what.*

1. Il peut être sujet: **N'importe quoi lui fera plaisir.**
ou objet direct: **Je boirais n'importe quoi de frais.** etc.
Il a la même construction que **quelque chose**.

N'importe lequel, n'importe quel

1. On emploie **n'importe lequel** (pronom) *anyone, no matter which one* et **n'importe quel** (adjectif + nom) *any,* si on a un choix entre plusieurs objets:

pronom — Quel livre voulez-vous? — **N'importe lequel.**
adjectif — Il dort bien dans **n'importe quel lit.**

2. On a aussi **n'importe où, n'importe quand** qui signifient *anywhere, no matter where,* ou *no matter when:*

Je dors bien **n'importe où, n'importe quand.**

Traduction de *no matter who, no matter what, no matter which, where, when,* lorsqu'on a une construction avec deux verbes, i.e. une construction complexe avec une proposition principale et une proposition subordonnée. Ces mots ne sont pas alors des pronoms mais des conjonctions. Il faut dire:

1. **Qui que vous soyez, vous devez obéir aux lois.**
   No matter who you are, you must obey the laws.
2. **Quoi qu'il fasse, je l'aime.**
   No matter what he does, I like him.
3. **Quel que soit le livre que vous choisissez, lisez-le en entier.**
   No matter which book you choose, read it entirely.
   (or Whatever book . . .).
4. **Où que vous alliez, j'irai avec vous.**
   No matter where you go, I'll go with you
   (Wherever you go . . .).
5. **Quel que soit le moment, le jour . . .** *whenever . . .*

Traduction de *anything* si on a deux verbes (pronom relatif): *Do anything you want:* **Faites ce que (ou tout ce que) vous voulez.**

Quiconque

C'est un pronom relatif à sens indéfini.

1. Il veut dire: **celui,** quel qu'il soit, **qui**
ou: **toute personne,** prise ou hasard, **qui**
en anglais: *whoever, who*
anyone, anybody who

2. Il lui faut donc une construction avec deux verbes — un verbe principal, et un verbe subordonné, commandé par le pronom relatif:

Quiconque	a dit cela	a menti.
(sujet)	(v. subordonné)	(v. principal)

C'est la même chose que

Celui	qui a dit cela	a menti.

Je punirai	**quiconque**	désobéira.
(v. principal)	(objet et sujet)	(v. subordonné)

C'est la même chose que

Je punirai	celui qui	désobéira.

3. Il est d'un emploi surtout littéraire.

4. L'adjectif qui lui correspond est **quelconque** (pas de féminin) qui veut dire: *any, any sort of.*

> Prenons un exemple **quelconque** dans cette situation.

Il a parfois un sens péjoratif: **médiocre,** *of no value.*

> Ce livre est **quelconque.**

Dans ce sens c'est une expression courante et familière.

Ne explétif (pléonastique)

Ne pléonastique est un mot sans valeur; on ne le traduit pas et il n'est jamais obligatoire. Il s'emploie dans la langue soignée élégante.

1. Avec des verbes au subjonctif:
    1. Après un verbe de crainte, employé affirmativement:

> Je crains qu'il **ne** vienne.
> *I am afraid he will come.*

  Comparez avec:

> Je crains qu'il **ne** vienne **pas.**
> *I am afraid he will not come.*

  Si le verbe de crainte est négatif, on ne met pas **ne:**

> Je ne crains pas qu'il vienne.

    2. Après les verbes d'empêchement (**empêcher que, éviter que**):

> Evitez qu'il **ne** tombe.

    3. Après les verbes **douter, nier, désespérer,** etc. à la forme négative.

> Je ne doute pas qu'il **ne** vienne.
> *I don't doubt that he will come.*

  Mais:

> Je doute qu'il vienne.

    4. Avec les conjonctions suivantes: **à moins que, avant que, de peur que, de crainte que:**

> Nous sortirons, à moins qu'il **ne** pleuve.
>   avant qu'il **ne** pleuve.
> Prenez votre imperméable de peur qu'il **ne** pleuve.

2. Avec des verbes à l'indicatif: Dans des comparaisons, où le deuxième verbe est exprimé:

> Il est plus grand que je **ne** croyais.
> Elle est moins intelligente que je **n'**aurais cru.

Inversion du nom sujet

Définitions:

1. L'inversion peut être **simple,** le sujet vient après le verbe:

> Où est **mon livre?**

2. L'inversion peut être **complexe,** le sujet vient avant le verbe, et un pronom reprend le sujet, et se place après le verbe:

> Quand **vos amis arriveront-ils** à Paris?

Inversion simple seulement.

1. Lorsque la phrase commence par un adverbe de lieu ou de temps:

   > Là s'étendaient de **grandes prairies** . . .
   > C'est la ville où sont nés **ses parents.**

2. Lorsque la phrase commence par un complément indirect ou circonstanciel:

   > Dans cette ville vivait un brave homme.

3. Pour produire un effet de style:

   > Entre le comte.

4. Dans l'interrogation directe avec **que:**

   > Que fait votre père?

5. Après une citation:

   > Entrez, dit le professeur.

Inversion complexe seulement.

1. Lorsque la phrase commence par **ainsi, aussi** *(therefore),* **aussi bien, du moins, encore, en vain, peut-être:**

   > L'été est fini, **aussi** les enfants retournent-ils en classe.

Remarque: avec **peut-être,** pour éviter l'inversion, on dit **peut-être que,** et l'ordre des mots est régulier. **Jamais** n'est jamais suivi d'inversion.

2. Dans l'interrogation avec **pourquoi, qui** (objet direct), **lequel:**

   > Pourquoi vos parents **sont-ils** fâchés?
   > Qui votre sœur aime-t-elle?

Inversion simple ou double dans les autres interrogations:

> — Où travaille ce jeune homme?
> — Où ce jeune homme travaille-t-il?
> — Avec qui travaille cet étudiant?
> — Avec qui cet étudiant travaille-t-il?

Vocabulaire

abattre to cut down (a tree); to shoot down

abîmer to hurt, injure, damage

abord: d'____ at first, in the first place

aboyer to bark

accabler to overburden; **____é de** overburdened

s'accommoder de to put up with

accompagner to accompany

accomplir to accomplish

accord agreement; **être d'____ avec** to agree with; **d'____** agreed

s'accorder to agree

s'accrocher à to catch on something

accueillir to receive, welcome

acheter to buy

achever to complete, finish

acquérir to acquire

une addition bill (in a restaurant); addition

adieu farewell; **faire ses ____x** to say farewell

admettre to admit

un admirateur admirer

s'adosser to lean (against)

s'adresser à to address, speak to

adroit skillful

un aéroport airport

une affaire matter, transaction, deal; **les ____s** business

affligé grieved

affolé panicky, panic-stricken, bewildered

affreux frightful, hideous

afin (de, ____que) in order (to, ____that), so that, to

à force de by dint of

agacer to irritate; **____é** irritated

âgé old

s'agenouiller to kneel

un agent agent; **____de police** policeman

agir to act; **il s'agit de** it's a question of

agiter to agitate, stir, wave, wag (tail)

agréable pleasant

aide f. help

aigu shrill, sharp

une aiguille needle

une aile wing

aimable kind, amiable

aimer to love, like; **____ mieux** to prefer

aîné older, oldest (brother); **____e** (sister)

ainsi thus, so, that way

un air air, appearance; tune; **avoir l'____ (de)** to look (like), seem, appear

une aise ease; **à l'____** comfortable; **mal à l'____** uncomfortable

ajouter to add

un Allemand a German

aller to go; to fit, be becoming; to be (of health); **____ en classe** to go to school; **s'en ____** to go (away), depart

un aller-retour return ticket; **faire un ____** to take a round trip

s'allonger to stretch, lie down

une allumette match

alors then, so, at that time

une alouette a lark

un amant a lover

amasser to gather

une âme soul

améliorer to improve

amener to bring

amer bitter; **l'amertume** bitterness

un Américain an American

un ami friend

amoché ruined, scratched

amoureux in love

s'amuser to have fun

un an a year; **avoir . . . ____s** to be . . . years old

un ananas pineapple

ancien old, ancient, former

un âne donkey

anglais English

un Anglais an Englishman

Angleterre f. England

une anguille eel

un animal animal; **(animaux** pl.**)**

une année year

un anniversaire birthday

annoncer to announce

août m. August

apercevoir to perceive, see; **s'____** to notice, discover, become aware; **s'____ de** to notice, take note of, be aware of

apitoyé full of pity

appartenir to belong

appeler to call; **s'____** to be called, named; **comment s'appelle** what is the name (of)

appliquer to apply

apporter to bring

apprécier to appreciate

apprendre to learn, teach; to inform of; to tell about

apprivoiser to tame

s'approcher to go, (come) near

approuver to approve

s'appuyer sur to lean on, rest on

après after, afterward

après-demain the day after tomorrow

après-midi *m.* or *f.* afternoon

un arbitre referee

un arbre tree

un arc-boutant flying buttress; **s'arc-bouter** to brace up

ardent passionate

argent *m.* silver; money

argot *m.* slang

une arme weapon

un arpent acre

arracher to tear (off), pull

arrêter to stop; **s'arrêter** to stop, stop off; **s'____ de** to stop doing

arrière: en ____ behind

un arrière-plan background

une arrivée arrival

arriver to arrive, happen; **cela est ____é** this happened

un ascenseur elevator

assaillir to assault

s'asseoir to sit down

assez enough, rather, somewhat

assis sitting, seated

assister à to be present at, attend

assurance *f.* self-confidence

assurément surely

un atelier workshop

attacher to tie

atteindre à to attain, reach

en attendant until; **____ que** until

attendre to wait, wait for, expect; **s'____ à** to expect

une attention: faire ____ to pay attention, be careful, beware; **avec ____** attentively

attraper to catch

un attribut predicate

une aube dawn

une aubépine hawthorne

aucun no, none

au-delà de beyond

au-dessus de above

les auditeurs audience

augmenter to increase

aujourd'hui today

auparavant before

aussi also, as, such; **____ que** as . . . as

aussitôt immediately; **____ que** as soon as

autant as much, as many; **____ de** as much; **____ que** as much as; **d'____ plus que** so much more than

une auto car; **en ____** by car

un autobus bus

automne *m.* or *f.* fall

autour de around

autre other

autrefois formerly

autrement otherwise, differently; even more

une avance advance; **en ____** early

avancer to proceed; to be fast; **s'____** to move forward

avant before; **____ de** before doing; **____ que** before

avant-hier the day before yesterday

une aventure adventure

avertir to warn

un avertissement warning

un avertisseur horn

aveugle blind

avide de eager to

un avion plane; **en ____** by plane

un avis opinion; **être d'un ____** to have an opinion; **changer d'____** to change one's mind

avoir to have; **vous n'avez qu'à**___
all you have to do is . . .

les **babines** the chops; **se lécher
les** ___ to lick one's chops
une **babouche** Turkish slipper
les **bagages** *m. pl.* luggage
baigner to bathe; **se** ___ to bathe,
take a swim
une **baignoire** bathtub
un **bail** lease
un **bain** bath; **salle de** ___**s**
bathroom
un **baiser** kiss
baisser to lower
un **bal** ball, dance
un **banc** bench
une **banlieue** suburbs
une **banque** bank
un **banquier** banker
une **barbe** beard
une **barbiche** goatie
bardé de clad in
bas, basse low
une **basse-cour** farm yard
un **bateau** boat
un **bâtiment** building
bâtir to build
battre to beat; **se** ___ to fight
bavard talkative
bavarder to chatter, talk
beau beautiful, handsome, fine;
il fait ___ the weather is fine;
avoir ___ **(faire)** to do in vain
beaucoup a lot; ___ **de** much,
many, a lot of
beauté *f.* beauty
un **bec** beak
un **berceau** bower, crib
un **besoin** need; **avoir** ___ **de**
to need
une **bête** animal; **être** ___ to be
stupid
une **bêtise** nonsense
beurre *m.* butter
une **bibliothèque** library, bookcase
une **bicyclette** bicycle; **à** ___ by
bicycle

bien well, indeed, very; ___ **connu**
well known; ___ **des** many;
___ **que** although; ___ **entendu**
of course; **Eh** ___**!** Well!
bientôt soon
bienveillant welcoming, cheerful
une **bière** beer
un **biftek** steak
un **bijou** jewel
un **billet** ticket, bill (bank note),
note; **prendre un** ___ to buy a
ticket
un **bistrot** local pub
blâmer to blame
blanc white
blé *m.* wheat
blême ghastly
blesser to wound; **se** ___ to
wound oneself; **être blessé** to be
wounded, have a wound
bleu blue
un **bœuf** ox, beef
boire to drink
bois *m.* wood
une **boisson** drink, beverage
une **boîte** box
un **bol** bowl
bon good; **le** ___ **sens** common
sense
un **bonbon** candy
bonheur *m.* happiness; luck
un **bonhomme** fellow
une **bonne** maid
un **bonnet** night cap
bonté *f.* goodness
un **bord** edge; bank, shore;
le ___ **de la mer** seashore
bordé de bordered with, lined with
les **bottes** boots
une **bouche** mouth
un **boucher** butcher
bouger to move, budge
une **bougie** candle
un **boulanger** baker
bouleversé upset, jumbled up
une **bourse** scholarship
un **bout** end, tip; butt
une **bouteille** bottle
une **boutique** shop, small store

un **bras** arm
brave (*before the noun*) good;
  (*after the noun*) courageous
bref brief, short; **brièvement** briefly
Bretagne *f.* Brittany
briller to shine
un **brimborion** bauble
un **brin** bit
un **briquet** cigarette lighter
un **brodequin** laced boot; ankle-
  boot
brosser to brush
un **brouillard** fog; le ____ de fumée
  smog
brouter to graze
un **bruit** noise
brûler to burn
une **brume** mist
brun brown
une **bûche** log
un **bûcheron** lumberjack
un **bureau** office, study; desk

ça (*contraction of* cela) that
un **cabinet** (doctor's) office;
  un ____ de travail the study;
  les ____s the rest room
se **cacher** to hide
un **cachet** tablet (medicine)
un **cachot** cell
un **cadeau** present; **faire un** ____
  to give a present
un **café** coffee; cafe
un **cahier** notebook
un **caillou** stone, small rock
caler to stall (a motor)
se **calmer** to quiet down
camarade friend, pal
un **camion** truck
campagne *f.* country; à la ____
  in the country
un **canard** duck
une **canne** cane
une **cantatrice** singer
caoutchouc *m.* rubber
car for; because
caresser to caress, pat

carré square
un **carreau** diamond (in a set of
  cards)
une **carte** card; map; menu, list
  (of wines); ____ **murale** wall map
une **cartomancienne** fortune teller
  (with cards)
un **carton** cardboard; cardboard box
un **cas** case; **en tout** ____ in any
  event, anyway
casser to break
une **casserole** saucepan
une **cause** cause; à ____ de
  because of
causer to talk, chat; to cause
célèbre famous
un **célibataire** bachelor
celui-ci the latter
un **cendrier** ashtray
censé : être ____ to be supposed to
un **centre** center
cependant however
un **cercueil** coffin
une **cerise** cherry
certes of course
cesse: sans ____ unceasingly
cesser de to stop doing
c'est-à-dire that is
chacun each, each one
un **chagrin** grief
une **chaise** chair; ____ **longue**
  lounging chair
chaleur *f.* heat
une **chambre** room, chamber;
  une ____ à coucher bedroom
un **champ** field
une **chance** chance, luck; **avoir de**
  la ____ to be lucky
un **chandail** sweater
un **changement** change
changer to change
une **chanson** song
chanter to sing
un **chapeau** hat
chaque each
charbon *m.* coal
charmant charming, lovely
une **charrue** plough
une **chasse** hunt; **la** ____ hunting

chasser to hunt

un **chasseur** hunter

un **chat** cat

châtain chestnut brown

un **château** castle

chaud warm, hot; **il fait** ____ it's warm, hot; **avoir** ____ to be warm, hot; **faire** ____ to be hot (weather)

un **chauffage** heating system

chauffé heated

un **chauffe-bain** water heater

un **chauffeur** driver; chauffeur

une **chaussée** street, roadway

se **chausser** to put on (one's) shoes

une **chaussette** sock

une **chaussure** shoe

chauve bald

un **chef** chief, leader, boss

un **chemin** path, way

une **cheminée** fireplace

une **chemise** shirt

un **chêne** oak tree

un **chèque** check

cher, chère dear; expensive

chercher to look for; **aller (venir)** ____ to go (come) to get

chérir to cherish

un **cheval** horse; **à** ____ on horseback

les **cheveux** *m. pl.* hair; un **cheveu** one hair

chez at the, to the house or office of; home; in, among

chic smart

un **chien** dog; ____ **de garde** watchdog

chimie *f.* chemistry

Chine *f.* China

chinois Chinese

choisir to choose

un **choix** choice; **faire son** ____ to take one's choice

une **chose** thing

un **chou** cabbage; un ____-**fleur** cauliflower; **mon petit** ____ my little darling

une **chute** fall; **faire une** ____ to fall

un **ciel** sky

une **cime** mountain top

un **cinéma** movie house; **le** ____ movies

circulation *f.* traffic

citer to cite, name

un **citoyen** citizen

clair clear, light

claquer to smack (one's tongue); to snap, click

une **clef (clé)** key; **fermer à** ____ to lock

un **client** customer

un **climat** climate

un **clochard** bum, tramp

une **cloche** bell

à cloche-pied hopping

un **clocher** steeple

un **clos** yard

un **clou** nail

clouer to nail

un **cochon** swine, pig

un **cœur** heart; **avoir le** ____ **à** to be in a mood; **au grand** ____ big hearted; **de bon** ____ willingly

une **cognée** ax

un **coiffeur** barber, hairdresser

une **coiffure** head gear

un **coin** corner; **au** ____ **de la rue** on the corner

une **colère** anger; **en** ____ angry

un **collier** collar, necklace

un **combat** battle

combien how much, how many; ____ **de temps** how long

une **combine** scheme

commander to order, to command

comme as, how

un **commencement** beginning

commencer to begin; ____ **à** to begin to; ____ **par** to begin by

comment how; ____? what?

un **commerçant** merchant

un **commissaire (de police)** (police) commissioner

commode convenient

une **commode** bureau, chest of drawers

commun common

se **comparer** to compare

complet complete

compliqué complicated

compliquer to complicate

comprendre to understand; to include, take in, be comprised of

un **compte** account; **en tenant** ____ **de** considering; **se rendre** ____ to realize

compter to count; ____ + *infinitive* to expect, plan to; ____ **sur** to count on

un **concierge** concierge, door keeper

un **concitoyen** fellow citizen

conclure to conclude, make a deal

concordance des temps *f.* sequence of tenses

un **concours** contest

une **concurrence** competition

conduire to drive (an auto); to lead

une **conduite** conduct, behavior

conférence : faire une ____ to give a lecture

un **conférencier** lecturer, speaker

une **confiance** confidence; **faire** ____ **à** to trust (someone)

confier to confide, entrust; **se** ____ **à** to put one's trust in, confide in

un **confort** comfort, conveniences

confus, confuse; (things), not clear, obscure; (persons), embarrassed

un **congé** leave; **avoir** ____ to have the day off

une **connaissance** acquaintance; knowledge; **faire la** ____ **de** to meet (for the first time)

connaître to know, be acquainted with

connu known; **bien** ____ well known

conquérir to conquer

un **conseil** (piece of) advice; **les** ____**s** advice

conseiller to advise

consentir to consent; ____ **à** to consent to; ____ **à** + *infinitive* to consent to do

constamment constantly

consterné dismayed, grieved

construire to construct

un **conte** short story

contenir to contain

content pleased, happy, glad

se contenter de to be satisfied with

conter to tell (a story)

continuer to continue; ____ **à** to continue to, to keep on doing

contrarier to vex, annoy

contre against

convaincre to convince

convenir de to agree to; ____ **à** to suit, fit

un **convive** guest (or people having a meal together)

un **coq** rooster

un **coquillage** shell (on a beach)

une **coquille** shell

un **coquin** rascal

une **corde** rope

une **corne** horn

corriger to correct

une **côte** rib; hill, coast

un **côté** side; **à** ____ near; **du** ____ **de** towards

coton *m.* cotton

un **cou** neck

coucher *m.* bed time; **le** ____ **du soleil** sun set

coucher to sleep; to pass the night; **se** ____ to go to bed, lay down

un **coude** elbow

coudre to sew

une **couleur** color

un **couloir** hall, hallway

un **coup** blow, stroke; **donner un** ____ **de téléphone à** to call up; **tout à** ____ suddenly; ____ **d'œil** glance; wink

couper to cut

une **cour** yard; **faire la** ____ to court, woo

couramment fluently

un **courant** current; course; **être au** ____ to know all about, to be well informed

courant running, fluent

courir to run

un **cours** course; lecture; **faire un** ____ to give a lecture (class); **suivre un** ____ to take a course

une **course** errand; race; **aller faire une** ____ to go on an errand

court short
un **coussin** cushion
un **couteau** knife
coûter to cost; ____ cher to be
  expensive
couvert covered; cloudy (sky);
  ____ de covered with
un **couvert** table things; **mettre le**
  ____ to set the table; **enlever le**
  ____ to clear the table
une **couverture** cover
un **couvre-lit** bedspread
couvrir to cover; **se** ____ to cloud
  over
une **craie** chalk
craindre to fear
une **crainte** fear; **de** ____ for fear
une **cravate** tie
un **crayon** pencil
crêpe *m.* crepe
une **crêpe** pancake
une **crête** comb (of a rooster);
  crest
crever to burst; to die (vulgar)
un **cri** cry, shriek
crier to shout
critique critical
croire to believe, think; **je crois**
  que oui (non) I think so (not)
croiser to meet, pass (someone)
croître to increase, to grow
une **croûte** crust
un **croûton** piece of dry bread
croyable credible
cueillir to pick (flowers, fruits)
cuir *m.* leather
cuire to cook; **faire** ____ to cook
  (something)
une **cuisine** kitchen; food
une **cuisinière** cook; stove
cuivre *m.* copper
une **culotte** trousers; shorts
un **curé** (parish) priest

une **dame** lady
un **dancing** dancehall
davantage more, further
se débarrasser to get rid of

debout standing
se débrouiller to muddle through,
  manage
début beginning, outset; **au** ____
  in the beginning
décider to decide; **se** ____ **à** to
  make up one's mind
décontenancé abashed
décor scenery, set
se décourager to become dis-
  heartened
découverte discovery
découvrir to discover, uncover
décrire to describe
déçu disappointed
dedans inside (it, them); **en** ____
  (colloquial) internally
défaire to undo
un **défaut** defect
défendre to defend; to forbid
une **dégradation** deterioration
dehors out, outside; **en** ____ **de**
  out (side) of
déjà already
un **déjeuner** luncheon; **petit** ____
  breakfast
déjeuner to lunch, have luncheon;
  breakfast
délicat delicate, refined, dainty;
  squeamish
demain tomorrow
une **demande** request, demand
demander to ask (for)
démarrer to start (a car)
demeurer to stay, live; remain
une **demie** half
une **demoiselle** young lady, girl
dénoncer to denounce
une **dent** tooth
dépasser to pass
dépendre de to depend on
dépenser to spend
dépit: en ____ **de** despite, in spite of
déplaire to displease, dislike
depuis since, for; ____ **quand** how
  long, since when; ____ **que** since
déranger to bother, annoy, put out;
  se ____ to trouble oneself
dernier last
une **dérouillée** licking, beating

derrière behind, in back of

descendre à to come down, go down; to get off

une **descente** downhill

désespéré desperate

déshabiller to undress

avec **désinvolture** in a free and easy manner

dès le as early as, from, from the very; ____ **que** as soon as

désobéir to disobey

désolé very sorry

désormais henceforth

un **dessin** drawing

dessiner to draw

dessous under (it), underneath

un **dessus** top; **au** ____ above; ____ on top (of it)

destin m. fate, destiny

détester to detest, hate

détruire to destroy

deuil m. mourning; **être en** ____ to be in mourning; **prendre le** ____ to go into mourning

deuxième second

devant in front of, before, ahead

devenir to become

deviner to guess

devoir to owe, have (to), be obliged, must, ought

un **devoir** duty; homework

une **dictée** dictation; **faire une** ____ to give a dictation

dicter to dictate

Dieu God; **le Bon Dieu** the Good Father

digne (de) worthy (of)

un **dimanche** Sunday

un **dîner** dinner

dîner to have dinner

dire, to say, tell

un **discours** speech

discuter to argue, discuss

disparaître to disappear

disputer to contend; **se** ____ to have a fight

un **disque** disc; phonograph record

distraire to divert, distract

un **docteur** doctor (physician)

un **doigt** finger

domestique m. or f. servant

dommage m. damage; **c'est** ____ it is too bad; **quel** ____ what a pity!

un **don** gift; talent

donc then, so, therefore

donner to give, make

dont of which, whose

dormir to sleep

un **dos** back (of the body)

doubler to pass (a car)

une **douche** shower

doué endowed, talented

un **doute** doubt; **sans** ____ probably, undoubtedly

douter (de) to doubt; **se** ____ **de** to suspect, fear; **à n'en point** ____ beyond doubt

douteux doubtful

doux, douce sweet, soft

une **douzaine** dozen

un **dragon** dragoon

se dresser to rise (up)

une **drogue** drug

un **droit** right; **le** ____ law (as a science); **faire son** ____ to study law

droite: à ____ to the right, on the right; **de** ____ on one's right

drôle funny, comical; **quel (quelle)** ____ **de** what a funny . . .; **un (une)** ____ **de** a funny sort of, a funny looking . . .

dûment properly, in due form

dur hard, harsh

durant during

un **durcissement** hardening

une **durée** duration

durer to last

eau f. water

ébahi dumbfounded

éblouir to dazzle

ébouriffé dishevelled

ébranler to shake

s'échapper to escape

les **échecs** m. pl. chess

échouer à to fail; to become stranded

un **éclair** lightning
s'**éclaircir** to clear up
un **éclat** brightness
éclater to burst (out)
écœurant sickening
une **école** school
éconduire to keep out
les **économies** f. pl. savings; **faire des** ___ to save
écouter to listen (to)
écraser to crush, to run over
s'**écrier** to exclaim
écrire to write
une **écriture** writing
un **écrivain** writer
s'**écrouler** to collapse
une **écuelle** wooden bowl
un **effet** effect
s'**efforcer** to strive
effrayant frightening
effrayer to frighten
effroyable frightful
égal equal; **cela m'est** ___ it's all the same to me; I don't care
égaler to match
un **égard** consideration
une **église** church
un **élan: prendre son élan** to get ready to take off (for a run or a jump)
s'**élancer** to rush, dart, dash forward
élargir to widen
élémentaire elementary
élève m. or f. pupil, student
élevé high; **bien** ___ good mannered
élever to raise, bring up; high
élire to elect
s'**éloigner** to move (walk, drive) off, to move away
émail m. enamel
un **embarras** difficulty, distress
mal embouché foul-mouthed
embrasser to kiss, embrace
émerveillé wonderstruck; full of admiration
un **émoi** emotion, excitement, anxiety
émouvant moving
empêcher to prevent, keep from
employer to use; s'___ to be used

empoisonner to poison
emporter to take (carry) away (with)
emprunter (à) to borrow (from)
ému upset, nervous, moved
enchaîné in chains, linked, connected
enchanté delighted
enchanter to delight
encombré overcrowded
encore still, again, more; ___ **un** another
encre f. ink
un **encrier** inkwell
endormi sleepy, sleeping, asleep
endormir to put to sleep; s'___ to go to sleep
un **endroit** place
une **enfance** childhood
enfant m. or f. child
enfermer to lock in
enfin at last, in short
s'**enfuir** to flee
s'**engager** to enlist, commit oneself
engraisser to get fat
enlaidir to turn ugly; to make ugly
enlever (à) to take away (from), remove, take off
ennuyeux boring, dull, annoying, bothersome
énorme enormous
enrhumé: être ___ to have a cold
enseigner to teach
ensemble together; **un** ___ whole
ensoleillé full of sunshine
ensuite then, next
entendre to hear; ___ **dire** to hear; ___ **parler** to hear; **bien entendu** of course
un **enterrement** burial, funeral
entier whole, entire, complete
entouré de surrounded by
entourer to surround, encircle
un **entr'acte** intermission, interval
entraîner to drag
entraver to clog
entre between, among
une **entrée** entrance
entrer (dans) to enter, come in (into)
entretenir to keep up
entrevoir to foresee

294

une **entrevue** interview
entrouvert partly open, ajar
envahir to invade, fill
un **envahisseur** invader
une **enveloppe** wrapping; envelope
envelopper to wrap
envers toward, with
une **envie** desire; **avoir** ____ **de**
   to want; to feel like
environ about, around
environs: aux ____ **de** around, in
   places near; **aux** ____ in the
   neighborhood
les **environs de** *m. pl.* the suburbs
envoyer to send; ____ **chercher**
   to send for
épais thick
épater to surprise; **épatant** terrific
les **épaules** *f. pl.* shoulders
éperdu bewildered
une **épicerie** grocery store
un **épicier** grocer (man)
les **épinards** *m. pl.* spinach
une **épine** thorn
une **époque** period (in history),
   epoch
épouser to marry
épouvantable dreadful
un **époux**, une **épouse** spouse
éprouver to feel, experience, test
épuiser to exhaust, give out
équilibre *m.* balance
une **équipe** team
errer to wander, err
une **erreur** error
un **escalier** stair, stairway
un **escargot** snail
un **espace** space
Espagne *f.* Spain
espagnol Spanish
une **espèce** sort
espérer to hope
un **esprit** mind, mentality
essayer to try
essuyer to wipe
estimer to deem, esteem; to believe
un **estomac** stomach
une **étable** stable
un **étage** floor; **au premier** ____ on
   the second floor
un **étang** pond

un **état** state; condition
Etats-Unis *m. pl.* the United
   States
un **été** summer
éteindre to turn off (light); to put
   out (fire), to extinguish; **s'**____
   to be extinguished, be put out;
   to die
étendre to extend, stretch; **s'**____
   to stretch out, to extend
étinceler to sparkle
une **étoffe** material, fabric
une **étoile** star
étonnant surprising; **rien d'**____
   that's not surprising
un **étonnement** surprise
étonner to surprise, astonish
étourdi dizzy, scatterbrain, giddy,
   heedless
étrange strange
à l'étranger abroad
un **être** a being, creature
être to be; ____ **à** to belong to
étroit narrow
une **étude** study
un **étudiant** student
étudier to study
s'évanouir to faint; to vanish
un **événement** an event
s'évertuer to exert oneself
évidemment obviously, evidently
évident obvious
éviter to avoid
exact exact; prompt, punctual
un **examen** an examination
s'excuser to apologize
un **exemple** an example; **par** ____
   for example
exiger to require, demand
une **explication** explanation
expliquer to explain
exprès on purpose; **faire** ____ to do
   on purpose
s'extasier to go into raptures over
un **extrait** excerpt

fabriquer to put together; to do
une **façade** front of a house

une **face** face; **en** ____ **de** opposite, facing across from
fâché sorry; ____ **contre** angry with; ____**avec** not on speaking terms
fâcher to make angry; **se** ____ to get angry
facile easy
une **façon** way, manner; **de** ____ **que** in such a manner that; so that
un **facteur** mailman
une **faculté** power
faible weak, feeble, scanty
faïence *f.* china dishes
faillir to almost . . .
une **faim** hunger; **avoir** ____ to be hungry
faire to do, make; have . . . do
un **fait** fact, deed, matter; **en** ____ as a matter of fact; **tout à** ____ entirely, quite
falloir must, to need, be necessary
fameux famous, excellent
une **famille** family
fastidieux tedious
fatigué tired
fatiguer to tire
une **faute** mistake, fault; ____ **de** failing to; ____ **d'inattention** careless mistake
un **fauteuil** armchair; ____ **à roulettes** wheelchair
faux, fausse false
féliciter (de) to congratulate (on)
une **femme** woman, wife; **la** ____ **de chambre** chamber maid; **la** ____ **de ménage** cleaning woman
une **fenêtre** window
fer *m.* iron
une **ferme** farm
fermement definitely; with strength
fermer to close, lock; ____ **à double tour** to double lock
un **fermier** farmer
une **fête** holiday
un **feu** fire
une **feuille** leaf; ____ **de papier** sheet of paper
février *m.* February
une **ficelle** string

fidèle faithful
fier proud
se fier à to trust
une **fièvre** fever
une **figure** face
une **fille** girl, daughter; ____**tte** little girl, little one; **jeune** ____ girl over 12; **petite** ____ little girl; **vieille** ____ old maid
un **film** film, motion picture, movie
un **fils** son
une **fin** end; **prendre** ____ to come to an end
final final, last
finir to finish; ____ **par** to finally end by
flatter to stroke, to pat; to flatter
une **fleur** flower
un **fleuve** river
un **flic** cop
une **foi** faith; **Ma** ____! Upon my word!
une **fois** time; **une** ____ once; **à la** ____ (all) at once; **une** ____ **pour toutes** once and for all; **deux** ____ twice
une **folie** madness
une **folle** madwoman, fool
un **fond** bottom
force *f.*: **les** ____**s** strength
forcer to force, compel; ____ **à** to force to; **être** ____**é de** to be forced to
une **forêt** forest
un **forgeron** blacksmith
formidable great, wonderful, terrific
fort strong, vigorous; very
fou, folle crazy, mad
foudre *f.* lightning
une **foule** crowd
un **four** oven
fourrer to stuff
un **foyer** hearth
frais, fraîche fresh
franc, franche frank
français French
franchir to cross
frapper to knock; to strike, hit
un **frère** brother

un **frigidaire** refrigerator
froid cold; **avoir** ____ to be cold;
 faire ____ to be cold (weather)
un **fromage** cheese
un **front** forehead
frotter to rub
fuir to flee; to leak
une **fuite** flight
un **fume-cigarette** cigarette holder
fumer to smoke
furieux furious, mad
un **fusil** gun

gagner to win, earn, gain, reach
une **gamme: faire des** ____ to
 do the scales (at the piano)
un **gant** glove
un **garçon** boy, fellow, young man,
 waiter
un **garde** guard; **prendre** ____ **de** to
 be careful not to, take care not to
garder to keep, guard
une **gare** railroad station
un **gars** lad
un **gâteau** pie
gâter to spoil
gauche left; awkward
un **gaucher** left-handed person
geler to freeze
gémir to moan
gênant bothersome, annoying
une **gêne** trouble, financial
 difficulties; discomfort
gêner to bother
un **génie** genious
un **genou** knee; **sur les** ____ on
 the lap
un **genre** gender
les **gens** *m. pl.* people
gentil nice
une **glace** ice cream; mirror; **la** ____
 ice
glacial freezing
glisser to slide
une **gorge** throat
gourmand greedy; fond of fine
 foods
un **goût** taste

goûter (à) to taste, take a taste (of)
grâce à thanks to, owing to
grand large, big, tall, great
grandir to grow up; to increase
une **grand-mère** grandmother
les **grands-parents** *m. pl.*
 grandparents
une **grange** barn
gras fat
un **gratte-ciel** sky-scraper
gratter to scratch
gravement seriously
une **grève** strike; **en** ____ on strike
grièvement seriously
grimper to climb
une **grippe** flu
gris grey
se **griser** to get drunk
gronder to scold
gros big, heavy, sturdy, large, fat
grossier vulgar
grossièreté *f.* rudeness, vulgarity,
 coarseness
un **guéridon** occasional table
 (with one center foot)
une **guerre** war
guetter to watch
un **guide** guide, guide book

habile skillful, capable, able
s'**habiller** to dress
habiter to live, dwell, reside,
 inhabit
une **habitude** habit; **d'**____ usually
habituel usual, customary
s'**habituer à** to get used to
une **haie** hedge
un **hasard** chance; **par** ____ by
 (any) chance
hausser les épaules to shrug one's
 shoulders
haut high
hélas alas
herbe *f.* grass
un **héritage** inheritance
une **heure** hour; ____ o'clock;
 de bonne ____ early; **à l'**____
 on time

heureusement fortunately
heureux happy
heurter to strike, hit
un **hibou** owl
hier yesterday
une **histoire** story; l'___ history
un **hiver** winter
un **homme** man
honnête honest
honnêteté *f.* honesty
une **honte** shame; **avoir** ___ to be
    ashamed
honteux ashamed, shameful
une **horloge** clock (large)
hors de out of
une **houppelande** greatcoat
une **huile** oil
huit eight
une **huître** oyster
humanité *f.* mankind
une **humeur** mood; **être de mauvaise**
    ___ to be in a bad mood;
    être de bonne ___ to be in a
    good mood
humour *m.* humor; **avoir le sens de**
    l'___ to have a sense of humor
hurler to howl

ici here
une **idée** idea
idiot foolish
ignorer to not know; to be ignorant of
une **île** island
illuminer to light up
il y a there is, there are; ago
une **image** picture
un **imbécile** fool; ___ foolish
un **immeuble** apartment house
immobile motionless
imparfait *m.* imperfect tense
impatienter to annoy
un **imperméable** raincoat
importer to matter; **n'importe** no
    matter
impressionnant impressive
imprimer to print
impuissant powerless

un **incendie** fire
inconnu unknown
incroyable unbelievable, incredible
inespéré unexpected
une **infirmière** nurse
infructueux fruitless
un **ingénieur** engineer
ingénieux ingenious, clever
une **injure** insult
injurieux insulting
inonder to flood
s'inquiéter (de) to worry (about),
    to become anxious
une **inquiétude** anxiety, misgiving
s'inscrire à to enroll in, sign up for
installer to install; **s'**___ to settle
    down
un **instant** instant; **à l'**___
    immediately
un **instituteur** teacher, school master
intention: avoir l'___ **de** to intend
    to
interdire to prohibit
interdit prohibited
intéresser to interest; **s'**___ **à** to be
    interested in
un **intérieur** interior, home
un **interprète** interpreter
interroger to question, interrogate
interrompre to interrupt
intriguer to intrigue, puzzle
introduire to insert, introduce,
    show in
inutile useless
un **invité** guest
inviter to invite
invraisemblable unlikely, hard to
    believe
ivre drunk
ivresse *f.* drunkenness, intoxication

jadis formerly; **de** ___ former
jaillir to spring, gush; **faire** ___
    to cause something to gush
jamais ever; **ne** ___ never
une **jambe** leg
janvier *m.* January

Japon *m.* Japan
un **jardin** garden
jaune yellow
jaunir to turn yellow
jeter to throw
un **jeu** game
jeudi Thursday
jeune young
une **jeunesse** youth
une **joie** joy
se **joindre** to join
joli pretty
une **joue** cheek
jouer (de, à) to play
un **jouet** toy
un **joujou** toy *(child's language)*
un **jour** day; ____ **de l'an** New
    Year's Day; **tous les** ____**s** every
    day; **par** ____ (per) a day
un **journal** newspaper
un **journaliste** journalist, reporter
une **journée** day
joyeux happy
juger to deem, judge
juillet *m.* July
juin *m.* June
jusqu'à until, as far as, up to
jusqu'à ce que until
juste exactly, fair
jurer to swear
juxtaposer to place side by side

là there
là-bas over there
un **lac** lake
lâcher to let go
laid ugly
laine *f.* wool
laisser to let, allow, leave
lait *m.* milk
une **lame** blade, wave
lancer to hurl, throw
une **langue** language; tongue;
    ____ **écrite** written language,
    ____ **parlée** spoken language;
    ____ **familière** familiar language;

____ **élégante** refined language;
____ **affectée** affected language;
____ **vulgaire** vernacular language
large wide
largeur *f.* width
une **larme** tear
se **lasser** to get tired
un **laurier** laurel
se **laver** to wash oneself
lécher to lick
une **leçon** lesson; ____ **particulière**
    private lesson
une **lecture** reading
léger light
un **légume** vegetable
un **lendemain** next day; le ____ **de**
    the day after
lent slow
une **lettre** letter
lever to raise; se ____ to get up,
    stand up; rise up
un **libraire** the bookseller
libre free
un **lieu** place; **au** ____ **de** instead
    of; **avoir** ____ to take place
une **ligne** line
lire to read
un **lit** bed
un **livre** book
un **locataire** tenant
une **loi** law
loin far; ____ **de** far from; **au** ____ in
    the distance
long long
longtemps long, a long time;
    depuis ____ for a long time
longuement at length
un **lorgnon** eyeglasses, pince-nez
lorsque when
louer to rent, hire; to praise
un **loup** wolf
lourd heavy
un **loyer** rent
luisant shiny
une **lumière** light
lundi *m.* Monday
lune *f.* moon
les **lunettes** *f. pl.* eye-glasses
une **lutte** struggle

lutter to compete with; to struggle, fight
un **lycée** high school

une **machine:** ____ à écrire typewriter; ____ à laver washing machine
un **magasin** store; **grand** ____ department store
magnifique magnificent
mai *m.* May
maigre thin, meager
maigrir to lose weight
une **main** hand; **se serrer la** ____ to shake hands
maintenant now
un **maire** mayor
mais but
une **maison** house
un **maître** master, owner; teacher
une **maîtresse** teacher, mistress
maîtriser to master, subdue
un **mal** evil; ____ **de mer** seasickness; **faire du** ____ **à** to hurt; **avoir du** ____ **à** to have difficulty in; **avoir** ____ to ache
mal poorly, badly
malade ill
un **malade** patient
maladresse *f.* awkwardness, clumsiness
maladroit awkward, clumsy
un **malentendu** misunderstanding
malgré in spite of
malheur *m.* misfortune
malheureux unhappy
malin crafty
une **malle** trunk
une **maman** mama, mother
un **manège** trick, stratagem
manger to eat; **faire** ____ to feed
une **manière** manner, way; **de** ____ **que** in such a way that
un **manque** lack
manquer (de) to miss, lack; ____ **de** to almost . . .
une **mansarde** garret, a room under the roof
un **manteau** overcoat, coat
un **marchand** merchant, dealer

un **marché** market; **bon** ____ cheap
marcher to walk, step on
mardi *m.* Tuesday
un **mari** husband
marié married; married person
se marier avec to get married
un **matin** morning; **une** ____ **ée** morning; afternoon performance
Maroc *m.* Morocco
marquer to indicate
marre; en avoir ____ to be fed up with
maudire to curse; **maudit soit** damn . . .
mauvais bad; **il fait** ____ the weather is bad; **ça sent** ____ it stinks
un **mécanicien** mechanic, engineer on a train
méchant bad, wicked, naughty
mécontent displeased
un **médecin** physician, doctor of medicine
médecine *f.* medicine; Medicine
un **médicament** medicine
se méfier de to distrust; beware
meilleur better; **le** ____ the best, the better
un **mélange** mixture
un **membre** member; limb
même same, even; **de** ____ likewise; **quand** ____ just the same
une **mémoire** memory; **pour** ____ for the record
une **menace** threat
un **ménage** household, family; **faire le** ____ to do the house work
un **mensonge** lie
un **menteur** liar
mentir to lie; ____ **à** to lie to
mépriser to despise, disregard
une **mer** sea; **en** ____ at sea
mercredi *m.* Wednesday
une **mère** mother
mériter to deserve
merveilleux, merveilleuse wonderful
mesure: à ____ **que** as
mesurer to measure
une **métairie** farm
un **métier** trade, occupation
un **mètre** meter

un **métro** subway

mettre to put; ____ **la table** to set the table; **se** ____ **à** to begin, start; **se** ____ **à table** to sit down to a meal; **se** ____ **en colère** to get angry; **se** ____ **en marche** to start moving; ____ **en marche** to start (engine)

un **meuble** piece of furniture; **les** ____s furniture

un **meurtre** murder

un **meurtrier** murderer

Mexique *m.* Mexico

midi *m.* noon; south; **le Midi** South of France

mie *f.* white part of the bread

mieux better; **faire de son** ____ to do one's best; **le** ____ the best; **tant** ____ so much the better

une **mine** mine; look, appearance; **avoir bonne** ____ to look well; **faire des** ____s to put airs

minuit *m.* midnight

une **misère** poverty, misery

un **mixeur** mixer, blender

un **mode** mood (for grammar), method, mode; **la** ____ fashion

moindre less(er); **le** ____ the least, lesser, slightest

moins less; **au** ____ at least, not less than; **du** ____ at least, at all events; **à** ____ **que** unless; **de** ____ **en** ____ less and less

un **mois** month

moite damp

une **moitié** half

un **moment** moment; **à tout** ____ constantly; **en ce** ____ at this moment

un **monde** world, people; **tout le** ____ everyone, everybody

monnaie *f.* change

monsieur Sir! Mr.; **un** ____ gentleman

une **montagne** mountain

monter to go up, come up; to carry up, bring up; ____ **à cheval** to ride a horse

une **montre** watch

montrer to point at, show

se moquer de to make fun of

un **morceau** piece

mordre to bite

mort dead

mort *f.* death

un **mot** word

une **motocyclette** motorcycle

mou, (mol), molle, moux, molles soft

un **mouchoir** handkerchief

une **moue** pout

mouillé wet

mourir to die

un **mouvement** motion

un **moyen** means, way

les **munitions** *f. pl.* ammunition

un **mur** wall

une **muraille** thick wall

nage *f.* swim, swimming

nager to swim

naître to be born

natal native

naturel natural

néanmoins nevertheless

négliger to neglect

un **nègre** nigger (*pejorative*, use un **noir**)

neige *f.* snow

neiger to snow

nerveux nervous

net clean

nettoyer to clean

neuf, neuve brand new

neuvième ninth

un **neveu** nephew

un **nez** nose

une **nièce** niece

nier to deny

Noël *m. or f.* Christmas

noir black; **un** ____ black man

noircir to turn black, blacken

un **nom** name

nombreux numerous

nord north

normand of Normandy

une **note** note, bill; (school) mark

une **nourrice** wet nurse

nouveau new; **de** ____ again

une **nouvelle** piece of news; short novel; **les** ____s news; **recevoir de ses** ____ to hear from

un **noyau** pit
se **noyer** to drown
un **nuage** cloud
nuisible harmful
une **nuit** night
nullement: absolutely not **je n'ai**
    ____ **besoin de** I have absolutely
    no need of . . .
un **numéro** number

obéir à to obey
obligatoire required, obligatory;
obliger à to force to, to compel to;
    être ____**é de** to be obliged to
obtenir to obtain
une **occasion** occasion, opportunity
    bargain; **d'**____ second hand
occidental western
occuper to occupy; **s'**____ **de** to
    attend to, take care of; **être** ____**é**
    to be busy
une **odeur** scent, smell
un **œil** eye, (des **yeux**)
un **œuf** egg
une **œuvre** work (of an artist); un
    chef-d'œuvre masterpiece
offrir to offer
une **oie** goose
un **oiseau** bird
une **ombre** shade, shadow; **à l'**____
    in the shade
omettre to omit; ____ **de** to fail to
on one, we, they, you, people
un **oncle** uncle
un **ongle** fingernail
opérer to operate
s'opposer à to be opposed to
or well, now
or *m.* gold
un **orage** storm; **faire de l'**____ to
    be stormy; ____ **d'été**
    thunderstorm
un **orateur** orator
ordinaire ordinary; **d'**____ usually;
    à l'____ ordinarily
ordonner to order
une **oreille** ear
un **os** bone

oser to dare
ôter to take off, remove
ou or; ____ **bien** or else
où where, in which
un **oubli** omission
une **oublie** conical wafer
oublier to forget
ouest *m.* west
un **ours** bear
un **outil** tool
outragé offended
ouvert open; **grand** ____ wide open
un **ouvrage** work
un **ouvrier** workman, laborer
ouvrir to open

une **pagaille (pagaïe)** mess, disorder
page: à la ____ up to date
un **paillasson** door mat
une **paille** straw
un **pain** bread; **des** ____**s**
    loaf, loaves; **petit** ____ roll
paisible peaceful
paix *f.* peace
un **palais** palace
un **palier** landing
pâlir to become (turn) pale
un **panier** basket
une **panne** breakdown; ____
    d'essence to run out of gas; **en**
    ____ out of order
un **pantalon** trousers, pants; ____ **de**
    golf knickers
une **pantoufle** slipper
un **paon** peacock
un **papier** paper
un **papillon** butterfly
un **paquebot** liner, steamer
un **paquet** package
par by, through, per; **regarder** ____
    la fenêtre to look out the window
paraître to appear, seem
un **parapluie** umbrella
un **parc** park
parce que because
parcourir to go over; to tour, travel
    through, glance through
par-dessous under

un **pardessus** overcoat
par-dessus over
pardine to be sure
pardonner to pardon
pareil similar, like that
un **parent** relative; _____s parents,
  relatives
paresse f. laziness
paresseux lazy
parfaitement perfectly
parfois sometimes, occasionally
un **parfum** perfume, fragrance
parier to bet
parler to speak; _____ **à** to speak to;
  _____ **de** to speak of; to talk
  about doing; _____ **français** to
  speak French
parmi among
une **parole** word; **tenir** _____ to keep
  one's word
une **part** share, part; **quelque** _____
  somewhere; **d'autre** _____ on the
  other hand; **de la** _____ **de** on
  behalf of, from; **à** _____ aside,
  apart; **faire** _____ **à** to inform
partager to share
parti party; side; **prendre le** _____ **de**
  to decide to, to side with
particulier particular, private
une **partie** part; game; **faire une** _____
  to have a game; **faire** _____ **de** to
  be part of; **la plus grande** _____
  most
partir to leave (for); _____ **de** to
  start from
partout everywhere
un **pas** step
un **passager** passenger
un **passant** passer-by; **en** _____ by
  the way
passé m. past
passer to pass by, go by, to go on,
  go through; **se** _____ to happen,
  be going on; **se** _____ **de** to get
  along without; **comment cela
  s'est-il** _____**é?** how did it go?
un **pasteur** pastor, minister
une **pâte** paste; _____ **dentifrice**
  tooth paste

les **patins à roulettes** m. pl. roller
  skates
un **pâtissier** pastry cook
une **patte** paw
pauvre poor, needy
payer to pay
un **pays** country
un **paysage** scenery
une **peau** skin
pêche f. fishing
peigner to comb; **se** _____ to comb
  one's hair
peindre to paint
une **peine** trouble, grief, difficulty;
  se donner la _____ **de** to take the
  trouble to; **avoir de la** _____
  to feel sad; **avoir de la**
  _____ **à faire une chose** to have
  difficulty doing something;
  faire de la _____ to hurt someone's
  feelings; **cela vaut la** _____ it is
  worth it; **ce n'est pas la** _____
  it is no use; **à** _____ scarcely,
  hardly; **prenez la** _____ **de**
  please do . . .
un **peintre** painter
peinture f. (action to) paint,
  painting
peler to peel
se pencher to lean (bend) over;
  _____ **par** lean out of
pendant during; _____ **que** while
une **pendule** clock (small)
pénible hard, toilsome, painful;
  _____**ment** with difficulty
une **pensée** thought; **la** _____ mind
penser à to think of (about); **Que
  pensez-vous de . . .?** What do
  you think of . . .? What's your
  opinion of . . .?
une **pension** boarding house,
  boarding school
pensionnaire m. or f. boarder
perdre to lose; **se** _____ to get lost;
  _____ **de vue** to lose sight of;
  _____ **du temps à** to waste time
  doing
perdu lost
un **père** father

perfectionner to perfect
périmé obsolete
une période time
permettre to allow, permit; se ____
    to afford
un permis license, permit
permis permitted, permissible
un personnage character
une personne person; ____ nobody
persuader to convince; ____é
    convinced
une perte loss
peser to weigh
pétarader to pop
petit small, short
peu (de) little, few; un ____ a
    little, somewhat; ____ de chose
    trifle, very little; ____ à ____ little
    by little; à ____ près almost;
    pour ____ que if only; un ____ de
    a little; un ____ de tout a bit of
    everything; un tout petit ____
    just a bit
un peuple people
un peuplier poplar
une peur fear; faire ____ to scare;
    avoir ____ de to be afraid of, fear
peut-être perhaps, maybe
un pharmacien druggist, pharmacist
un phono record player, phonograph
photographe m. or f. photographer
une photographie photo
une phrase sentence
physique f. sing. physics
une pièce room; play; coin
un pied foot
une pierre stone
un pieu stick
un pinceau brush
un pique spade
pire worse, worst
pis worse, worst
une piste slope, track
pitoyable pitiful, wretched
pittoresque picturesque
un placard small closet
une place place; square; seat;
    changer de ____ to move;
    à votre ____ in your place
un placement investment

placer to place, seat
une plage beach
plaindre to pity; se ____ (de) to
    complain (of, about)
une plainte complaint
plaire (à) to please; cela me plaît
    that pleases me; s'il vous plaît
    please
une plaisanterie joke
un plaisir pleasure; faire ____ (à)
    to please
un plan drawing
un plancher floor
planter to plant
plat flat
un plat dish
un plateau tray
un plâtre cast; le ____ plaster
plein full; ____ de full of
pleurer to cry, weep
pleuvoir to rain
plier to fold
plonger to dive, plunge
pluie f. rain; sous la ____ in the rain
une plume pen; feather
la plupart (des) most
plus more
plusieurs pl. several
plutôt rather; ____ que rather than
un pneu tire
une poche pocket
une pochette envelope
une poésie poem; la ____ poetry
une poignée handle
un poil body hair; animal hair
un poing fist
un point point
une poire pear
les poireaux m. pl. leeks
un poirier pear tree
un poisson fish; ____ rouge goldfish
poli polite; polished
poliment politely
politesse politeness; simple ____
    elementary politeness; se faire des
    ____s to exchange compliments
politique f. politics
une pomme apple
une pomme de terre potato
un pommier apple tree

un **pont** bridge
porc *m.* pork
une **porte** door; ____ **d'entrée** front
    door; ____ **cochère** front door
un **portefeuille** portfolio, billfold
    pocketbook
un **porte-manteau** coathanger
un **porte-monnaie** purse
porter to carry; to wear
poser to put, place; ____ **une**
    question to ask a question
un **possesseur** owner
un **poste** position; **la** ____ post
    office; **mettre à la** ____ to mail
potable acceptable; drinkable
un **pou** louse
pouffer to burst out laughing
une **poule** hen
un **poulet** chicken
une **poupée** doll
un **pourboire** tip
pourquoi why
pourtant however, yet
pourvoir to provide
pourvu que provided
pousser to push; to grow; to utter
une **poussière** dust
poussiéreux dusty
poussif wheezy
pouvoir can, may, to be able; **ça se**
    peut it's possible
un **pré** meadow
précieux precious
précipiter to throw in; **se** ____ to
    rush forward
précisément exactly, as a matter of
    fact
préférer to prefer
un **préjugé** prejudice
un **premier** a first; **au** ____ on the
    second floor
prendre to take, seize, catch; ____
    une décision to make a decision
préparer to prepare; **se** ____ to
    prepare, to get ready; **se** ____ **à**
    to prepare to
près: ____ **d'ici** nearby; **tout** ____
    nearby *adv.*
près de near; **à peu** ____ nearly
    prép.

présenter to introduce, offer; **se**
    ____ to present (introduce)
    oneself, appear
presque almost
pressant urgent, pressing
pressé urgent; **être** ____ to be in a
    hurry
presser to hurry; **se** ____ to hurry
prêt ready; ____ **à** ready to
prétendre to claim, insist
prêter to lend
un **prêtre** priest
prévenir to warn, notify
prévoir to plan; to predict, foresee
prier to pray
une **prière** prayer, request
un **principe** principle
un **printemps** spring; **au** ____ in the
    spring
un **prisonnier** prisoner
un **prix** price
prochain next
prochainement soon
prodigue prodigal
un **professeur** professor, teacher
profiter (de) to take advantage (of)
profond deep, profound
progrès *m.* progress
un **projet** plan, project
projeter to throw
une **promenade** walk; **faire une** ____
    to take a walk
se promener to walk, take a walk;
    aller se ____ to go for a walk;
    se ____ **en auto** to go for a ride;
    se ____ **à bicyclette** to take a
    bicycle ride
une **promesse** promise
promettre to promise
prompt quick
un **pronom** pronoun
pronominal reflexive
prononcer to pronounce
à propos by the way; ____ **de**
    concerning, speaking of
proposer to suggest
propre own (before the noun);
    clean (after the noun)
propriétaire owner, landlord,
    landlady

protéger to protect
prouver to prove
une province province; country;
    en ____ in the provinces
prudent cautious
un public public
publier to publish; faire ____ to
    have published
puis then
puisque since
une puissance power
puissant powerful
une punaise thumbtack
punir to punish
une putain prostitute *(slang)*

une qualité quality
quand when; ____ même even so,
    just the same; quant à as for
quart quarter
un quartier neighborhood; quarter;
    ____ latin university district in
    Paris
quasiment as it were, almost
quelque some, something or other;
    ____s a few; ____s-uns some,
    a few
quelque chose something;
    ____ d'intéressant something
    interesting
quelquefois sometimes
quelque part somewhere
quelqu'un someone
un quémandeur solicitor
une queue tail; faire la ____ to
    stand in line
une quinzaine fortnight
quitter to leave
quoi what
quoique although
quoi que whatever

raccommoder to mend, darn
une racine root
raconter to relate, tell
un radical stem (of a word)

une radio: à la ____ on the radio
une raison reason; avoir ____ to be
    right
raisonneur argumentative
rajeunir to feel younger
ramasser to pick up, gather
un rang rank, (social) position; row
ranger to put in order, tidy up,
    straighten up
rappeler to call again (back),
    recall, remind; se ____ to
    remember, recall
un rapport relation. connection;
    report
rapporter to bring (carry) back
rarement rarely
se raser to shave; se faire ____ to
    get a shave
un rasoir razor
rassembler to put together
rassurer to reassure
rater to miss; ____ son train to miss
    one's train
ratine *f.* ratteen
rattraper to catch up
ravi delighted
ravissant delightful, charming,
    pretty, lovely
une rayure stripe
récemment recently
une recette recipe
recevoir to receive; ____ des
    nouvelles to hear from
rechercher to search for, seek (after)
un récit narration
recommander to recommend
recommencer to start all over
une récompense reward
récompenser to reward
réconforter to comfort
reconnaissant grateful
reconnaître to recognize, admit
récrire to rewrite
un reçu receipt
reculer to walk (or drive) back
une rédaction composition
redescendre to go down again
redoubler to redouble
se redresser to stand up
réel real

refaire to do over again

réfléchi deliberate, thoughtful, reflexive

réfléchir (à) to think over, ponder, reflect

refroidir to cool

un **refus** refusal

un **regard** glance, eyes

regarder to look, watch; to look at

un **régiment** regiment

une **règle** rule

un **règlement** regulation

regretter to regret, be sorry

une **reine** queen

rejoindre to join, meet, rejoin

se réjouir to rejoice; **se ___ de** to rejoice at, be extremely pleased about

relever to pick up (words in a sentence)

une **remarque** comment, remark

remarquer to remark, notice; **faire ___** to point out, call attention (to)

un **remède** remedy, medicine

remercier to thank

remettre to put off, put back; to hand over; **se ___ à** to start (begin) again; **se ___ (de)** to recover (from)

remplacer to replace

remplir (de) to fill (with)

remuer to move, stir; **___ la queue** to wag the tail

un **renard** fox

une **rencontre** meeting; **venir (aller) à la ___** to come (go) to meet

rencontrer to meet, come across

un **rendez-vous** appointment, date

se rendormir to go back to sleep

rendre to give back, return; **se ___** to surrender; to go; **___ service** to do a favor; **___ compte de** to report on, account for; **se ___ compte de** to realize

renfermer to shut in

renforcer to strengthen

renoncer à to give up, renounce

un **renseignement** information

renseigner to inform; **se ___** to inquire

rentrer to come back, go (come) home; bring in

renverser to upset, spill, knock down

renvoyer to send back; dismiss

répandre to spread

une **réparation** repair

réparer to repair

repartir to leave again

un **repas** meal

repasser to review; to press clothes

répéter to repeat

une **réplique: donner la ___** to give someone his clue

répondre to answer, reply

une **réponse** answer, reply

un **repos** rest

reposer to put down (again)

se reposer to rest

reprendre to take back (again); resume, continue, regain; to begin again

une **représentation** performance

représenter to represent

résoudre to solve; **se ___ à** to decide to

respecter to respect

respirer to breathe, inhale

se ressembler to look alike; **ressembler à** to look like

un **reste** rest; **les ___s** remainders, left overs; **du ___** moreover, besides

rester to stay, remain; **il me reste** I have left **ça en reste là** nothing more happens

un **résultat** result

rétablir to re-establish, restore; **se ___** to recover (from illness)

un **retard** delay; **en ___** late

retarder to delay, be slow

retenir to reserve

un **retentissement** repercussion

retirer to remove, pull out, withdraw; **se ___** to retire, withdraw

retomber to fall back

un **retour** return, way back

de ___ on one's return, having come back; **être de ___** to be back

retourner to go once more; to go again; to turn over

une **retraite** retreat; retirement; **prendre sa** ____ to retire

retrouver to find, meet, get together with

une **réunion** meeting

se **réunir** to assemble, reunite, to meet (of a class, club)

réussir to succeed; ____ **à un examen** to pass an exam

en **revanche** on the other hand; in return

réveil *m.* waking, awaking

un **réveille-matin** alarm clock

se **réveiller** to wake up

revenir to come back, return

rêver to dream

revoir to see again

se **révolter** to revolt

une **revue** review; magazine

se **rhabiller** to get dressed again;

un **rhume** cold

ricaner to sneer

richesse *f.* riches

un **rideau** curtain

ridicule ridiculous, silly

rien nothing

rire to laugh; **éclater de** ____ to burst out laughing

rire *m.* laughter

rivaliser to compete

une **rivière** river

une **robe** dress; ____ **de chambre** robe

rocheux rocky

un **roi** king

un **roman** novel; ____ **policier** detective story

rompre to break; **rompu** broken

rond round

ronfler to snore; **ronflement** *m.* snoring, roar

ronronner to purr

rose pink

une **roue** wheel

rouge red

rougir to blush

rouille *f.* rust

rouler to roll

une **route** road, way; **se mettre en** ____ to start out, get under way, set forth

un **royaume** kingdom

un **ruban** ribbon

une **rue** street

ruiné ruined, wrecked; a lost fortune

ruisseler to stream down

un **Russe** a Russian

Russie *f.* Russia

sable *m.* sand

un **sabot** hoof; wooden shoe

un **sac** bag; ____ **à main** handbag

sage good, wise, dutiful; **être** ____ to behave (well)

sagesse *f.* wisdom

saisir to seize, grab

une **saison** season

une **salade** salad

un **salaire** salary

sale dirty

saleté *f.* dirt(iness); trash

une **salle** room; hall; ____ **à manger** dining room; ____ **d'attente** waiting room; ____ **de bains** bathroom; ____ **de classe** classroom

un **salon** living room

saluer to greet

samedi *m.* Saturday

sanglant bloody

sans (que) without, except for

santé *f.* health

satisfaire to satisfy

satisfait satisfied; ____ **de** satisfied with

sauf except for

sauter to jump, leap

sauver to save; **se** ____ to run away

savoir *m.* knowledge

savoir to know, know how; to learn; **faire** ____ to inform, to let know; **pas que je sache** not that I know of, not to my knowledge

sec dry, sharp

secouer to shake

un **secours** help; au ____! help!
secrétaire *m.* or *f.* secretary
un **secrétaire** desk
séduire to fascinate, captivate
un **séjour** stay
selon according to
une **semaine** week
semblable similar, like
semblant: faire ____ to pretend
sembler to seem, appear
un **sens** sense, meaning; direction
sensé sensible
les **sentiments** *m. pl.* feelings
sentir to feel; to smell; **se** ____ to
  feel oneself
une **série** series
sérieux serious; **prendre au** ____ to
  take seriously
un **serpent** snake
serrer to press; **se** ____ **la main** to
  shake hands
une **serrure** lock
une **serviette** briefcase; towel,
  napkin
servir to serve; ____ **à** to serve as,
  be used to; **se** ____ **de** to use;
  ne ____ **à rien** to be of no use
un **serviteur** servant
un **seuil** threshold, doorstep
seul alone; only
seulement only
siamois Siamese; ____e Siamese silk
un **siècle** century
un **siège** seat; siege
une **sieste** nap
sinistre depressing
sitôt as soon
situé situated
ski: faire du____ to go skiing
une **sœur** sister
soie *f.* silk; le **papier de** ____
  tissue paper
une **soif** thirst; **avoir** ____ to be
  thirsty
soigner to take care of, look after
soigneusement carefully
un **soin** care; **avoir** ____ **de** to be
  careful; **prendre** ____ **de** to take
  care of
un **soir** evening

une **soirée** evening; evening party
soit that is; ____ . . . ____
  either . . . or; ____! agreed!
un **soldat** soldier
soleil *m.* sun
sombre dark
sommaire brief, concise
sommeil *m.* sleep; **avoir** ____ to be
  sleepy
somnoler to doze
songer to think; ____ **à** to think
  about doing
sonner to ring
sort *m.* lot, fate
une **sorte** sort; **de la** ____ in such a
  way; **de** ____ **que** so that
une **sortie** exit
sortir to go out, leave; to take out;
  to emerge
sot stupid
une **sottise** foolishness, foolish act,
  foolish thing
un **sou** penny
un **souci** worry
se soucier de to worry about
soudain sudden(ly)
un **souffle** breath
souffler to blow, breathe
souffrant ill
souffrir to suffer; ____ **de** to suffer
  from
souhaitable desirable, to be desired
souhaiter to wish, hope
soulager to relieve
soulever to lift, raise; **se** ____ to rise
un **soulier** shoe
souligné underlined
un **soupçon** suspicion
soupçonner to suspect
un **sourcil** eyebrow
sourd deaf
un **sourire** smile
une **souris** mouse
sournois sly
sous under
un **sous-officier** non-commissioned
  officer
soustraire to subtract; **se** ____ **à** to
  escape (responsibility), to
  withdraw

un **souvenir** memory, recollection
se **souvenir** **(de)** to remember
souvent often
un **sportif** sportsman; ____ sporty
stationnement *m.* parking
stationner to park; **faire** ____ to
    park (a car)
une **stupéfaction** amazement
un **stylo** fountain pen
subir to be the object of an action;
    to endure, suffer
un **succès** success
successivement one after another
sucre *m.* sugar
un **sucrier** sugar bowl
sud *m.* south
suffir to be sufficient
suggérer to suggest
Suisse *f.* Switzerland
une **suite** continuation
suivant following, next
suivi de followed by
suivant depending upon, according
    to
suivre to follow
un **sujet** subject
supplémentaire extra
supporter to endure
sur on, upon, over
sûr sure, safe
surlendemain *m.* two days later
un **surmenage** overwork
se **surmener** to over-exert oneself
surprenant surprising
surprendre to surprise
un **sursis** postponement
surtout above all, especially
surveiller to watch
survenir to happen, occur
sympathique nice, likable

tabac *m.* tobacco; **bureau de** ____
    cigar store
une **table** table; **se mettre à** ____
    to sit down to a meal
un **tableau** board; painting, picture;
    chart; ____ **noir** blackboard
une **tache** stain, spot

tacher to stain
tâcher to try, strive
une **taille** waist; size (for clothing)
se **taire** to keep quiet, be silent,
    stop talking; **taisez-vous** be quiet
tandis que while, whereas
tant so much; ____ **de** so much,
    so many (of); ____ **que** as long as
une **tante** aunt
un **tapis** rug, carpet
tard late; **il se fait** ____ it's getting
    late; **plus** ____ later, later on
une **tarte** pie, tart
un **tas** pile; **un** ____ **de** a lot of
une **tasse** cup
tâter to feel (by touching), prod
tâtonner to feel one's way
un **teint** complexion
tel such
téléphoner to telephone
un **télésiège** chairlift
un **téléski** skilift
tellement so, so much
tel que as, much as
témoigner to show, manifest;
    to testify
un **tempérament** temperament
un **temple** temple
temps *m.* weather; time; tense;
    à ____ in time; **de** ____ **en** ____
    from time to time; **quel** ____
    fait-il? what sort of weather is it?
    avoir le ____ **de** to have time to
    do; **de** ____ **à autre** from time
    to time; **passer du** ____ to spend
    time; **perdre du** ____ to waste
    time
tendu strained, tense
les **ténèbres** *f.* darkness
tenir to hold, keep; ____ **à** to value;
    to be anxious to; to be fond of;
    ____ **à ce que** to insist that;
    ____ **de** to owe to; to get from;
    se ____ **debout** to stand (up)
une **tente** tent
tenter to tempt; to try, attempt
un **terme** term, end of lease
une **terminaison** ending
terminer to finish, end, terminate;
    se ____ to come to an end

terre *f.* earth, land; **par** ____ on the ground, on the floor

un **terrier** hole (rabbit or fox hole)

une **tête** head; **en** ____ at the head

thé *m.* tea

théâtral theatrical

un **théâtre** theater

un **timbre-poste** stamp

tirer to pull

un **tiroir** drawer

un **tissu** material, fabric

un **titre** title

tituber to stagger

toilette: faire sa toilette to wash and dress

un **toit** roof

un **tombeau** monument on a tomb; poetical or musical composition in memory

tomber to fall; **laisser** ____ to drop; **faire** ____ to knock over

tonnerre *m.* thunder; **coup de** ____ clap of thunder

tort wrong; **avoir** ____ to be wrong

tôt early; soon

toucher to touch, affect

toujours always, still

une **tour** tower

tourner to turn

tous everyone; ____, **toutes** all

tousser to cough

tout all, quite, every, everything; ____ **à l'heure** in a little while; a little while ago; ____ **de suite** immediately, right away; ____ **le monde** everybody; ____ **à fait** entirely, quite; ____**à coup** all of a sudden, suddenly

un **tracas** worry, bother

traduire to translate

un **train** train; **être en** ____ **de (faire)** to be (doing); **en** ____ **de** in the act of

traîner to drag

traire to milk

traité treaty

traitement treatment

un **tramway** trolley, cable-car

une **tranche** slice

trancher to cut; **tranchant** sharp

tranquille quiet, calm

tranquillement without hurrying

tranquillité *f.* quietness, calm

un **travail** work, job; chores

travailler to work; ____ **à** to work at, toward

travers: à ____ through, among; **de** ____ askew

traverser to cross, go through; ____ **la rivière à la nage** to swim across the river

un **tremblement** trembling

un **trèfle** clover; club (cards)

très very

tricher to cheat

tricoter to knit; **le tricot** knitting

trier to sort

trinquer to clink glasses with, toast

triste sad, wretched; **être** ____ **de** to be sad to

une **tristesse** sadness

tromper to deceive; **se** ____ to be mistaken; **se** ____ **de (maison, route)** to go to the wrong (house, road . . .)

une **trompette** trumpet

trop too much, too many; ____ **de** too much, too many of

un **trottoir** sidewalk

un **trou** hole

troubler to disturb

un **troupeau** herd

trouver to find; think of; **se** ____ to be (located); ____ **que** to find that, think that; **comment trouvez-vous?** how do you like?

tuer to kill

à tue-tête very loud (yell or sing)

un **type** type, guy; **pauvre** ____ poor dope

une **université** university, college

usé worn out

une **usine** factory

un **ustensile** utensil

utile useful

les **vacances** *f. pl.* vacation
une **vache** cow
vain vain; **en** ____ in vain
vaisselle *f.* dishes
un **valet** servant; jack (in cards)
une **valeur** value
une **valise** suitcase, bag
une **vallée** valley
valoir to be worth; **il vaut mieux** it
    is better; ____ **la peine** to be
    worthwhile
vanter to praise; **se** ____ to boast
vapeur *f.* steam
vaquer à ses occupations to go
    about one's business
varier to vary
vaste bulky, vast
une **vedette** movie star; motor boat
une **veille** vigil, watching
veiller to watch; to stay up; ____ **à**
    ce que to see to it that; ____ **sur**
    to look after
veine: avoir de la ____ to be lucky
    (slang)
un **vélo** bike
un **vendeur** une **vendeuse** seller,
    clerk
vendre to sell
vendredi *m.* Friday
venir to come; ____ **de** to come
    from; to have just; **faire** ____ to
    call (for); ____ **à la rencontre** to
    come to meet
un **vent** wind
un **ventilateur** fan
un **ventre** belly; **à plat** ____ crawling
    on one's belly
un **ver de terre** worm
un **verger** orchard
vérifier to check
véritable real
un **vernis** varnish
un **verre** glass
vers toward, around
un **vers** verse
vert green
un **vertige** dizziness; **donner le** ____
    to make dizzy
verve: être en ____ to be in great
    form

les **vêtements** *m. pl.* clothes
vêtir to dress
vexé annoyed, peeved
viande *f.* meat
vide empty
vider to empty
une **vie** life, living
un **vieillard** old man
vieux, vieille old
vif, vive lively; bright (color)
une **vigne** vine; vineyard
une **ville** city, town; **en** ____ in or
    to town; downtown
un **vin** wine
un **viol** rape
violer to rape
un **violon** violin
un **virage** curve, bend
un **visage** face
une **visite** visit; **faire une** ____;
    rendre ____ to pay a call, to call
    on
visiter to visit
vite quick, quickly, fast *adv.*
vitesse *f.* speed; **à toute** ____ at full
    speed
une **vitre** pane of glass, window;
    vitrage *m.* glass window
une **vitrine** store window,
    showcase
vivre to live
voici here is, here are
une **voie** way
voilà there is (are), that is all
une **voile** sail
voir to see; **faire** ____ to show
voisin neighboring
un **voisin** neighbor
une **voiture** car, automobile
une **voix** voice
voler to steal, rob
un **voleur** thief
une **volonté** will, will power
vouloir to want, wish; ____ **dire** to
    mean; ____ **bien** to be willing to;
    en ____ **à** to have a grudge
    against
un **voyage** trip; **être en** ____ to be
    traveling; **faire un** ____ to take a
    trip; **en** ____ while traveling

voyager to travel
un **voyageur** passenger
vrai true, real; **dire** ___ to tell the
   truth
vraiment really
une **vue** sight; view

un **wagon** car (on a train)

les **yeux** *m. pl.* eyes; **avoir les** ___
   bleus to have blue eyes

Index

315

Liste des photographies

4 5 6 7 8 9 10

Notes

Notes

Notes

Notes

Notes